Max Edelbacher

# **Polizei** *inside*

Max Edelbacher

# Polizei *inside*

*Was läuft falsch?*

*Analyse und die spektakulärsten Kriminalfälle*

AMALTHEA

Besuchen Sie uns im Internet unter
www.amalthea.at


Schutzumschlaggestaltung: Kurt Hamtil, verlagsbüro wien
Umschlagabbildung: © Marvy!/CORBIS
Lektorat: Annette Butendeich
Herstellung: studio e, Josef Embacher
Gesetzt aus der 11,5/14 pt Berkeley
Gedruckt in der EU

ISBN 978-3-85002-639-0

# Inhalt

# Vorwort

Das Buch besteht aus zwei Teilen. Im ersten Teil wird anhand zahlreicher Kriminalfälle die Arbeit der Kriminalpolizei dargestellt. Diese Beispiele sollen veranschaulichen, wie wichtig die Erfahrung eines Kriminalisten sowie die Technik und Strategie der Einvernahme sind. Das Polizeiwesen hat mit Menschen zu tun. Polizisten und Polizistinnen arbeiten für Opfer und haben es dabei mit Tätern zu tun. Trotz aller Verbesserungen im Bereich der Kriminaltechnik bleibt die menschliche Dimension die wichtigste.

Im zweiten Teil schlage ich eine Brücke zur Polizeitheorie. Dabei versuche ich die Frage zu beantworten, was bei der letzten Polizeireform schief gegangen ist. Man kann zum einen aus der Polizeigeschichte lernen, zum anderen liefert auch die moderne Polizeiwissenschaft wesentliche Erkenntnisse. Es wird aber auch um die Wiener Schule der Kriminalistik gehen, um die Wiener Schule der Gerichtsmedizin sowie um die Reform der Exekutive 2005. Anhand dieser Darstellung soll schließlich die zentrale Frage beantwortet werden: »Was führte zum Niedergang der Polizei?« Einen kurzen Exkurs in die Soziologie stellt der Beitrag von Universitätsprofessor Roland Girtler dar, der von seinen Erfahrungen in der Feldforschung bei der Wiener Polizei erzählt.

Eine erste Motivation, dieses Buch zu schreiben, war die Tatsache, dass im Jänner beziehungsweise April 2008 eigentlich ein Jubiläum zu feiern gewesen wäre: 150 Jahre Sicherheitsbüro! Als ich noch Vorstand des Sicherheitsbüros war, haben wir zum 140-jährigen Bestehen ein Fest veranstaltet. Bei der Feier war auch der damalige Innenminister Karl Schlögl anwesend. Einige Kollegen meinten damals, offensichtlich in düsterer Vorausahnung: »Wer weiß, ob wir die 150 Jahre noch feiern?« Sie sollten Recht behalten.

Am 11. Jänner 1858 wurde das Sicherheitsbüro per kaiserlichem Erlass ins Leben gerufen, im April desselben Jahres trat der Erlass in

Kraft. Hundertfünfzig Jahre später hätte dieser Gründungsakt gebührend gefeiert werden können, wäre nicht Ende Oktober 2002 das Sicherheitsbüro im Zuge der Polizeireform in Wien aufgelöst worden. Ein Markenname wurde mutwillig zerstört – ohne ersichtlichen Grund, denn die Reform der Polizei hätte man auch ohne Abschaffung dieses berühmten Namens vornehmen können. Auch Scotland Yard wurde reformiert und besteht heute noch unter seinem Namen: New Scotland Yard. In Wien waren die Reformer besonders erfinderisch und nannten die Nachfolgeorganisation »Kriminaldirektion 1«. Einfallsloser ging es nicht. Der heutige juristische Leiter, Johannes Scherz, war der erste Jurist, den ich als junger Vorstand des Sicherheitsbüros als Mitarbeiter in meine Reihen aufnahm. Er gehört heute zu den erfahrensten Kollegen des Kriminaldienstes und leistet ausgezeichnete Arbeit.

Von 1972 bis 2006 war ich Polizist, die Jahre 1976 bis 2002 verbrachte ich im Sicherheitsbüro. Bis zur Gründung des Bundeskriminalamtes Österreichs im Jahr 2003 war das Sicherheitsbüro die größte Kriminaldienststelle Österreichs. Hundertfünfzig Jahre Sicherheitsbüro bedeuten hundertfünfzig Jahre Wiener Kriminalgeschichte, die sich auch anhand der historischen Fälle im Wiener Kriminalmuseum nachvollziehen lassen. Viele der spektakulären Fälle habe ich unmittelbar miterlebt. Unvergessliche Kriminalfälle meiner Zeit waren etwa die Ereignisse des Jahres 1977: die Entführung von Palmers und die Entführung von Böhm, die vom Führungstrio Otto Kornek, Franz Priehsnitz und dem legendären Oberst Franz Hammer aufgeklärt wurden. Von 1976 bis 2002 war ich im Sicherheitsbüro als Polizeijurist tätig und habe diese berühmten Kriminalfälle hautnah miterlebt. Zunächst arbeitete ich an einigen dieser Kriminalfälle als Referent für die Fachgebiete Diebstahl, Betrug und Fälschung, gemeinsam mit den zuständigen Kriminalbeamten. Ab dem Jahr 1986 fungierte ich als Leiter der Mordkommission und Vorstandstellvertreter, vom 8. Juli 1988 bis zum 30. Oktober 2002 war ich Vorstand des Sicherheitsbüros.

In meine Vorstandszeit fielen auch die aufsehenerregenden Mädchenmorde in Favoriten, die Mordserie in Lainz, der Entführungsfall Ragger sowie die Fälle des Serienmörders Jack Unterweger und des Wolfgang Ott, die in die Kriminalgeschichte eingehen werden. Viele Dokumente und Bilder habe ich aus Interesse an gelebter Kriminalgeschichte gesammelt und aufbewahrt. Vor Jahren machte mich der Direktor des Wiener

Kriminalmuseums Harald Seyrl durch sein Engagement auf die Bedeutung der Kriminalgeschichte aufmerksam. Meine Sammlung jener Kriminalfälle, die ich persönlich erlebt habe, wurde zur Grundlage dieses Buches.

Es gilt aber auch, auf Defizite hinzuweisen: Infolge des aktuellen Mediengesetzes können historisch und wissenschaftlich interessante Fälle oft nicht in ihrer Vollständigkeit wiedergegeben werden. Ungelöste schwere Kriminalfälle dürfen nur eingeschränkt und unter Berücksichtigung kriminaltaktischer Gesichtspunkte dargestellt werden. Dazu kommt, dass durch die Reform der Polizei in Wien mein Zugang zu den bedeutenden Fällen der Wiener Kriminalgeschichte schwieriger wurde.

Ein weiterer Grund, warum ich dieses Buch schreibe, ist die Tatsache, dass ich einen wesentlichen Teil meines Lebens mit Polizeiarbeit verbracht habe und ihr nach wie vor mein größtes Interesse gilt. Die fortdauernden Probleme bei der Polizei, die sich seit 2001 zeigen, sind alle hausgemacht. Man hätte diese Entwicklung vermeiden können, so aber hat man ein funktionierendes System zerstört und die Polizei kommt nicht zur Ruhe. Als ich 2001 das kritische Papier »Management by Chaos« verfasst habe, war nicht absehbar, dass es noch viel ärger kommen würde, als ich erwartet und beschrieben hatte. Schon damals war klar erkennbar, dass es Innenminister Strasser nicht nur um eine Reform des Innenministeriums ging, die sachlich gerechtfertigt gewesen wäre. Hier kann man vielmehr von politischem Machtmissbrauch sprechen. Als ich damals dem sozialdemokratischen Repräsentanten und Vertreter der SPÖ im Innenausschuss Rudolf Parnagoni vorschlug, eine Ministeranklage zu überlegen, stieß ich auf blankes Entsetzen und Ablehnung. Niemand wollte sich vorstellen, was sich im Innenministerium bereits abgespielt hatte. Natürlich war in einem so sensiblen Ministerium schon immer politisch gehandelt worden, aber die Ausmaße unter Innenminister Strasser waren kaum zu überbieten.

Seit einigen Jahren kommen das Innenministerium und die Polizei nicht aus den Schlagzeilen. Meist handelt es sich leider um negative Berichte. Begonnen hat dies alles mit der Reform der Polizei in Wien und den höchst umstrittenen Maßnahmen Roland Horngachers bei der Umsetzung dieser Reform. Seither kam es regelmäßig zu Skandalen, man denke etwa an die Machtkämpfe Horngacher gegen Geiger oder Frühwirth gegen Geiger. Im Zuge der personellen Veränderungen kam es zu höchst fragwürdigen politischen Entscheidungen, die regelmäßig für Unruhe sorgten. Ein erster Höhepunkt wurde durch die Suspendierung Geigers erreicht. Dann folgte die Suspendierung des damaligen Landespolizeikommandanten Horngachers. Die jeweiligen strafrechtlichen Verfahren und Nebenfronten warfen in der Öffentlichkeit ein denkbar ungünstiges Bild auf die Polizei.

Die Aufdeckungen des Direktors des Bundeskriminalamts Österreich und sein Vorwurf der Korruption und des Machtmissbrauches lösten ein gewaltiges Beben in der politischen Landschaft aus. Die Einsetzung einer Evaluierungskommission im Innenministerium und eines Untersuchungsausschusses im Parlament sind erste Reaktionen. Im März dieses Jahres kündigte Innenminister Platter an, dass auch das Büro für interne Angelegenheiten aufgelöst werde. Immer wieder waren Zweifel an der Qualität und Objektivität der Ermittlungen dieses Büros aufgekommen. Kurz vor Ostern teilte der Innenminister mit, dass nun ein Bundesamt zur Bekämpfung der Korruption eingerichtet würde. Die Konstruktion dieses neuen Amtes lässt jedoch erneut Zweifel aufkommen, handelt es sich doch wiederum um ein weisungsgebundenes, dem Innenminister unterstelltes Amt. Ebenso umstritten ist die dritte Reform der Wiener Polizei.

Wenn man mit den großen Kriminalbeamten in engem Kontakt war, hat man viel erlebt und weiß viel, was aber nicht unmittelbar niedergeschrieben werden kann. Man muss daher manches andeuten oder umschreiben. Anhand der Schilderung verschiedener Kriminalfälle soll der Übergang von der »alten Polizei« zur »neuen Polizei« anschaulich dargestellt werden, um schließlich die Frage zu beantworten, was bei der Polizeireform in Wien (und später in ganz Österreich) falsch gelaufen ist. Durch meine persönlichen Erfahrungen im Sicherheitsbüro und nach der Reform im Kriminalkommissariat Süd ebenso wie durch internationale Erkenntnisse, die ich durch europäische und amerikanische Wissenschaftler erhielt, war es für mich vorhersehbar, dass die Reformen der Jahre 2001 und 2005 deutliche Defizite aufweisen würden. Man hat sich für eine »Billigpolizei« entschieden, die nun mühsam saniert werden muss. Hätte man bekannte Literatur und Erkenntnisse bereits durchgeführter Polizeireformen berücksichtigt, wären die personellen und sachlichen Probleme und Mängel deutlich geringer oder ganz zu vermeiden gewesen.

Ich möchte an dieser Stelle kurz die wesentlichen Gründe nennen, aus denen meines Erachtens die Polizeireform scheiterte:

Mangelnde visionäre Kraft, die unsere Altvorderen wie Ritter Le Monnier oder Schober gelebt und in ihren Projekten auch umgesetzt haben.

Ein verachtender Umgang mit den Menschen, die diese Aufgaben erfüllen sollen.

Mangelnde Investitionen in Wissenschaft und Technik, um zu einem Zentrum des Elitären (Center of Excellence) zu gelangen.

Mein Herz hängt an der »alten Polizei«, die Gründe dafür versuche ich in diesem Buch zu beschreiben. Viele meiner Kollegen, sei es im Kriminaldienst oder in der Verwaltung, haben das »gute alte Sicherheitsbüro« noch erlebt und in positiver Erinnerung behalten. Wir »Alten« trauern diesen Zeiten nach, da die Reform keine wesentlichen Verbesserungen gebracht hat. Die regelmäßigen Berichte über das Kriminalgeschehen in Österreich oder in Wien rechtfertigen die bereits im Jahr 2001 geäußerte Kritik an der Reform. Heute liegt die Aufklärungsquote in Wien und in ganz Österreich unter dreißig Prozent. Es wird lange dauern, bis die Tradition der »Wiener Schule der Kriminalistik« wieder zum Tragen kommt. Insofern möchte ich beim Leser und bei der Leserin auch einen Nachdenkprozess anregen. Wie viele andere Mitstreiter habe ich versucht, die politisch Verantwortlichen zu sensibilisieren. Das ist bis jetzt, aus welchen Gründen auch immer, kläglich gescheitert.

*Max Edelbacher*

# Der Polizeiberuf: ein Lebenstraum?

Man sollte sich die Menschen, die den Wunsch haben, Polizist oder Polizistin zu werden, genau ansehen. Warum wählt jemand gerade diesen Beruf? Welche Lebensgeschichte verbirgt sich dahinter? Das wirft immer ein bezeichnendes Licht auf diese Person.

Als junger Mensch wollte ich alles andere als Polizist werden. Als Jahrgang 1944 wuchs ich in einer Zeit auf, die mit dem Wiederaufbau Österreichs, mit dem Wirtschaftswunder und vielen Hoffnungen für die Zukunft verbunden war. Die Autoritätsabhängigkeit der früheren Jahre schien überwunden. Man wollte etwas schaffen und war überzeugt, dass dies gelingen würde. Mit der Polizei kam ich erst durch den Sport in Berührung. Da ich am Alsergrund aufwuchs, war mir die Roßauer Kaserne ein Begriff. In den Sechzigerjahren waren dort Polizisten als hervorragende Judosportler aktiv. Viele junge Männer wollten diesen Sportlern nacheifern und so war ein Platz im Polizeisportverein sehr begehrt. Man wollte als junger Bursche ebenso gut kämpfen können wie diese erfolgreichen Judokas. Es gab Wartelisten und auch nach der Ablegung von Aufnahmetests hatte man nur mit »Protektion« überhaupt eine Chance, aufgenommen zu werden. Mir und meinem Freund gelang dies deshalb, weil der Bruder meines Jugendfreundes bereits ein anerkanntes Mitglied der Judosektion des Polizeisportvereins war. Wir beide durften in den »heiligen Hallen« der Roßauer Kaserne trainieren und wurden von unseren Klassenkollegen deshalb sehr beneidet. Judoka zu sein, schaffte Ehre und Respekt. Mein Freund und ich hatten eine aufregende Zeit und kamen gut in Form, weil wir ziemlich hart trainieren mussten. Mit dem Ende der Mittelschulzeit war es aber auch bald mit dem Judo vorbei. Andere Verpflichtungen kamen auf uns zu. Ich war noch immer weit vom Berufswunsch »Polizist« entfernt.

Nach der Matura entschloss ich mich nach längerem Nachdenken über Mathematik, Physik und Psychologie letztendlich zum Studium der Rechtswissenschaften. Da wir zu Hause nicht sehr wohlhabend waren, musste ich arbeiten gehen, was die Möglichkeiten der Studienauswahl einschränkte. Das Jusstudium brachte die Gerichtspraxis mit sich, die mir sehr gut gefiel. Allerdings gab es bei Gericht keine echte Berufsmöglichkeit für mich. Nach dem Militärdienst begann ich bei einem Geldinstitut zu arbeiten, das es heute nicht mehr gibt. Dort waren sehr gute Buchhaltungskenntnisse erforderlich, die ich nur begrenzt vorweisen konnte. Es gelangen mir zwar Fortschritte, aber bald spürte ich, dass das Bank- und Finanzwesen nicht meine wirkliche Berufung war. Ich dachte über eine Veränderung nach und verfasste mehrere Bewerbungsschreiben: an den Österreichischen Rundfunk, an die Firma IBM und an die Polizei. Auf die Polizei brachte mich ein Studienkollege, der bei der Polizei arbeitete und diese Tätigkeit äußerst interessant fand. Er ist später Vorstand des Landesamtes für Verfassungsschutz und Terrorismusbekämpfung geworden. Über viele Umwege landete ich dann tatsächlich bei der Polizei und begann meinen Dienst am 1. April 1972 im Bezirkspolizeikommissariat Meidling.

Dieses Kommissariat wurde damals von einem aus Kärnten stammenden Stadthauptmann geleitet. Der ihm zugeteilte Stellvertreter und die dort tätigen Referenten waren sehr unterschiedliche Charaktere. Der Gesamteindruck: eine zunächst sehr fremde und eigenartige Welt. Wenn man vorher weder mit Kriminellen noch mit Polizisten näher zu tun gehabt hatte, bedurfte es einer längeren Umstellungsphase. Ich hatte Glück, da mir eine bewährte, routinierte Schriftführerin zugeteilt wurde, die mir – wie eine erfahrene Stationsschwester dem neuen Turnusarzt – zur Hand ging und eine wichtige Stütze für meine ersten beruflichen Schritte bei der Polizei war. Die Siebzigerjahre waren insofern für einen jungen Polizeijuristen lehrreich, als sich die erfahrenen Kollegen um »Anfänger« kümmerten. Wenn man sich nicht ungeschickt anstellte, fand man bald das Vertrauen der Kollegenschaft und wurde mit offenen Armen aufgenommen. Faszinierend war die Menschenkenntnis, die viele Kollegen der Sicherheitswache oder des Kriminaldienstes in den Beruf einbrachten. Damals gab es ja nur sehr wenige Frauen im Polizeidienst, daher schreibe ich vorwiegend von den »Kollegen«. Was man während des Studiums theoretisch gelernt hatte, etwa anhand der Literatur des berühmten Kriminologen Hans Gross, der das »Handbuch für den Untersuchungsrichter« geschrieben hatte, oder in den Vorlesungen von Grassberger, das erlebte man nun tatsächlich vor Ort. Aus dem Werk des Grazer Kriminologen Gross entwickelte sich die »Wiener Schule der Kriminalistik«. Die Wiener Kriminalistik zeichnete sich besonders durch Erfahrung und Tüchtigkeit der Wiener Kriminalbeamten aus. Natürlich gab es auch sehr gute Beamte der Sicherheitswache, aber diese wurden meist durch anderweitige Tätigkeiten davon abgehalten, Einvernahmen durchzuführen. Die Einvernahmen wurden vornehmlich von Kriminalbeamten vorgenommen. Manche von ihnen entwickelten sich tatsächlich zu Meistern ihres Faches. Es war pures Vergnügen, ja fast eine heilige Handlung, wenn man solchen Künstlern der Einvernahme lauschen durfte. Die »Wiener Schule der Kriminalistik« zeichnete sich nämlich durch eine besondere Mischung aus Erfahrung, Menschlichkeit, aber auch »Wiener Schmäh« aus. Den berühmten und erfolgreichen Vernehmenden gelang es in der Regel, bei den Tätern Vertrauen aufzubauen, eine Hoffnungsperspektive zu eröffnen und sie zur Kooperation mit der Polizei zu bewegen.

Wenngleich ich lange nicht sicher war, ob ich die richtige Berufswahl getroffen hatte, so überzeugte mich schließlich die Begegnung mit diesen Menschen, von denen ich einige als meine Lehrmeister bezeichnen darf. Man wurde durch ihr Können so geprägt, dass man einerseits das Handwerkliche, andererseits aber auch die hohe Kunst der Einvernahme schätzen lernte. Die Kollegen, die bei der Polizei einen exzellenten Ruf hatten, nahmen mich zu Festnahmen, Hausdurchsuchungen, Erhebungen und Tatorten mit, sodass ich einen Eindruck ihrer Tätigkeit erhielt. Man wird ja nicht als Polizist geboren. Man kann sich später auf ein bestimmtes Gebiet spezialisieren. Einige Kriminalisten wählten das breite Feld der Forensik. Sie entwickelten sich zu Meistern der Tatortarbeit, der Spurensuche oder Spurenauswertung. Andere bevorzugten den Bereich der internationalen Zusammenarbeit und wechselten von der Polizei ins Bundeskriminalamt, zur INTERPOL.

Ein zweite Dienststelle, die mich prägte, war das Polizeikommissariat Innere Stadt. Diese Dienststelle wurde damals von Herrn Triska geführt, den wir schon in der Erstausbildung als Lehrenden erleben durften. Er war ein charismatischer Mann, der seine Arbeit verstand und blendend zu vermitteln wusste. Bereits während der Ausbildungszeit, in der wir, die sogenannten »provisorischen Polizeikommissare«, einen sogenannten Einführungslehrgang absolvieren mussten, schätzten wir die Ausbildungsmodule bei ihm sehr. Das Angebot dieser Dienststelle reichte von vielfältiger und umfangreicher Verwaltungsstraftätigkeit bis zur Arbeit in kriminalpolizeilichen Angelegenheiten. Zudem ergab sich die Gelegenheit, die kulturellen Angebote der Stadt zu genießen, da man auch zu Aufsichtsdiensten in der Wiener Staatsoper, im Burgtheater, in den Kammerspielen oder in der Kammeroper eingeteilt wurde. Da der Sicherheitsreferent, das heißt der Polizeijurist, der vorrangig mit den Kriminalfällen zu tun hatte, ausfiel, durfte ich dieses Referat übernehmen und erlebte eine intensive und hochinteressante Arbeitszeit mit den Kriminalbeamten des Polizeikommissariates. Begünstigt wurde dies auch dadurch, dass meine Sekretärin und ich aufgrund von Renovierungsarbeiten in das Zimmer der Kriminalbeamtengruppe IV im zweiten Stock umzogen. Die Kriminalbeamten waren anfangs von unserer Anwesenheit irritiert, aber bald ergab sich eine ausgezeichnete Zusammenarbeit und wir wurden ein gutes Team. Ich erinnere mich heute noch, als wäre es gestern gewesen, an die vielen sympathischen und gescheiten Kollegen, die auf ihrem Gebiet zu den Meistern der Zunft zählten.

Durch die dort erzielten Erfolge wurde man auf uns aufmerksam. Für mich bedeutete dies den Ruf in das Sicherheitsbüro. Der damals schon legendäre Leiter der Mordkommission, Polizeioberrat Otto Kornek, holte mich in die damals größte kriminalpolizeiliche Dienststelle Österreichs: das berühmte Sicherheitsbüro. Dort wurden junge Polizeijuristen zunächst mit der Bearbeitung von Diebstahlsakten betraut. Auch hier hatte ich wieder großes Glück mit der Schriftführerin, die man mir zuteilte. Sie blieb von meinem Dienstantritt im Sicherheitsbüro im März 1976 an bis zu ihrer Pensionierung im Jahr 2000 meine Sekretärin. Gemeinsam erlebten wir viele spektakuläre Amtshandlungen und Erfolge.

Mein erstes Spezialfach im Sicherheitsbüro war die Bekämpfung von Kraftfahrzeugdiebstahl, wir nannten das auch das »Mopedreferat«. Dieses Spezialgebiet war im Jahr 1976 eine heikle Tätigkeit: Internationale Banden stahlen in ganz Österreich vorwiegend hochwertige Kraftfahrzeuge der Marke Mercedes und brachten sie außer Landes. Ich hatte Glück. Die Ermittlungen, die seit 1974 erfolglos verlaufen waren, nahmen im Jahr 1976 eine gute Wende: Dank der Erfahrungen der Gruppe, die damals mit der Aufklärung von Kraftfahrzeugdiebstählen betraut

*Das Bild stammt aus dem Jahre 1999, dem sogenannten »Höhepunkt meiner Karriere«. Bundesminister Karl Schlögl wollte mir die Sicherheitsakademie anvertrauen, um sie als eine neue Bildungseinrichtung mit akademischem Niveau für die Exekutive einzurichten.*

war und deren Referent ich war, konnte in diesem Jahr einer der größten internationalen Drahtzieher ausgeforscht und festgenommen werden. Spektakuläre Fahrzeugdiebstähle wie der des Mercedes des damaligen Finanzministers Hannes Androsch konnten aufgeklärt werden. Ich wurde also innerhalb kürzester Zeit bekannt.

Mich persönlich interessierte der Bereich der Betrugsbekämpfung besonders. Am stärksten prägte mich unser Lehrmeister Gerhard Herrnstadt, der von uns liebevoll mit seinem zweiten Vornamen Paul angesprochen wurde. Paul war zum einen ein ganz hervorragender Techniker und Stratege der Einvernahme, zum anderen ein umfassend gebildeter Mensch, sodass man sich mit ihm stundenlang über die vielfältigsten Themen und Gebiete unterhalten konnte. Alles in allem war er ein faszinierender Mensch, der leider viel zu früh von uns gegangen ist. Seine Leidenschaft gehörte unter anderem dem Klettern. Beim Übungsklettern 1983 hatte er einen tödlichen Sturz. Noch heute habe ich Kontakt zu seinem Sohn, der ein Mitglied der Band »Die Schmetterlinge« war, die durch ihre politischen Lieder rasch bekannt wurde.

Unter dem Einfluss von Herrnstadt und Gruppeninspektor Herbert Raus spezialisierte ich mich auf die Bekämpfung von Fälschungsdelikten und Versicherungsbetrug. Beide Fachbereiche waren ungeheuer spannend und man hatte kluge, prägende Menschen zum Vorbild, sodass die Arbeit zum Vergnügen wurde.

Heute verbinden mich noch zu einigen Kollegen enge freundschaftliche Kontakte. Wir beobachten mit Aufmerksamkeit die neuen Entwicklungen und Kriminalfälle. Da unser Beruf sehr viel von uns gefordert hat, sind viele Kollegen, mit denen man gerne zusammengearbeitet hat, nicht mehr unter uns. Viele, die im Sicherheitsbüro gearbeitet haben, waren einer hohen Stressbelastung ausgesetzt, die sie oft frühzeitig erkranken ließ. Während meiner aktiven Dienstzeit und besonders in den siebenundzwanzig Jahren Sicherheitsbüro nahm ich an vielen Begräbnissen teil: Wir mussten Kollegen zu Grabe tragen, die die anstrengenden Bedingungen dieser Arbeit mit ihrem Leben bezahlten.

# Spektakuläre Kriminalfälle meiner Zeit

## *Ein nie endender Mordfall: Der Fall Helene Ilona Faber (1958, 2002)*

Am 15. April 1958 gegen 7.30 Uhr wurde Wien von einem fürchterlichen Ereignis erschüttert. Zunächst schien an diesem Tag alles seinen gewöhnlichen Lauf zu gehen. Bei der Wachablöse meldete der Vorgänger: »Alles in Ordnung, keine besonderen Vorkommnisse.« Doch wie sich bald herausstellte, war nicht alles in Ordnung. Inspektor Bertl, der Bewachungsposten, der seinen Kollegen ablöste, machte in der Gartenanlage hinter dem Denkmal des russischen Soldaten am Schwarzenbergplatz eine grausige Entdeckung. Bertl fand zunächst in der Erde vergrabene Damenbekleidungsstücke. Kurz darauf entdeckte er die Leiche eines nackten Mädchens, die teilweise mit Erde bedeckt war. Bertl begab sich zum Wachzimmer Lisztgasse und löste von dort den Mordalarm aus. Wenig später traf die Mordkommission des Sicherheitsbüros ein. Auch Herr Schwarzacher und Herr Bolz vom Institut für Gerichtliche Medizin Wien, der Journalrichter und der Staatsanwalt begaben sich zum Tatort Schwarzenbergplatz. Die polizeiliche Leichenkommission begann in Anwesenheit der sachkundigen Fachleute ihre Arbeit. Auch die Gerichtsmediziner begannen mit ihren Untersuchungen. Man stellte fest, dass fremde Gewalteinwirkung zum Tod des Mädchens geführt hatte. Nach den ersten Untersuchungen wurde angeordnet, die Leiche in das Institut für Gerichtliche Medizin zu überstellen.

Die Kriminalbeamten der Mordkommission des Sicherheitsbüros stellten die Identität des Mordopfers fest. Es handelte sich um Helene Ilona Faber, Stenotypistin, damals einundzwanzig Jahre alt, Tochter eines Ministerialrates, die nebenbei eine internationale Mannequinschule besucht hatte. Da die Gerichtsmediziner von Fremdverschulden ausgingen, standen die Nachforschungen nach der Täterschaft im Zentrum der kriminalpolizeilichen Ermittlungen. Die Kriminalbeamten der Mordkommission befragten zunächst Inspektor Bertl. Dieser erinnerte sich an einen Strotter, der sich beim Denkmal herumgetrieben hatte. Tatsächlich stellte man fest, dass sich der Strotter noch in der Nähe des Denkmals befand. Der Mann wurde angehalten und seine Identität festgestellt: Johann Gassner, damals dreißig Jahre alt. Gassner war bei der Polizei kein Unbekannter, er hatte etliche Vorstrafen wegen verschiedener Eigentumsdelikte wie Einbruchsdiebstahl, Betrug und Veruntreuung. Für diesen Fall bedeutender war die Tatsache, dass er auch schon wegen eines Sexualdeliktes überprüft worden war. Auf die Frage der Kriminalbeamten, was er am Tatort zu suchen gehabt hätte, antwortete Gassner, dass er im Gebüsch seine Aktentasche versteckt hätte. Tatsächlich hing die Aktentasche etwa drei Meter von der Fundstelle der Leiche im Gebüsch. Von dort aus konnte man ohne weiteres den aus dem Erdreich ragenden Kopf des Mordopfers sehen. Zu seinem Alibi befragt gab Gassner an, er hätte sich in der Nacht vom 14. auf den 15. April 1958 in den Straßen des ersten und vierten Bezirks herumgetrieben. Da er demnach kein Alibi vorweisen konnte, wurde er festgenommen. Bei der Untersuchung seiner Kleidung wurden auf seiner Unterwäsche Spermaspuren gefunden. Gassner erklärte, dass er schon drei Wochen keinen Geschlechtsverkehr gehabt hätte, da er seine Lebensgefährtin verlassen hätte. Am Fundort der Leiche wurde ferner ein Schuhabdruck vorgefunden, der laut Kriminaltechniker eindeutig von Gassners Schuhen stammte. Den habe er wahrscheinlich verursacht, als er seine Tasche an einem Ast aufhängte, erklärte Gassner. In der Aktentasche befanden sich sein Arbeitsanzug und Werkzeug. Die Kriminalbeamten entdeckten jedoch neben dem Schuhabdruck in der Nähe des Baumes, wo er die Tasche versteckt hatte, einen zweiten Abdruck nahe der Stelle, an der die Kleidung des Opfers gefunden worden war. Gassner bestritt, an jener Stelle gewesen zu sein. Seine Lebensgefährtin Gertrude F. bestätigte, dass es zu einem massiven Streit zwischen ihnen gekommen sei. Sie habe ihm Vorwürfe wegen seiner Arbeitslosigkeit gemacht und er habe sich daraufhin von ihr entfernt. Gassner wurde daher aus der Polizeihaft entlassen.

Nach der Entlassung Gassners meldete ein Zeuge der Polizei, er habe am 15. April 1958 gegen 14.30 Uhr unter Gemüseabfällen in der Nähe einer Bedürfnisanstalt am Naschmarkt Goldschmuck gefunden. Der Schmuck wurde von Angehörigen von Ilona Faber einwandfrei als Fabers Eigentum identifiziert. Jene Klosettanlage war damals ein Treffpunkt für Homosexuelle und es war bekannt, dass auch Gassner dort verkehrte. Er war bereits einmal wegen Homosexualität strafrechtlich verurteilt worden (was zu dieser Zeit rechtlich noch möglich war). Das Gebiet um den Naschmarkt gehörte zum »Revier« Gassners, zudem war er im Lokal »Gulaschhütte« in der Nähe des Fundorts des Schmucks gesehen worden. Daher nahm man ihn am 18. April 1958 endgültig als Hauptverdächtigen fest und lieferte ihn zunächst in das Polizeigefangenenhaus, später in das Landesgericht für Strafsachen Wien ein. Bei den weiteren Ermittlungen stellte sich heraus, dass ein Bildhändler Gassner zur tatkritischen Zeit dreimal bei der Auffahrtsrampe der Prinz-Eugen-Straße auf der Höhe des Denkmals gesehen hatte. Am 15. April 1958 gegen 11.30 Uhr wurde vor einem Haus in der Schwindgasse im vierten Bezirk ein fehlender Handschuh von Ilona Faber gefunden. Am 19. April 1958 in den Morgenstunden fand man in der Schäffergasse Fabers Strümpfe mit Strumpfhalter und Unterwäsche, also wieder in der Gegend, in der sich Gassner gerne herumtrieb. War er es, der Ilona Faber ermordet hatte?

Die kriminalpolizeilichen Ermittlungen liefen auf Hochtouren. Viele Indizien sprachen gegen Johann Gassner. Fraglich war jedoch das Motiv. Hat der Täter aus sexuellen oder räuberischen Motiven gehandelt? Die Handtasche des Opfers war leer gewesen. Der Inhalt konnte nur teilweise sichergestellt werden, also musste man eher von einem Raubmord ausgehen. Nach den Erkenntnissen der Gerichtsmediziner konnte ein sexuelles Motiv eher ausgeschlossen werden. Es konnte festgestellt werden, dass das Opfer vom Täter nicht sexuell missbraucht worden war. Man konnte jedoch medizinisch nachweisen, dass Gewalt gegen die Geschlechtsteile der jungen Frau ausgeübt worden war. In Ilona Fabers Mund und Hals wurde Erde vorgefunden, was auf Erstickung als kausale Todesursache schließen ließ. Bei der Obduktion der Leiche wurden im Brustbereich und am Hals Bisswunden festgestellt, die eine markante Zeichnung aufwiesen. Man veranlasste daher die Abnahme eines Gipsabdruckes des Zahnschemas von Johann Gassner. Der Vergleich von Gassners Gebiss mit dem Bissabdruck auf dem Körper des Opfers stand nun im Zentrum der Ermittlungen. Am 24. April 1958 fanden sich die

Vorstände des Sicherheitsbüros Slancar und Heger, der Gruppenführer Rothmayer von der Polizei, die Professoren Zinner und Schwarzacher vom Institut für Gerichtliche Medizin sowie der Erste Staatsanwalt Hörmann im Institut für Gerichtliche Medizin ein. Anhand einer Demonstration an Leichenteilen und Gebissmodellen konnte gezeigt werden, dass der Bissabdruck mit hoher Wahrscheinlichkeit von Gassner stammte. Gassners Gebiss wies eine bezeichnend atypische Struktur auf, die Ähnlichkeit mit dem Bissabdruck auf der Leiche war groß. Um diese Beweisführung abzusichern, wurde angeordnet, sämtliche Kleidungsstücke des Verdächtigen auf weitere Spuren, vor allem Blutspuren, zu untersuchen. Damals gab es ja noch nicht die Möglichkeiten einer DNA-Analyse, die man heute hat, daher war nur die Suche nach Blut möglich.

Im Geschworenenprozess, der am Landesgericht für Strafsachen Wien stattfand, kam es zu einem denkbar knappen Urteil: Die Geschworenen stimmten 4 : 4. Johann Gassner wurde von der Mordanklage freigesprochen.

Im Jahr 2002 beschäftigte der Fall das Sicherheitsbüro von neuem: Am 30. Jänner 2002 teilte der Journalist Ernst Bieber von der Tageszeitung »Kurier« dem Sicherheitsbüro mit, er habe Informationen, dass der Mord an Ilona Faber von Eduard Studenik, verstorben am 27. Juni 1996, verübt worden sei. Man forderte beim Landesgericht für Strafsachen Wien den entsprechenden Gerichtsakt an und ich nahm persönlich mit dem Journalisten darin Einsicht. Hintergrund von Biebers Information war, dass eine frühere Ehefrau von Eduard Studenik Erika W. behauptete, Studenik hätte ihr gestanden, Ilona Faber getötet zu haben. Diese Mitteilung verursache ihr regelmäßige Albträume, sie habe sich in ärztliche Behandlung begeben müssen und nehme Nerventabletten. W. hatte über die Angaben ihres verstorbenen Mannes ein Buchmanuskript verfasst und wollte dieses Buch veröffentlichen. So wurde die ganze Sache publik.

W.s Angaben wurden überprüft. Sie wurde von Kriminalbeamten der Mordgruppe Unger einvernommen. W. erzählte, dass sie Eduard Studenik im Jahr 1957 geheiratet habe. Nach dem Genuss von Bier habe er sexuelle Praktiken verlangt, die sie ablehnte, und sei bisweilen sehr brutal gewesen. Am 14. April 1958 sei ihr Mann nicht wie üblich gegen 22.20 Uhr mit dem Zug am Bahnhof Penzing angekommen, sondern erst mit dem letzten Zug gegen 00.20 Uhr. Da sie sich Sorgen gemacht hätte, habe sie am Bahnhof auf ihn gewartet. Ihr Gatte hätte einen verwirrten Eindruck gemacht und sich nicht in das gemeinsame Wohnhaus, sondern in das Heizhaus der Gärtnerei begeben. Bei ihrer Begrüßung hätte er gestammelt: »Ich habe sie umgebracht – die Helene, die Ilona.« Aus der Hosentasche hätte er einen Ohrring herausgeholt und nach dem zweiten Ohrring gesucht, da er beide seiner Gattin schenken wollte. Angeblich hätten diese Ohrringe von Ilona Faber gestammt. Er hätte sein blutverschmiertes Sakko ausgezogen und im Ofen verbrannt. Dann hätte er sich niedergelegt und sei eingeschlafen. Als er aufwachte, hätte er ihr die Begegnung mit Faber und den Mord geschildert: Seine erste Gattin sei wie Ilona Faber Schülerin der Mannequinschule gewesen. So habe er Faber kennen gelernt und sich mit ihr verabredet. Man wollte gemeinsam das Johann-Strauß-Kino in der Favoritenstraße besuchen. Aus Zeitmangel hätten sie sich für das Kino am Schwarzenbergplatz entschieden. Dort hätte es für den Elvis-Presley-Film aber nur noch eine Karte gegeben, also hätten sie vereinbart, dass Ilona ins Kino gehen und er solange in einem nahe gelegenen Café warten würde. Beim Wiedersehen im Café sei es zum Streit gekommen, bei dem er Faber eine Ohrfeige versetzt habe. Beide hätten das Café verlassen. Beim Russendenkmal hätte Faber Studenik angespuckt, worauf er ausgerastet sei und »wie von Sinnen« auf Faber eingeschlagen hätte. Er hätte sie mit einem Gegenstand auf den Kopf geschlagen und sie anschließend erwürgt. Zudem hätte er sich an der Sterbenden vergangen und sie gebissen. Als er wieder »zur Besinnung« gekommen sei, hätte er das Opfer mit bloßen Händen im Erdreich verscharrt und sei vom Tatort über die Gußhausstraße zur Schleifmühlgasse geflüchtet, wo er Fabers Geldbörse weggeworfen hätte. In der Schäffergasse hätte er sich der Strümpfe des Opfers entledigt. Am Naschmarkt sei er dem Strotter Johann Gassner begegnet, den er schon beim Russendenkmal beobachtet hätte.

W. erzählte weiter, das Ehepaar habe sich im Jahr 1960 scheiden lassen. Ein Rechtsanwalt des Paares sei von dem Geschehen informiert worden.

Zu diesen Angaben wurden von den Kriminalbeamten des Sicherheitsbüros umfangreiche Recherchen durchgeführt, die dadurch erschwert wurden, dass die meisten der beteiligten Personen nicht mehr lebten. Eduard Studenik, der Rechtsanwalt und auch die Mutter von

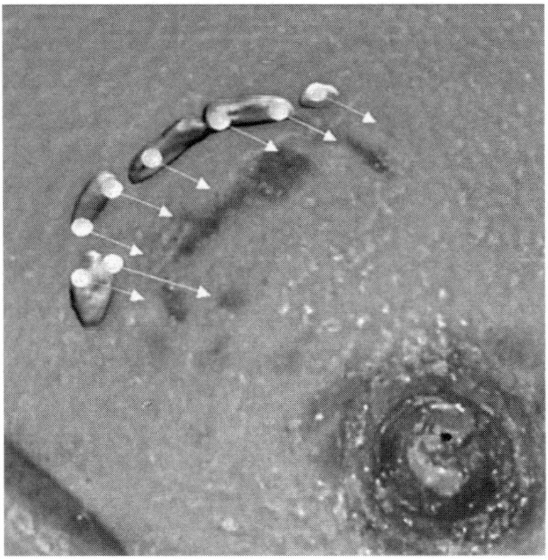

*Das Bild stammt von dem Schweizer Gerichtsmediziner Prof. Dr. Bruschweiler, der die Technik der Computersimulation 2007 in Wien vorstellte.*

Erika W., die offenbar von dem Mord wusste, waren bereits verstorben. Die Untersuchung der Kriminalbeamten ergab, dass die Angaben der Informantin W. in keiner Weise mit dem Tathergang, der sich aus den Akten ergab, übereinstimmten. Wie auch immer das angebliche Geständnis des Eduard Studenik zustande gekommen war, der spektakuläre Mord an Ilona Faber konnte so nicht passiert sein. Inwieweit der Wunsch von Erika W., das Buch zu veröffentlichen, eine Rolle für ihre Mitteilung an den Journalisten Bieber spielte, konnte nur vermutet werden.

Aus medizinischer Sicht ergab sich jedoch eine neue Möglichkeit zur Überprüfung der Spuren in der Causa Ilona Faber. Im Zuge des Verfahrens gegen Jack Unterweger nahm das Sicherheitsbüro Kontakt mit den Kollegen in Bern auf. Der Austausch mit den Universitätsprofessoren Hochmeister, Dirnwöber und Bruschweiler war ausgesprochen vielversprechend. Es kam zu einer neuerlichen Überprüfung der fotografisch archivierten Bissspuren an der Leiche Fabers und einem Vergleich mit dem Zahnschema des damals Hauptverdächtigen Gassner. Bruschweiler hatte eine Computersimulationstechnik entwickelt, die eine genaue Rekonstruktion der Bisse ermöglichte. Mithilfe dieser Simulationstechnik konnte gezeigt werden, dass die Bissspuren mit großer Wahrscheinlichkeit von Johann Gassner verursacht worden waren. Dieses Detail war wichtig für die Gesamtbeurteilung, die der frühere Vorstand des Instituts für Gerichtliche Medizin Georg Bauer verfasste. Bauer bestätigte darin die ursprüngliche Tätertheorie. Großen Einsatz und kriminalistische Kleinarbeit leistete auch Kollege Branka vom Bezirkspolizeikommissariat Floridsdorf, der in einem 655-seitigen Bericht die Ereignisse um Ilona Faber anschaulich dokumentierte.

## *Internationaler Autodiebstahl in Wien: Der Fall Emil Mimic (1975 bis 1976)*

Während meiner Tätigkeit im Bezirkspolizeikommissariat Innere Stadt, dem ich nach meiner letzten Dienstprüfung im Jahr 1975 zugeteilt worden war, wurde das Sicherheitsbüro auf mich aufmerksam, da ich sozusagen im Alleingang einen Fall aufklärte, der an die vierhundert Einbrüche in Kraftfahrzeuge betraf.

An einem Wochenende, als ich Journaldienst hatte, wurde ein österreichischer Täter von uniformierten Polizisten beim Autoeinbruchsdiebstahl beobachtet und festgenommen. Als Journaljurist hatte ich über die Einlieferung des Verdächtigen in das Landesgericht für Strafsachen Wien oder seine Entlassung zu entscheiden. Um diese Entscheidung zu treffen, führte ich eine Einvernahme des Betroffenen durch. Da es um die Mittagszeit war, waren die Kriminalbeamten froh, dass ich die Vernehmung durchführte und sie etwas Freiraum hatten. Nach einigen Stunden wurden die Kollegen aber unruhig und fragten sich, warum ich wohl so lange mit dem Häftling brauchte. Ich hatte eine tolle Gesprächsbasis mit dem Vorgeführten gefunden und er erzählte ohne Unterbrechung von den Straftaten, die er verübt hatte. Nach mehreren Stunden der Befragung hatte der Täter bereits von etwa vierhundert Einbruchsdiebstählen berichtet, die er in Wien in verschiedenen Bezirken begangen hatte. Nun hatten die Kriminalbeamten jede Menge Arbeit vor sich, da die Tatorte und die sogenannten Bezugsfakten überprüft werden mussten. Das gestaltet sich beim Einbruchsdiebstahl in Kraftfahrzeuge oft recht schwierig, da etliche Opfer keine Anzeige bei der Polizei erstatten oder die Angaben des Verdächtigen zu Tat und Tatort nicht immer verlässlich sind. In diesem Fall konnten sich die Angaben bestätigen lassen und der Täter wurde dem Landesgericht für Strafsachen Wien überstellt. Ich selbst hatte mir innerhalb eines Nachmittags an dieser Dienststelle einen guten Namen gemacht. So wurde man auf mich aufmerksam und es erfolgte der Ruf in das Sicherheitsbüro.

Im März 1976 wurde mir als jungem Referenten im Sicherheitsbüro ein Diebstahlsreferat anvertraut: das Referat für die Aufklärung von Kraftfahrzeugdiebstählen und Einbrüche in Kraftfahrzeuge. Ich arbeitete mit zwei Kriminalbeamtengruppen zusammen. Die eine Gruppe war für Diebstähle von Kraftfahrzeugen, die andere für Kraftfahrzeugeinbruchsdiebstähle zuständig. Seit dem Jahr 1974 hatten diese Delikte in ganz Europa und so auch in Österreich stark zugenommen. Internationale Banden war besonders auf hochwertige Fahrzeuge der Marke Mercedes spezialisiert. Das Diebstahlsreferat Kraftfahrzeuge war zum Zeitpunkt meiner Übernahme ein Referat, in dem man Erfolge erwartete. Mein Vorgänger war nur etwas länger als eineinhalb Jahre dort tätig gewesen. Er schied aus dem Sicherheitsbüro wieder aus, da er weder eine Aufklärung dieser organisierten Kraftfahrzeugdiebstähle erreichen noch sich auf andere Weise etablieren konnte. Erfolg war erwünscht und meine Zukunft daher höchst ungewiss.

Die Diebstähle von hochwertigen Fahrzeugen im Raume Ostösterreichs und vor allem in Wien waren zu einer echten Plage geworden. Täglich wurde in den Medien über die gestohlenen Kraftfahrzeuge berichtet und natürlich kam dabei auch die Erfolglosigkeit der Polizei zur Sprache. Diese Entwicklung war weder für den Polizeipräsidenten noch für den damaligen Leiter der Kriminalpolizei noch für den Vorstand des Sicherheitsbüros tragbar. Man verlangte vom zuständigen Referenten kluge und umsetzbare Konzepte und vor allem Erfolge. Ich erinnere mich noch gut an die vielen Besprechungen mit der Sicherheitswache und den Kriminalbeamten. Mehrere Schwerpunktprogramme gegen den Kraftfahrzeugdiebstahl wurden durchgeführt. Es wurden sogenannte Sonderstreifen organisiert, man überprüfte bereits bekannte Autodiebe, man stellte überwachte »Fangfahrzeuge« an beliebten Tatorten auf, um unbekannte Täter in eine Falle zu locken. Im Winter waren solche Überwachungen besonders unangenehm. Eines Nachts im Winter überwachten Kollegen in einem ungeheizten Wagen ein Fangfahrzeug, als plötzlich der Alarm ausgelöst wurde. Die Kollegen wollten rasch aus dem Überwachungsbus springen, aber ihre Gelenke waren so steif geworden, dass sie nur mühsam aus dem Überwachungsfahrzeug hinausstolperten. Glücklicherweise handelte es sich um einen falschen Alarm. Es gab keine Täter zu verfolgen.

Sehr wichtig war der Kontakt zu den Grenzdienststellen, da es ja vom Tatort Wien nicht weit bis zur Grenze nach Ungarn oder zur damaligen Tschechoslowakei war. Aufgrund von Informationen der Firma Mercedes-Benz wusste man, dass die gestohlenen Fahrzeuge meist in den arabischen Raum verbracht wurden. Bei Reparaturen an Fahrzeugen erfuhr man durch die Bestellung von Ersatzteilen, für welche Fahrzeuge Ersatzteile angefordert wurden, und konnte so den Weg des gestohlenen Fahrzeuges nachvollziehen.

Der erste große Fall kündigte sich im Jahr 1975 an. Die zuständige Gruppe für Autodiebstähle hatte ausgezeichnete Kontakte zum Polizeipräsidium München. Die Kraftfahrzeugfahnder aus München und Wien arbeiteten schon viele Jahre eng zusammen und hatten sowohl beruflich als auch privat guten Kontakt. Diese Freundschaft und Kollegialität waren die Grundlage der erfolgreichen Ermittlungen, die sich gegen die Drahtzieher der internationalen Kraftfahrzeugdiebstähle richteten. Die deutschen Kollegen hatten einen Informanten an die Tätergruppe angesetzt, die für die Fahrzeugdiebstähle in Wien und Ostösterreich verantwortlich war. Zu dieser Zeit wollten viele Scheichs aus dem Vorderen Orient und Orient ein Luxusfahrzeug der Marke Mercedes besitzen. Da die dortigen Märkte aber nicht genügend Fahrzeuge anbieten konnten, entstand rasch ein illegaler Markt für die begehrten Luxusfahrzeuge. Die Diebstähle erfolgten nach Auftragslisten: Es wurde genau bestimmt, welches Fahrzeug, welcher Typ, welche Farbe und welche Ausstattung gewünscht wurden, und die Diebstahlsobjekte entsprechend ausgewählt.

Im Sommer des Jahres 1975 wurden allein in Wien etwa siebzig Mercedes-Fahrzeuge entwendet. Die Fahrzeuge wurden oft innerhalb von ein bis zwei Stunden außer Landes geschafft, meist fuhren die Täter damit über die ungarische Grenze. Die Täter stahlen die Autos, agierten als Übersteller und organisierten Falschpapiere sowie falsche Kennzeichen, mit denen die Fahrzeuge und Fahrer ausgestattet wurden. Das ganze Netzwerk war ausgezeichnet organisiert und funktionierte hervorragend. Höhepunkt der Diebstahlsserie in Wien war der spektakuläre Diebstahl des Mercedes des damaligen Finanzministers Hannes Androsch im Jahr 1976. Allein dieser Diebstahl sorgte für enormes Aufsehen. Das Sicherheitsbüro war gefordert und ein Erfolg nun umso dringlicher.

Die Zusammenarbeit mit den Münchener Kollegen zeigte bald ihre ersten Früchte. Es gelang einem Informanten zu erkunden, wann wieder ein Transport gestohlener Fahrzeuge die ungarische Grenze passieren sollte. Tatsächlich konnte man an der Grenze Burgenland-Ungarn zunächst zwei deutsche Täter und einige Zeit später den Drahtzieher festnehmen, den Jugoslawen Emil Mimic, der mit dem damaligen Außenminister Jugoslawiens verwandt war. Diese drei Personen wurden nach Wien überstellt. Emil Mimic war dem Gruppenführer Friedrich Brunner nicht unbekannt. Er war bereits 1958 wegen der Verschiebung von Fahrzeugen der Marke Opel-Kapitän von Deutschland und Österreich nach Ungarn festgenommen worden. Die Einvernahmen gestalteten sich sehr mühsam, doch es gelang Chefinspektor Brunner, mit dem Drahtzieher der Mercedesdiebstähle ein gutes Gesprächsklima aufzubauen. Emil Mimic sprach sieben Sprachen fließend, darunter auch Arabisch. Er war daher in der Lage, mit potenziellen Käufern Verkaufsgespräche zu arrangieren und die Details zu besprechen. Dieser Mann war für die Organisation der meisten Autodiebstähle in Wien verantwortlich, fast alle Diebstähle aus den Jahren 1975 und 1976 konnten seiner Tätergruppe nachgewiesen werden. Die Fahrzeuge waren im Vorderen Orient und Orient »gelandet« und konnten von dort nicht mehr zurückgeholt werden.

Die beiden Deutschen, die als Fahrer der gestohlenen Autos festgenommen worden waren, hatten eine neue Methode angewandt, die es ihnen ermöglichte, das gestohlene Fahrzeug innerhalb weniger Sekunden durch einen Nachschlüssel in Betrieb zu setzen. Auch dieses Geheimnis konnte nach langen, zähen Einvernahmen gelüftet werden. Die Täter hatten ein elektronisches Schlossabtastgerät entwickelt, mit dem sie die nötigen Informationen erhielten, um einen passenden Zweitschlüssel anzufertigen. Diese neue Diebstahlsmethode erregte auch in der Forschungszentrale von Mercedes-Benz beachtliches Interesse. Unsere Erfolge bei den Befragungen waren die Grundlage für eine bessere Sicherheitsvorkehrung gegen Diebstahl. Die Krönung unseres Erfolges stellte aber die Auffindung von vier hochwertigen Mercedes-

Fahrzeugen dar. Unter den sichergestellten Personenkraftwagen befand sich auch der Mercedes von Hannes Androsch. Interessanterweise wurden diese vier Fahrzeuge in der Beethoven-Garage in Wien versteckt und nicht wie sonst üblich nach dem Diebstahl sofort außer Landes verschafft. Ich hatte durch diesen Erfolg unerwartet schnell an Bekanntheit gewonnen. Die Medien machten mich zum »Star«, ich durfte Schulungen und Vorträge über unsere Erkenntnisse halten und wurde als Belohnung in die Zentrale von Mercedes-Benz in Sindelfingen eingeladen. Besser hätte es für mich nicht laufen können!

## *Verrat am Küniglberg: Seriendiebstähle beim ORF (1977)*

In den Siebzigerjahren kam es im Österreichischen Rundfunk regelmäßig und häufig zu Diebstählen, die stets im Bezirkspolizeikommissariat Hietzing angezeigt wurden. Im Jahr 1976 beschloss die Führung des ORF, etwas gegen dieses Phänomen zu unternehmen. Man schaltete die Zentralstelle der Kriminalitätsbekämpfung in Wien, das Sicherheitsbüro, ein. Der damalige Vorstandstellvertreter Otto Kornek, der die Besprechungen mit der Leitung des ORF geführt hatte, teilte mir den Akt zu und eine erfahrene Gruppe des Diebstahlsreferates wurde mit den Ermittlungen betraut. Für die Kriminalbeamten war es nicht leicht, dem Täter auf die Spur zu kommen. Das lag zum einen daran, dass die Kriminalbeamten als »hausfremde« Personen im ORF rasch auffielen und ihre Recherchen vor Ort daher keinen positiven Effekt erzielten. Zum anderen herrschte beim ORF immer ein reges »Kommen und Gehen« vor, da viele Mitarbeiter und Mitarbeiterinnen immer wieder außer Haus unterwegs waren und ihre Geräte mit sich führten, was eine Kontrolle erschwerte. Da die Diebstähle anhielten, wurde nach intensiven Beratungen beschlossen, mit einer Detektei zusammenzuarbeiten. Man wollte Detektive als Mitarbeiter beim Österreichischen Rundfunk einschleusen, die so bessere Möglichkeiten für Ermittlungen haben sollten als die Kriminalpolizisten. Die Detektive sammelten tatsächlich umfangreiche Informationen über das Netzwerk der Diebe. Bei den Tatverdächtigen handelte es sich durchwegs um Angestellte des ORF. Es war unglaublich, was alles gestohlen wurde: von einfachen Gebrauchsgegenständen wie Nägeln, Toilettenpapier und Schrauben bis zu Kameras und hochwertigen Geräten, also fast alles, was es im ORF so gab. Die Krönung war der Diebstahl eines Schneidetisches, der so schwer war, dass ihn vier Männer gleichzeitig tragen mussten. Es war uns auch schleierhaft, wie dieser Schneidetisch das Haus verlassen konnte, ohne dass der Abtransport dem Torposten auffiel.

Nach etwa sechs Monaten hatte die Detektei so viel Material über die Diebe gesammelt, dass eine Besprechung beim damaligen Generalintendanten des ORF Otto Oberhammer angesetzt wurde, um die weitere Vorgehensweise zu koordinieren. Kornek und Oberhammer vereinbarten, dass rasch eingeschritten werden sollte. Das gesamte Erhebungsergebnis wurde an die zuständige Staatsanwaltschaft Wien und an den zuständigen Untersuchungsrichter übergeben. Es konnten zweiunddreißig Hausdurchsuchungsbefehle erwirkt werden. Über den Plan wurde strengstes Stillschweigen vereinbart. Dementsprechend groß war das Erstaunen bei den Kriminalisten des Sicherheitsbüros, als noch vor dem Einschreiten die Medien darüber berichteten und dadurch offensichtlich alle potenziell Verdächtigen vorgewarnt waren. Man kann sich vorstellen, dass diese Medieninformation das Ergebnis des geplanten Zugriffs wesentlich beeinflusste. Es waren nur die sogenannten »kleinen Fische« ins Netz gegangen. Die »großen Fische« waren alle entkommen. Man konnte einige weniger wertvolle gestohlene Gegenstände sicherstellen, aber die teuren Kameras, die technischen Geräte oder der hochwertige Schneidetisch konnten nicht gefunden werden. Der Erfolg war beschämend bescheiden und wir wurden von den kritischen Medien dementsprechend »belohnt«.

War das die Schuld des Sicherheitsbüros? Das konnte mit Bestimmtheit ausgeschlossen werden. Welcher Kriminalist hätte aus purer Eitelkeit den Erfolg der Amtshandlung, die monatelang vorbereitet worden war, auf solche Art und Weise gefährdet? Es spielten ganz andere Entscheidungsgründe eine Rolle. Die Motivation für den Verrat der Aktion der Kriminalpolizei lag bald auf der Hand: Es stand die Neuwahl des Generalintendanten an. Aus diesem Fall habe ich zweierlei gelernt: Erstens zählen bei Kriminalitätsformen von Mitarbeitern immer unterschiedliche Motivlagen. Diese beeinflussen das kriminaltaktische Vorgehen ganz wesentlich. Wenn kein einheitlicher Wille zwischen Firmenleitung und Polizei gegeben ist, führt das meist zu Misserfolg und der Fall kann in der Regel nicht geklärt werden. Zweitens kann bei geschlossenen Systemen die traditionelle Ermittlung nicht wirksam eingesetzt werden. Man muss zu technischen Hilfsmitteln, zu »Undercover-Maßnahmen« oder zu »Kronzeugen« greifen. Dazu bedarf es aber der rechtlichen Rahmenbedingungen sowie des Einverständnisses der Führungsebene und der Personalvertretung.

## *Als die Welt in Wien nicht mehr in Ordnung war: Die Wiener Unterwelt I (1977)*

Die Schautafeln im Wiener Kriminalmuseum zeigen, dass organisierte Banden schon immer das kriminelle Geschehen in und außerhalb der Bundeshauptstadt beeinflusst oder sogar dominiert haben. Ein Beispiel dafür sind die gruseligen Geschichten über die Bande von Räuberhauptmann Johann Georg Grasel, der als »Robin Hood« in die Lokalgeschichte des Waldviertels einging und im Jahr 1818 zur besonderen Abschreckung der Bevölkerung in Wien am Glacis hingerichtet wurde. Oder man denke an die Taten des berühmten Tresoreinbrechers Johann Breitwieser, der sich durch immer gewagtere Einbruchsdiebstähle in der Bevölkerung den legendären Ruf eines »Einbrecherkönigs« erwarb und 1919 sein jähes Ende fand. Schwer zu fassen war die sogenannte »Simon-Platte« unter der Führung von Gustav Simon, die bereits während der Nazizeit, etwa um 1944, schwere Straftaten im Raum Wien begangen hat. Erst 1947 konnte die fünfzigköpfige Bande nach der Verübung von mehr als achtzig Vergehen und Verbrechen, davon zwanzig Morde und Mordversuche, mehr als vierzig Einbrüche und zwanzig Kraftfahrzeugdiebstähle, zerschlagen werden.

Nach dem Ende des Zweiten Weltkrieges war Wien in arger Not, was den Schleichhandel enorm begünstigte. Daraus entwickelte sich eine neuartige »Wiener Unterwelt«. Berüchtigt sind die Geschichten von Josef Angerler, genannt »der Gschwinde«, und Josef Krista, genannt »der Notwehrkrista«, die das Wiener Glücksspiel organisierten. In Erinnerung bleiben wird das Duell zwischen Angerler und Krista, das im Mai 1968 gegen 22 Uhr im Café Kolonitz stattfand. Bei einem Feuergefecht zwischen den ehemaligen Freunden fielen 14 Schüsse. Angerler wurde in den Rücken getroffen und schwer verletzt, seine Verlobte, Mutter von zwei Kindern, wurde getötet. Krista wurde so schwer verletzt, dass ihm das rechte Bein abgenommen werden musste. Es gab Zeugen dieser Auseinandersetzung, aber die hatten alle zufälligerweise »nichts gesehen«. Damit war die Ära Josef Pecha (ein weiterer Galerist aus diesem Kreis), Josef Krista und Josef Angerler, die das verbotene Glücksspiel in Wien, den »Stoß«, beherrscht hatten, beendet. Krista verübte nach seiner Verurteilung Selbstmord, die anderen bekamen langjährige Haftstrafen.

1968 etablierten sich neue kriminelle Banden in Wien, unter anderem mit Franz A., genannt »der Oide«, Heinz B., genannt »der rote Heinzi«, und Waldemar G., genannt »Waldi«. Diese kriminellen Gruppen teilten Wien unter sich auf, es gab die »Praterpartie« und die »Gürtelpartie«. Franz A., Heinz B. und Waldemar G. entwickelten sich zu wichtigen Größen in der Wiener Unterwelt. Sie betrieben illegales Glücksspiel, Prostitution, Schutzgelderpressungen, Hehlerei, insbesondere von Kunstgegenständen, und hatten sogenannte Rollkommandos zur Verfügung, die für Disziplin in ihrem »Reich« sorgten. In den Sechziger- und Siebzigerjahren weiteten sie ihre Aktivitäten nach Deutschland und Norditalien aus. Österreichische Kriminelle traten vor allem in Hamburg, Düsseldorf und München in Erscheinung.

Unvergesslich bleibt mir die spektakuläre Geiselnahme von Heinz Karrer im Justizpalast im Jahre 1969: Als Karrer dort zu einer Verhandlung geführt wurde, nahm er den Richter als Geisel und flüchtete. Der heutige Senatspräsident Ernest Maurer war unmittelbarer Zeuge dieses Geschehens. Karrers Einbruch in das Dorotheum in Düsseldorf hat einiges Aufsehen erregt: 800 000 Deutsche Mark wurden damals erbeutet.

Die damaligen Spitzen der Wiener Unterwelt Franz A. und Heinz B. besaßen eine hochseetüchtige Motorjacht, die im Mittelmeer vor Anker lag und vermutlich nicht nur zur Gestaltung des Freizeitvergnügens, sondern auch zum Schmuggel von Waffen und anderen Gütern eingesetzt wurde.

Mitte der Siebzigerjahre fanden in Wien zahlreiche teils bewaffnete Auseinandersetzungen um die Vorherrschaft im illegalen Glücksspiel statt. Das wildeste Scharmützel ereignete sich am 26. Juli 1975 vor einem »Stoß-Café« in der Breitenseer Straße. Nach einem Feuergefecht zwischen zwei rivalisierenden Banden konnten vor dem Lokal etwa 40 Patronenhülsen und Projektile von der Polizei sichergestellt werden.

1977 war ich als Diebstahlsreferent im Sicherheitsbüro tätig und ahnte noch nicht, dass ich mich bald mit der Wiener Unterwelt beschäftigen würde. Alles begann relativ harmlos: Als zuständiger Referent sollte ich im Stadtteil Ottakring einen auffälligen silbernen Mercedes mit deutschem Kennzeichen überprüfen. Es stellte sich heraus, dass das Fahrzeug bereits im Oktober 1974 in Hamburg als gestohlen gemeldet worden war. Über mehrere Umwege gelangte das Auto nach Wien, wo es von Johann M. benutzt und schließlich von der Polizei sichergestellt wurde. Johann M. arbeitete auf einem Autoplatz in der Dresdner Straße in Wien, der Heinz B. gehörte. Nun wurde die Geschichte interessant.

Es gab noch einen weiteren Anstoß, sich mit der Wiener Unterwelt zu beschäftigen. Angestellten der Creditanstalt-Bankverein war ein Schließfach auf den Namen Peter Prokesch aufgefallen, für das seit zwei Jahren keine Miete mehr bezahlt worden war. Daher wurde es unter Polizeiaufsicht geöffnet. Die Überraschung war groß, als man darin unter anderem eine vergoldete Pistole vorfand. Die Überprüfung der Faustfeuerwaffe ergab, dass diese Mitte der Sechzigerjahre bei einem Raubüberfall in Neuss, Deutschland, zusammen mit anderen Wertgegenständen erbeutet worden war. In dem Schließfach wurde noch eine weitere Pistole mit Schalldämpfer, ein Minisender, Geschäftskorrespondenz der Wiener Firma Flachmann mit einem polnischen Handelspartner und eine Überweisung eines größeren Dollarbetrages an Heinz B. gefunden. Ein Schriftvergleich der Unterlagen über das Schließfach mit der Schrift von Heinz B. bestätigte, dass es sich um B.s Handschrift handelte. Zum Zeitpunkt des Raubüberfalls in Neuss hatte sich Heinz B. nachweislich in Deutschland aufgehalten. Zwischen 1965 und 1970 gingen etliche Kriminelle aus Wien nach Deutschland, um dort ihr Glück zu versuchen. Man vermutete, dass Heinz B. die Beute aus dem Einbruch von Heinz Karrer übernommen hatte. Im Strafverfahren wurde B. »in dubio pro reo« freigesprochen, da etliche Zeugen für ihn aussagten und ihm ein Alibi gaben. Heinz Karrer hatte weniger Glück, er wurde bei einem Einbruch von der deutschen Polizei erschossen. Die Polizei überwachte fortan jenes Schließfach, da dies die einzige Möglichkeit war, auf den tatsächlichen Mieter zu kommen. Im Jänner 1978 konnte tatsächlich der »Rote Heinzi« von Kriminalbeamten des Sicherheitsbüros in der Bank angehalten und verhaftet werden. Er hatte unter dem falschen Namen Prokesch das Schließfach gemietet und schlicht vergessen, die Miete zu bezahlen. So war der Stein ins Rollen gebracht worden und man hoffte, dass nun etliche Straftaten der Gruppe um den »Roten Heinzi« aufgeklärt werden könnten.

In den Siebzigerjahren wurde von offizieller Seite immer bestritten, dass es organisiertes Verbrechen in Wien gäbe. Aber viele erfahrene Polizisten hatten genau das Gegenteil vermutet. Die Wiener Unterwelt oder auch »Wiener Galerie«, wie das organisierte Verbrechen damals bezeichnet wurde, war im illegalen Glücksspiel und in der Prostitution ebenso aktiv wie beim Diebstahl von Kunstgegenständen, besaß etliche Nachtlokale, Bars und Diskotheken, kassierte Schutzgeldgebühren und machte so viele Geschäfte – legale und illegale. Wir hatten großes Glück, dass Robert Schindler, ein junger, tüchtiger Staatsanwalt für diesen Fall zuständig war. Die Kriminalbeamten der Fahndungsgruppe und ich hatten seine volle Unterstützung. Schindler vermutete, dass Heinz B. Chef einer kriminellen Organisation war, die etwa achtzig Mitglieder umfasste, in Deutschland auch der »Wiener Kreis« genannt wurde und Millionenumsätze machte. Zum Zeitpunkt seiner Festnahme lebte B. in einer etwa zweihundert Quadratmeter großen Wohnung, war Besitzer eines schicken Rolls-Royce sowie der Jacht »Foxclove« im Mittelmeer und lebte auch sonst auf »großem Fuß«.

Die Gruppe um Heinz B. agierte so professionell und raffiniert, dass sie bald unsere Aktionen durchschauten. Wenn wir sie observierten, zogen die Kriminellen eine »Gegenobservation« auf und wir kamen mit unseren Ermittlungen nur sehr schleppend weiter. Abgesehen davon, dass Heinz B. in Untersuchungshaft kam, hatten wir in den ersten Wochen keine spürbaren Erfolge zu verzeichnen. Im Jänner 1978 konnte ein zweiter Safeschlüssel, den der »Rote Heinzi« in einer Klosettmuschel verschwinden lassen wollte, sichergestellt werden. In diesem Safe befanden sich eine altrömische Münzsammlung und eine kostbare antike Uhr. Heinz B. war leidenschaftlicher Numismatiker.

Obwohl uns die Staatsanwaltschaft Wien und auch der zuständige Untersuchungsrichter tatkräftig unterstützten, war unsere Ausrüstung derjenigen der Kriminellen derart unterlegen, dass wir mit unseren traditionellen Ermittlungen kaum Chancen hatten. Wir brauchten eindeutig bessere Observationstechniken. Bei einer Dienstreise nach Bayern stellte ich fest, dass die deutschen Kollegen bereits über weitaus modernere Observationsmaßnahmen verfügten. Vom Landesgericht für Strafsachen wurden uns zwar Leihfahrzeuge bewilligt, sodass wir die Kriminellen zumindest nicht mehr mit unseren auffälligen Polizeifahrzeugen, zum Beispiel weißen VW-Käfern, verfolgen mussten. Wir hatten auch eine Reihe technischer Schwierigkeiten, um einen abhörsicheren Funk zu organisieren. Wir setzten alles daran, die Führungsköpfe der »Praterpartie« einzusperren. Waldemar G. wurde dingfest gemacht, Franz A. konnte flüchten und sandte uns aus Südamerika eine Ansichtskarte. Durch unsere Ermittlungen und durch langwierige Einvernahmen konnten wir einiges an Erkenntnissen zusammentragen, so etwa, dass die »Praterpartie« nicht nur in Österreich, sondern auch in Deutschland, Italien, Ungarn und der Tschechoslowakei tätig war.

Die drei »Köpfe« der Wiener Unterwelt Franz A., Heinz B., und Waldemar G. hatten sich ihre Sporen in Deutschland verdient. Sie waren in ihren Anfängen in den Jahren 1968 bis 1971 in Hamburg, Düsseldorf, Frankfurt und München unterwegs. Ein wichtiger Partner war Heinz Karrer, der in Deutschland zahlreiche Einbrüche und Raubüberfälle verübte. Nachdem Heinz Karrer am 9. Mai 1971 in Düsseldorf erschossen worden war, verlagerten sich die Aktivitäten der Gruppe auf den sogenannten »Ungarn-Kreis«, auf Betrug und den Handel mit gefälschten Bildern. Später baute man in München das illegale Glücksspiel auf. Glücksspiel und Prostitution waren sozusagen das Standbein der Wiener Unterwelt. Im Zuge unserer Ermittlungen überprüften wir einen früheren Raubüberfall auf ein Ehepaar in Neuss bei Düsseldorf. Eines der Opfer erkannte bei einer Vorlage von über vierzig Lichtbildern Waldemar G. sofort als einen der drei Täter wieder. Waldemar G. hatte sich jedoch in den zehn Jahren, die seit dem Überfall vergangen waren, körperlich so stark verändert, dass der Zeuge bei der Wahlkonfrontation unsicher wurde und den Täter nicht mehr erkannte. Damit war ich in meinen Ermittlungen um ein entscheidendes Faktum ärmer. Ich habe damals die Angst und die anschließende Erleichterung bei Waldemar G. spüren können. Die Zeit und seine dramatische Gewichtszunahme hatten ihn vor einer Anklage in diesem Fall »gerettet«.

Bei einem anderen Faktum hatten wir mehr Chancen. Ich hatte Journaldienst im Sicherheitsbüro. Mit meiner Sekretärin vereinbarte ich, Waldemar G. aus der Verwahrungshaft vorführen zu lassen und eine Einvernahme durchzuführen. G. war ein sogenannter »Zund«, also ein Informant, und sprach gewöhnlich nur mit dem leitenden Kriminalbeamten des Mordreferates Franz Hammer. G. wurde im Sicherheitsbüro mit einer gewissen Ehrfurcht behandelt, da man einerseits um seine Stellung in der Wiener Unterwelt wusste und andererseits den gefürchteten »Hammerlangen« nicht verärgern wollte. Hammer war ein durchschlagskräftiger und erfahrener Offizier, der sich um die Sicherheit in Wien sehr verdient gemacht hatte. Ein der Wiener Unterwelt relativ unbekannter junger Jurist wagte es nun also, den berüchtigten »Waldi« einzuvernehmen und hatte zudem den Ehrgeiz, ihm Straftaten nachzuweisen. In der Wiener Unterwelt war es ein ungeschriebenes Gesetz, dass ein Schwerkrimineller immer nach der Devise handelt: »Sagst du ›ja‹, bleibst du da, sagst du ›nein‹ gehst du heim«. Und tatsächlich hatte Waldemar G. mir zunächst nichts zu sagen. »Waldi« war arrogant und überheblich, »pampert«, wie man im Wienerischen sagen würde. Ich selbst war auch nicht fromm und erklärte, dass es ganz gleichgültig sei, ob er was sagen würde, denn ich könne ihm einen Mord anhängen. Natürlich gab es diesbezüglich Informationen, aber es dürfte jedem klar sein, dass mit dieser Gesprächsbasis nicht einmal ein »Hendeldiebstahl«, wie wir bei der Polizei sagen, aufzuklären gewesen wäre. Bei der Einvernahme von »Waldi« ging es also vorerst weder leise noch höflich zu. Sowohl er als auch ich sprachen Klartext. Als ich die Einvernahme kurz unterbrechen musste, entwickelte sich ein Gespräch zwischen meiner Sekretärin und dem Unterweltler. »Waldi« ließ sich durch hübsche Frauen beeindrucken und so hatte meine Schriftführerin leichtes Spiel. Der Charme meiner Sekretärin entspannte das Klima. Als ich zurückkam, sagte »Waldi«: »Spannt's ein«, was bedeutete, dass er zum Reden bereit war. Er gestand niederschriftlich, was wir wissen wollten. Wie der Fall zeigt, sind nicht nur Kompetenz und Härte, sondern eine gesunde Portion Einfühlungsvermögen im richtigen Moment wesentlich für ein erfolgreiches Ergebnis. Diese Routine haben meine Sekretärin und ich – wir wurden ein eingespieltes Team – oft angewandt und es brachte uns einige Erfolge.

Heinz B. konnte man unter anderem die Hehlerei der vergoldeten Pistole aus dem Schließfach, die vermutlich bei dem Raubüberfall in Neuss 1970 von Heinz Karrer erbeutet worden war, nachweisen. Heinz B. erklärte zwar, er hätte nur einen ganz »oberflächlichen« Kontakt zu Heinz Karrer gehabt. Doch wir wussten von einem Telefonat, das Karrer 1971 mit seinem Rechtsanwalt geführt und in dem er etwa gesagt hatte: »Es geht um den ›Roten‹, den müssen Sie rausholen, koste es, was es wolle«. Es war also eindeutig, dass ein sehr enges, fast freundschaftliches Verhältnis zwischen den damaligen »Größen der Wiener Unterwelt« bestand. Auch die Bilder des Begräbnisses von Heinz Karrer 1971 auf dem Wiener Zentralfriedhof waren ein Indiz für die enge Verbindung zwischen Karrer, Franz A., Waldemar G. und Heinz B. Sie zeigten auch eine deutliche Rangordnung der großen Persönlichkeiten der Wiener Unterwelt auf. Als ich »Waldi« diese Bilder vorlegte, zeigte er enorme Emotionen. Erstmals weinte er bitterlich. Der Tod von Heinz Karrer hatte ihn offensichtlich sehr berührt.

Wie schon erwähnt war das illegale Glücksspiel die Domäne der Wiener Unterwelt. Wer das Buch von Roland Girtler über Franz Taschner gelesen hat, einen der »Aufpasser« des Spiels der »Gürtelpartie«, erinnert sich vielleicht an das äußerst genau beschriebene Milieu. Franz A., Heinz B. und Waldemar G., die vorwiegend als Bankhalter auftraten, residierten vorwiegend im Café Nordbahn und im Daunhof. Beim »Stoß« wurden riesige Beträge umgesetzt und so war das illegale Glücksspiel die wesentliche Einkommensquelle der drei. »Waldi« gab im Gespräch offen zu, dass er vom »Spiel« lebe. Wenn eine »gute Partie« gelaufen sei, erzählte er weiter, würden sie auch nach München fahren, das heißt, dort wurde weitergespielt. Sie konnten es sich leisten, eine »Glücksspielfiliale« in München zu eröffnen. Die Münchener Kollegen bestätigten diese Angaben. Sie versuchten immer wieder, dem »Wiener Kreis« Herr zu werden. Das gestaltete sich jedoch schwierig, da die Spiellokale immer von »Strohmännern« geführt wurden, zum Beispiel durch den »Ungarn-Kreis«. Die Lokale waren meist nur so lange Spiellokale, bis die Polizei aufmerksam wurde und das betreffende Lokal sperrte. Die Betreiber wechselten das Lokal und begannen von vorne.

Die Bosse der Wiener Unterwelt hatten aber auch gute Beziehungen zu Bezirksverwaltungsbehörden. Ein Einkommenszweig dieser kriminellen Gruppierung war beispielsweise das organisierte Aufstellen von Spielautomaten, den »einarmigen Banditen«. Mit diesen wurde ein Millionenvermögen gemacht. Es ist unglaublich, was sich hier nach dem Motto »Eine Hand wäscht die andere« abspielte. Bei der Polizei wunderten wir uns immer wieder, wie bestimmte Leute zu bestimmten Konzessionen kamen. In einem Fall konnte man durch Telefonüberwachung eindeutig die Bestechung eines Beamten des Magistrates der Stadt Wien nachweisen. Und was passierte? Als die Beweismittel zum Gericht gebracht werden sollten – damals gab es ja nur die Originaltonbänder – verschwanden sie auf »wundersame Weise«.

Ein anderes Beispiel war der Versuch, eine »Peep-Show« zu etablieren. Das war damals neu für Wien. Die Wiener Unterwelt holte sich extra einen Mann aus Deutschland, der über das nötige Know-how verfügte. Die zuständigen Stellen wurden so beeinflusst und »geneigt gestimmt«, dass die erste »Peep-Show« in Wien kurz vor ihrer Eröffnung stand. Infolge unserer damaligen Ermittlungen konnten wir das verhindern. Es war sehr lehrreich zu sehen, wie »locker« dieser Investitionsverlust von einer Million Schilling von den Beteiligten verkraftet wurde. Das zeigte uns, wie finanzstark diese Gruppierung rund um Heinz B., Franz A. und Waldemar G. bereits damals war.

Eine weitere wichtige Einnahmequelle war Prostitution. Sowohl Heinz B. als auch Waldemar G. und Franz A. lebten vorwiegend mit Damen des »leichten Gewerbes« zusammen oder hatten engen Kontakt zu ihnen. Durch den Kontakt zu diesen Damen verdienten die drei natürlich auch entsprechend. Die Organisation der Straßen- und Lokalprostitution etablierte sich als ein weiteres Standbein ihres Wohlstandes. Hübsche Mädchen wurden in der Szene als »Anlage« bezeichnet. Der frühere Nationalratsabgeordnete Wendelin Ettmayer berechnete einmal, dass damals an die 13 Millionen Schilling allein in Wien durch das Prostitutionsgewerbe verdient wurden.

Wir hatten alle unsere »weichen« und »harten« Informationen zusammengetragen und konnten der Staatsanwaltschaft Wien zwar nicht umfassendes, aber doch brauchbares Material für die Anklage liefern. Es ließen sich mehrere Erpressungen, Hehlerei, unbefugter Waffenbesitz, Suchtgiftmissbrauch, Begünstigung, Urkundenfälschung, verbotenes Glücksspiel und Freiheitsentziehung nachweisen. Das war nicht all das, was wir an vermuteten Verbrechen gerne angeklagt gesehen hätten, aber es reichte zu ordentlichen Strafen für die verhafteten Köpfe der Wiener Unterwelt aus.

Wir brachten mehrere Fälle von Erpressung in Zusammenhang mit illegalem Glücksspiel in mehreren Fällen in Deutschland in die Anklage. Das reichte aus, dass Heinz B. erstmals in seiner »Karriere« tatsächlich zu einer mehrjährigen Haftstrafe verurteilt wurde. Diese Ermittlungen haben viel bewegt. Man erkannte, dass die Wiener Kriminalpolizei bessere Ermittlungsinstrumentarien benötigte. Es dauerte mehr als zwölf Jahre, bis eine Observationsgruppe eingerichtet wurde, die ich schon 1977 in Deutschland kennen lernte und über die ich einen Erfahrungsbericht an den damaligen Polizeipräsidenten vorlegte. Dieser rief mich unmittelbar, nachdem er den Bericht empfangen hatte, an und erzählte stolz, dass ein Kriminalbeamter des Sicherheitsbüros, bereits im Jahr 1978 zu einer solchen Ausbildung nach Deutschland entsandt wurde. Nun, »klein« muss man beginnen, aber 1990 war es dann so weit: Als Vorstand des Sicherheitsbüros erlebte ich, dass unter Polizeipräsident Günther Bögl die Observationseinheit geschaffen wurde. Heute ist sie übrigens im Zuge der Reform wieder aus Wien abgezogen worden und gehört jetzt dem Bundeskriminalamt Österreich.

## *Als die Welt in Wien wieder in Ordnung kam: Die Wiener Unterwelt II (1978 bis 1990)*

Nach unserem schwierigen, aber doch erfolgreichen Schlag gegen die Wiener Unterwelt war mein Ehrgeiz nicht mehr zu stoppen. Im Zuge der Ermittlungen gegen den »König der Wiener Unterwelt« hatte ich viel gelernt und dachte, man könnte daraus eine Erfolgsserie gestalten.

Mein nächstes Ziel war Heinz Werner S., ein weiterer »Galerist«, der uns bereits bei den Ermittlungen gegen den »Roten Heinzi« aufgefallen war. S. war von 1964 bis 1971 zeitverpflichteter Soldat des österreichischen Bundesheeres, absolvierte die Unteroffiziersschule und den Ranger-Kurs der Heeressport- und Nahkampfschule. Nach internen Schwierigkeiten schied er aus dem Bundesheer aus. Anschließend erwarb er das Nachtlokal »Cus-Cus« in Rannersdorf. Innerhalb kürzester Zeit hatte er mit dem relativ kleinen Animierlokal offenbar so viel Geld verdient, dass er 1974 das renommierte Nachtlokal »Moulin Rouge« kaufte. Bald nach dem Umzug ins Moulin Rouge brannte das Cus-Cus interessanterweise ab, man vermutete Brandstiftung. In der Folgezeit gab es immer wieder dubiose Vorfälle, die eine Verbindung von Heinz Werner S. zur Wiener Unterwelt annehmen ließen. Wir hatten Hinweise auf unbefugten Waffenbesitz, gestohlene Kraftfahrzeuge, sexuelle Auffälligkeiten, Suchtgifthandel und Diamantenschmuggel.

Im Zusammenhang mit dem Fall Heinz B. wurde im Jahr 1978 auch im Moulin Rouge eine Hausdurchsuchung wegen Verdacht auf Suchtgiftbesitz durchgeführt. Die Suchtgifthunde schlugen in der Künstlergarderobe des Lokals an, es konnte jedoch nichts gefunden werden. Interessant war allerdings, dass neben dem öffentlichen Telefon im Moulin Rouge die Telefonnummer von Heinz B. an die Wand »geschmiert« war. Es gab offensichtlich Kontakt zwischen jemandem aus dem Moulin Rouge und dem »Roten Heinzi«. Doch die Verdachtslage war viel zu schwach, um weitere Ermittlungen zu führen.

Im Mai 1981 schien sich die Verdachtslage gegen Heinz Werner S. zu unseren Gunsten zu verändern. Im Zuge eines Verwaltungsstrafverfahrens behauptete eine Animierdame aus dem Moulin Rouge, S. hätte sie zur Prostitution gezwungen, Geld von ihr kassiert und von Gästen sogenannte »Auslösesummen« verlangt, wenn ein Gast ein Mädchen aus dem Lokal mit zu sich oder in das bekannte Hotel Orient nehmen wollte. Die Informationen reichten aus, um kurzfristig einen Haftbefehl gegen S. zu erwirken. Doch sämtliche Verdachtsmomente brachen in sich zusammen. Es fanden sich keine Sach- oder Personenbeweise, die den Anfangsverdacht erhärteten. Nach zwölf Stunden Haft mussten wir S. wieder entlassen.

Heinz Werner S. bemühte sich seither immer um ein gutes Einvernehmen mit dem Polizeikommissariat. Auch zum Sicherheitsbüro hatte er Kontakte. Er versuchte alles, um sein »schlechtes Image« zu ändern. Bald hatte er beste Kontakte zur Prominenz der Gesellschaft. Wichtige Persönlichkeiten aus Kunst, Kultur und Wirtschaft, aus dem Justizwesen und der Regierung waren S. wohlgesinnt. Besonders Wohltätigkeitsveranstaltungen taten es ihm an. Er lud auch die Polizei zu solchen Veranstaltungen ein. Durch dieses Engagement hatte er bald das Image eines honorigen, sich um die Gesellschaft »kümmernden« Mannes, der über jeden Verdacht erhaben schien. Seine aktive Rolle im gesellschaftlichen Leben führte im Laufe der Jahrzehnte zu einer äußerst positiven Wahrnehmung seiner Person in der Gesellschaft. Wenn man will, kann man Heinz Werner S. also als gelungenes Beispiel einer »Selbstresozialisierung« sehen.

Die Fälle der »Wiener Unterwelt« zeigen, wie schmal der Grat zwischen honoriger Gesellschaft und Kriminalität sein kann. An der Geschichte der organisierten Kriminalität zeigt sich, dass potente Mitglieder von »Mafiaorganisationen« immer wieder gesellschaftliche Anerkennung suchen.

## *Die erste Benzinkrise regt zu fantasievollen Lösungen an: Der Fall Jens P. (1979)*

In den Jahren 1977 bis 1979 erlebte Österreich die erste Welle der Benzinverteuerung. Österreichs Automobilisten wurden immer schon gerne »zur Kasse« gebeten, aber damals wurden erstmals auch die Benzin- und Ölpreise deutlich angehoben. Diese marktwirtschaftliche Situation beflügelte einen Österreicher zu einer einfallsreichen Lösung.

Das Periodikum »Profil« berichtete in seiner Ausgabe Heft Nummer 47 im Jahr 1977: »Seit einem Jahr ist der gebürtige Österreicher Jens P. wieder in seiner Heimat. Seit zwei Monaten hat der 32-Jährige seinen Fuß im großen Ölgeschäft. Seit 14 Tagen ist P. bei den Ölmultis der ›Pfui-Deibel‹, gegen den sie sich mit allen Mitteln zur Wehr setzen. Kein Wunder. Österreich gilt jenseits der Grenzen als Märchenland, indem sich vor allem die Automobilisten ohne ernsthaften Widerstand schröpfen lassen. Von den Multis nach Österreich versetzte Mitarbeiter werden von den im harten Konkurrenzkampf zurückgebliebenen Exkollegen heftig beneidet. Denn in Österreich gehen Preise durch, die europaweit kein Pendant finden.«

Jens P. trat mit seiner Gattin Christel als sogenannter »Preisbrecher« auf. Er brachte, zum Leidwesen der Ölmultis, Öl aus den weitaus billigeren Ländern Skandinaviens, aus Deutschland und England nach Österreich und verkaufte es dort billiger. Seine Preise lagen um etwa 20 bis 30 Prozent unter denen der großen Anbieter. Jens P. erlangte dadurch eine gewisse Berühmtheit und bald ging er beim damaligen Handelsminister »ein und aus«.

Im September 1978 kündigte sich in den Medien eine Zollaffäre um den Billigimporteur Jens P. an. Der Kurier-Redakteur Ernst B. schrieb: »Wer mit Öl hantiert, macht sich schmutzig. Dennoch ziehen internationale Ölkaufleute im Umgang mit dem schwarzen Gold nie Handschuhe an, schon gar nicht Glacéhandschuhe. Das Geschäft ist hart. Das zeigt auch die Affäre um den verhafteten ›Ölschreck‹ Jens P.« Der Kurier versuchte, Licht in das Dunkel der Ölwogen um die Schleuderpreise zu bringen. Es stellte sich angeblich heraus, dass der »gefeierte Ölprinz« Manipulationen zu verantworten hätte. Er wurde kurzfristig in Haft genommen, jedoch bald wieder entlassen. Die Vielzahl an Firmengründungen und komplizierten Bankverbindungen erschwerte den Zollbehörden offensichtlich die Arbeit. In der Akte Jens P. las man von angeblichen Scheckfälschungen, Bedrohungen, Erpressungen und Einbrüchen. P. dürfte von seinem eigenen Spediteur beim Zoll »vernadert« worden sein.

Im Jahr 1979 nahm die wirtschaftliche Aktivität von Jens P. erneut eine Wende. Bei der Staatsanwaltschaft Wien wurde gegen Jens P. Anzeige wegen Verdacht des Betruges erstattet. In dieser Anzeige einer deutschen Firma ging es um bestellte Zündkerzen im Wert von etwa 150 000 Schilling. Die bestellte Ware sei nicht geliefert worden, was den Ball ins Rollen brachte. In der Folge entwickelte sich eine Flut von Anzeigen und Gegenanzeigen verschiedener Beteiligter rund um Jens P. Dieser ließ nichts unversucht, um seine Unschuld zu beteuern, und führte alles auf seinen »Ölhandel« zurück, der ihn bei den Marktführern in dieser Branche unbeliebt erscheinen ließe.

Die Anzeigen und Gegenanzeigen landeten in meinem Referat im Sicherheitsbüro. Ich hatte damals ein relativ kleines Zimmer mit der polizeifreundlichen Zimmernummer 133. Jens P. kam häufig bei mir vorbei und brachte zum Beweis seiner Unschuld Unmengen von Mustern der Ölprodukte, die er liefern könne. Ich stellte diese sicher und informierte die zuständige Staatsanwaltschaft. Das Verfahren dauerte aufgrund seiner Komplexität relativ lange. Aus strafrechtlicher Sicht war nicht viel zu tun. In Deutschland war Jens P. kein Unbekannter. Seine »Blitzkarriere« in Österreich wurde aufmerksam verfolgt. Die eingeleitete Interpolkorrespondenz zeichnete von dem »entthronten Ölprinzen« jedoch ein ganz anderes Bild, er konnte sich der Gunst wichtiger Persönlichkeiten sicher sein.

Der Fall erinnerte mich an die Geschichte vom »Hauptmann von Köpenick«. Auch Jens P. verstand es, bis in höchste Kreise in Österreich auf sein »Talent« aufmerksam zu machen, obgleich sich etliche Geschäftspartner mächtig übervorteilt fühlten.

## *Österreichische Fälscher lieben den warmen Süden (1981)*

Die wohl schönste Amtshandlung meiner Dienstzeit brachte mir meine Entscheidung für das Fälschungsreferat ein. Als ich bereits einige Jahre an der Aufklärung von Kraftfahrzeugdiebstählen gearbeitet hatte, ergab sich durch den Abgang eines Kollegen die Möglichkeit der Wahl zwischen zwei neuen Referaten: Suchtgiftdelikte oder Fälschungsdelikte. Meine damalige Sekretärin, die schon viel länger als ich im Sicherheitsbüro tätig war, riet mir zum Fälschungsreferat, da der Gruppenführer ein im Sicherheitsbüro anerkannter, hervorragender Kriminalist war. Ich folgte dem Rat meiner Schriftführerin und Mitte des Jahres 1978 begannen wir mit der neuen Aufgabe im Fälschungsreferat.

Bei Fälschungen denkt man zuerst an Geldfälschungen. Keine Frage, das war die »Königsdisziplin«. Nach der Übernahme dieses Referates hatten wir das große Glück, Fälscherwerkstätten mit riesigen Druckmaschinen und Unmengen an Falschgeld sicherstellen zu können. Aber es gab auch jede Menge anderer Fälschungen aufzuarbeiten. In Verbindung mit Fahrzeugdiebstählen ging es zum Beispiel um die Herstellung falscher Kraftfahrzeugpapiere, Kennzeichen und Zulassungspapiere sowie um gefälschte Führerscheine, da Kriminelle oft nicht über einen regulären Führerschein verfügten.

Verständlicherweise haben Betrüger auch oft den Wunsch, ihre wahre Identität zu verschleiern. Die Nachfrage nach Personalausweisen, Reisepässen, Zeugnissen über erlernte Fähigkeiten und Berufe, Wertpapie-

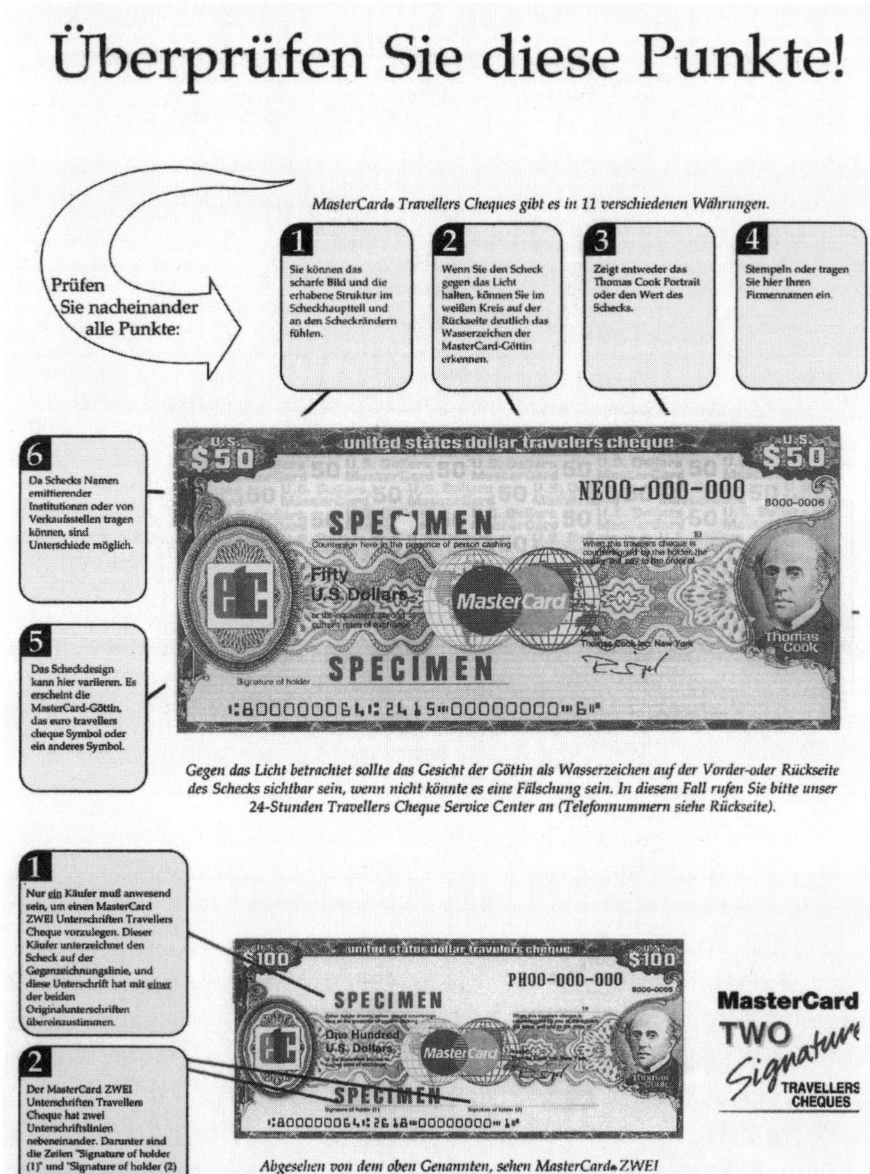


*Zu Beginn der Achtzigerjahre waren Scheckfälschungen sehr beliebt. Damals gaben die Österreicher mehr als fünf Millionen Schecks im Ausland aus. Schulung Mastercard.*

ren, Kreditkarten und falschen Schecks ist in diesem Milieu darum immer sehr hoch.

Im folgenden Fall geht es um die Fälschung von Schecks österreichischer Banken. Ende der Siebzigerjahre gab es noch keine Euroschecks und Euroscheckkarten, sondern jedes Institut hatte eigene Schecks und Scheckkarten mit seinem jeweiligen Logo. Das war die große Herausforderung für einen wirklich guten Fälscher. 1978 wurde die österreichische Geldwirtschaft mit einer wahren Flut an falschen Schecks konfrontiert, die im Ausland eingelöst worden waren. Im Frühjahr und Sommer wurden in den Mittelmeerländern Spanien, Frankreich, Italien, Jugoslawien und Griechenland so viele gefälschte Schecks österreichischer Geldinstitute eingelöst wie noch nie. Die Österreicher verwendeten damals etwa fünf Millionen österreichische Schecks im Ausland, die Ausländer, die nach Österreich kamen, lösten etwa zwei Millionen ausländische Schecks in Österreich ein. Ein Schaden in der Höhe von mehreren Millionen Schilling war bereits entstanden, als das Sicherheitsbüro eingeschaltet wurde. Der Verband Österreichischer Banken berief eine Krisensitzung ein. Man versuchte, den Weg der Schecks zurückverfolgen, und führte exakte Aufzeichnungen über die »Reiserouten«. Die Ermittlungen durch die Fälschungsgruppe des Sicherheitsbüros brachten jedoch zunächst keinen Erfolg.

Bald aber hatten wir großes Glück: Die italienischen Kollegen konnten in Jesolo ein österreichisches Damenquartett festnehmen, das versucht hatte, gefälschte Schecks einzulösen. Die Frauen wurden in das Gefangenenhaus nach Venedig überstellt, um auf das Strafverfahren zu warten. Die vier waren Mitglieder der Band »Why Not«. In der Szene waren sie bekannt für harten Rock und dafür, dass sie sich zu Frauen hingezogen fühlten. Die Bandleaderin Ursula F. war amtsbekannt durch Widerstand gegen die Staatsgewalt. Es hieß, sie sei gegen zwei Polizisten in einem Kellerlokal tätlich geworden.

Wir wollten uns mit den Damen über die Herkunft der falschen Schecks unterhalten. Vieles deutete darauf hin, dass es sich bei ihnen um Mittäterinnen einer organisierten Bande handelte, und wir hofften, über sie an die Hintermänner heranzukommen. Eine Dienstreise nach Venedig: Das war die »Schokoladenseite« der Arbeit als Kriminalbeamter. Gemeinsam mit einem Beamten der Fälschungsgruppe fuhr ich also nach Italien. Es war alles wie in den später gedrehten

Donna-Leon-Filmen über Commissario Brunetti. Wir kamen mit dem Nachtzug aus Wien am Bahnhof Venedig an und wurden von italienischen Kollegen mit dem Polizeiboot abgeholt. Nach einer wunderschönen Fahrt durch den Canal Grande landeten wir bei der Questura, dem italienischen Polizeipräsidium. Sehr rasch bemerkte man, dass die italienischen Kollegen untereinander einen anderen dienstlichen Umgang pflegten als wir. Herzstück der Questura war die Cafeteria. Dienstliche und persönliche Kommunikation erfolgte vorwiegend in der Cafeteria. Brauchte man beispielsweise vom Erkennungsdienst die Untersuchung eines Führerscheines oder eines Passes, dann wurde nicht wie bei uns ein formelles Anschreiben an die entsprechende Dienststelle verfasst, sondern man nahm das inkriminierte Beweismittel in die Cafeteria mit und übergab es dort bei einem Cappuccino dem entsprechenden Kollegen.

Bereits in Wien hatten wir über die Frage diskutiert, welche Strategie bei der Einvernahme der Verdächtigen angewandt werden sollte. Es war zu befürchten, dass die vier nicht wirklich an einem Gespräch mit der österreichischen Polizei interessiert sein würden. Die Bandmitglieder wussten, dass sie nach Österreich ausgeliefert werden würden und in ihrer Heimat eine hohe Strafe zu erwarten hatten. Wir überlegten, wie wir die Frauen umstimmen könnten. Die Anfrage bei der italienischen Polizei ermutigte uns nicht. Wir erfuhren, dass die Damen im Gefängnis in Venedig bestens versorgt waren: Sie erhielten pro Tag einen halben Liter Rotwein und durften sogar täglich sonnenbaden. Der einzige Mangel schien Schokolade zu sein, also nahmen wir vorsorglich welche aus Österreich mit, man konnte ja nie wissen … Unser Plan ging auf: Wir brachten ihnen Schokolade und konnten sie gesprächsbereit stimmen. Entscheidend war, dass ich der Bandleaderin Ursula F. zuhörte. Sie erzählte von der Auseinandersetzung mit den beiden Polizisten, die sie der Gewalttätigkeit beschuldigt hatten, und ihre Darstellung war eine deutlich andere als die in den Polizeiprotokollen. Da mir ihre Version des Vorfalles des vermeintlichen »Widerstandes gegen die Staatsgewalt« nicht unplausibel erschien und ich sie nicht kritisierte, fasste sie Vertrauen und begann auch, über die gefälschten Schecks zu sprechen. Demzufolge hatte eine der vier Inhaftierten eine Liebschaft mit einem Fälscher angefangen. Durch ihre Affäre kamen auch die anderen drei Bandmitglieder in Kontakt mit den Kriminellen. Das Einkommen der

Hardrock-Band war nicht überragend, sodass finanzielle Unterstützung willkommen war. Vor diesem Hintergrund ging die Band auf das verlockende Angebot der Fälscher ein, in den sonnigen Süden zu reisen und die gefälschten Schecks einzulösen. Unsere mitgebrachte Schokolade tröstete die Frauen ein wenig über das Ungemach der Haft hinweg und wir erfuhren wohl fast alles, was sie uns über die Fälscher der Schecks mitteilen konnten. Der Besuch in Venedig hatte sich gelohnt. Nach den Einvernahmen genossen wir die Abende in dieser herrlichen Stadt. Drei Tage durften wir in Venedig verbringen und kamen noch dazu mit einem schönen Erfolg nach Wien zurück.

Da wir nun Namen und Adressen der Fälscher besaßen, hatten wir mit dem Rest leichtes Spiel. Wir konnten die Fälscher festnehmen, die Fälscherwerkstätte ausheben und die Druckmaschinen, das Fälschungswerkzeug und die Fälschungsprodukte sicherstellen. Alle Täter konnten ausgeforscht und sämtliche Fälschungsdelikte restlos aufgeklärt werden. Alle waren zufrieden: der Bankenverband, die betroffenen Geldinstitute und natürlich auch der damalige Leiter der Kriminalpolizeilichen Abteilung. Nach einer erfolgreichen Amtshandlung belohnten wir uns selbst immer mit einem gemeinsamen Ausflug zum Heurigen nach Hagenbrunn. Noch heute begrüßt uns Herr Wannemacher freudig, wenn wir, natürlich seltener, dort zu Besuch sind.

## *Der Trick mit dem Alfa Romeo: Der Fall Farinca (1984)*

Modeerscheinungen wie der Diebstahl von hochwertigen Luxusfahrzeugen in Italien brachte findige Mercedesbesitzer auf die Idee, ihren Wagen in Neapel, Rom oder Mailand als gestohlen zu melden.

Ich stand zu dieser Zeit im Schatten des berühmten Kriminalisten Gerhard Herrnstadt. Er war ein hervorragender Lehrmeister, von dem ich viel lernte. Als sich einige Versicherungsgesellschaften in einem relativ ausgefallenen Fall an mich wandten, hatte ich schon genügend Routine, mich dieser kompliziert scheinenden Sache anzunehmen. Mein Vorbild und Lehrmeister Herrnstadt war mittlerweile in Pension gegangen, daher musste ich an diesem wichtigen Fall beweisen, was ich von ihm gelernt hatte.

Den Versicherungsgesellschaften war aufgefallen, dass ein sehr dynamischer Unternehmer durch den Verkauf von Alfa-Romeo-Fahrzeugen innerhalb weniger Jahre zum wichtigsten und größten Alfa-Romeo-Händler Österreichs geworden war. In Zeiten der Konjunktur war das allein zunächst nicht auffällig. Den Versicherungen fiel aber neben dem enormen Erfolg der Firma »Farinco« auch die hohe Schadenshäufigkeit auf, die von dort gemeldet wurde. Es wurden unverhältnismäßig viele Schäden bei den Versicherungsgesellschaften abgerechnet. Die Versicherungsgesellschaften haben Spezialisten, die im Rahmen der Schadensabwicklung Fälle prüfen, die verdächtig erscheinen, die sogenannten »Roten Referenten«. Die Bezeichnung dürfte von dem auffälligen roten Aktendeckel stammen, den solche als bedenklich eingestufte Akten hatten.

Die »Roten Referenten« verglichen die gemeldeten Schadensfälle und stießen bald auf etliche Ungereimtheiten. Einige Versicherungsgesellschaften entschlossen sich, eine Sachverhaltmitteilung an das Sicherheitsbüro zu verfassen, und wir begannen mit den Ermittlungen. Später stellte sich heraus, dass wir es mit dem größten Versicherungsbetrug der Zweiten Republik zu tun hatten. Der Geschäftsführer Hans Dieter S. war nicht nur ein äußerst tüchtiger Geschäftsmann, sondern verstand es auch durch seine charmante Art etliche Kunden anzuwerben und zur teils unbewussten, teils bewussten Mittäterschaft an den Versicherungsbetrugsfällen zu bringen.

Seine Vorgangsweise war beeindruckend: S. suchte sich seine Opfer ganz gezielt auf den Straßen in Wien. Hatte er ein gewünschtes Fahrzeug entdeckt, folgte er diesem mit seinem eigenen Firmenfahrzeug und fuhr auf das verfolgte Fahrzeug auf. Nach diesem absichtlichen »Auffahrunfall« kümmerte er sich geradezu rührend um das Unfallopfer. Er entschuldigte sich ausgiebig für seine Unachtsamkeit und erklärte, dass er selbst ein Autohaus mit einer Werkstätte besäße, wo man das beschädigte Fahrzeug sofort reparieren könne. Die Opfer, meist jüngere Damen, waren von seinem Charme so hingerissen, dass sie ihm blind vertrauten. Durch seine Redegewandtheit gelang es S. in der Regel, seine Opfer zu überzeugen, dass dies die beste Möglichkeit sei, rasch wieder zu einem reparierten Fahrzeug zu kommen. Hatte er auf diese

Art und Weise Vertrauen gewonnen, so ging er zum nächsten Schritt über. In seiner Werkstätte verwickelte er das Opfer in ein Verkaufsgespräch und erklärte, dass er das beschädigte Fahrzeug zu einem »sehr günstigen Preis« abkaufen und einen äußerst günstigen Neuwagen verkaufen würde. Oft wirkte sein Charme und das Opfer war glückliche Besitzerin eines Neuwagens – natürlich eines Alfa Romeo.

Die Ermittlungen ergaben, dass Hans Dieter S. mit dieser »Masche« seinen Neuwagenverkauf um etwa zwanzig Prozent jährlich steigern konnte. Die Erhebungen des Sicherheitsbüros in Zusammenarbeit mit den betroffenen Versicherungsgesellschaften dauerten über zwei Jahre. An die dreihundert Fakten wurden aufgelistet. In der Anklageschrift der Staatsanwaltschaft Wien wurde ein Gesamtschaden von weit über zwanzig Millionen Schilling angeführt. Richter Schön vom Landesgericht für Strafsachen Wien musste einen noch nie da gewesenen Monsterprozess gegen alle Beteiligten führen, der durchwegs mit Verurteilungen abgeschlossen wurde. S. wurde als Drahtzieher und verantwortlicher Geschäftsführer zu fünf Jahren Haft verurteilt.

Hans Dieter S. ist ein intelligenter Mann. In Haft wurde er bald zum »Stockchef«, das heißt, er konnte sich unter den anderen Häftlingen rasch durchsetzen. Wieder in Freiheit verkauft er erneut Kraftfahrzeuge, diesmal der Marke Skoda. Er scheint schon wieder sehr erfolgreich zu sein, wie seine Verkaufszahlen bestätigen.

Versicherungsbetrug ist eine Art »Volkssport« und wird von vielen als Kavaliersdelikt angesehen. Es fehlt dabei eine Beziehung zwischen Täter und Opfer, da man annimmt, den wohlhabenden Versicherungen würde das sowieso nicht wehtun. Der Schaden beträgt in Österreich an die 0,8 Milliarden Euro jährlich.

## *Vickerl, der bestohlene Dieb: Viktor Runa und die Millionen (1985)*

Ein wahrlich »tragischer Fall«, der in die Kriminalgeschichte als Paradoxon eingehen wird, ist die Geschichte des Viktor Runa. Als Polizist ist man rasch dazu verleitet, Schwarz und Weiß zu malen. Man meint oft schnell zu erkennen, wer der Böse und wer der Gute bei einem Fall ist. Dies schien auch in der Causa Viktor Runa der Fall zu sein.

Der »Vickerl«, wie er von seiner Familie und seinen engeren Freunden genannt wurde, war ein fescher Bursch, groß gewachsen, dunkle Haare, eine stattliche Erscheinung und kam bei Frauen gut an. Er war Kraftfahrer und Sicherheitsmann bei einer Geldtransportfirma, verheiratet und schien glücklich zu sein. Am 3. Mai 1985 langte vormittags eine kriminalpolizeiliche Meldung beim Journaldienst des Sicherheitsbüros ein, dass ein Geldtransporter fehle. Die Fahndung nach dem Geldtransporter wurde eingeleitet und das Fahrzeug konnte bald in der Nähe der Postgasse in Wien, im Auwinkel, abgestellt, verlassen und ohne Ladung gefunden werden. Der Handlungsablauf schien zunächst klar und überschaubar zu sein. Offensichtlich handelte es sich um eine Straftat, denn der Geldtransporter war mit knapp elf Millionen Schilling bestückt gewesen, die nun fehlten. Viktor Runa war gegen 9.15 Uhr von der Zentralsparkasse in der Taborstraße mit dem gepanzerten Wagen in die Innere Stadt gefahren. Was dann passierte, wussten wir vorerst nicht. War der Geldtransporter überfallen worden? Wurde Runa als Geisel genommen? Hatte er selbst mit der Tat etwas zu tun? Viele Fragen, die wir nicht ad hoc beantworten konnten. Das Sicherheitsbüro übernahm die Amtshandlung und ich wurde Referent dieses Falles. Eine bewährte Diebstahlsgruppe wurde mit den Ermittlungen zu diesem Fall betraut.

Viktor Runa blieb verschwunden. Weder seine Gattin noch seine Eltern hatten angeblich etwas von ihm gehört. Sein Schicksal war ungewiss. Er blieb vier Tage verschwunden, dann tauchte er plötzlich wieder auf und erzählte eine unglaubliche Geschichte: Als Geldtransportfahrer habe er bei der Sicherheitsfirma schon immer wenig verdient. An jenem Freitag, den 3. Mai 1985, sei er wieder »alleiniger Herr« über einen stattlichen Geldbetrag, etwa elf Millionen Schilling, gewesen. Er entschloss sich zur Tat. Er fuhr mit dem Geldtransporter in den ersten Bezirk, stellte ihn im Auwinkel ab, nahm das Geld an sich, stopfte es in zwei Nylonsäcke und flüchtete zu Fuß mit den Banknoten und einem Aktenkoffer. Bei der Dominikanerbastei habe er ein Taxi gestoppt und sei bis zur Stadtbahnstation Währinger Straße gefahren. Unterwegs habe er dreihunderttausend Schilling aus den Geldsäcken genommen und eingesteckt. Von der Währinger Straße sei er mit der Stadtbahn Richtung Josefstädter Straße gefahren, habe sich verfolgt gefühlt und sei daher dort ausgestiegen. Als er die Stadtbahnstation verließ, habe er einen Polizisten mit einem Funkgerät beobachtet. Er sei erschrocken und in eine Trafik »ausgewichen«, wo er Zigaretten gekauft habe. Da der Polizist noch immer vor Ort war, stellte er den Koffer und die Geldsäcke in der Nähe eines Würstelstandes ab und zog sich in eine Telefonzelle zurück. Von dort aus habe er die Geldsäcke nicht beobachten können. Nach fünf Minuten sei er zum Abstellort des Koffers und der Geldsäcke zurückgekehrt. Er hätte dann nur noch den leeren, geöffneten Koffer dort vorgefunden, aber keine Geldsäcke mehr. Laut seiner Schilderung sei er in Panik geraten, ohne den Koffer mit der Stadtbahn bis zur Station Meidling gefahren und von dort zur Auffahrt der Westautobahn marschiert. Ein deutscher LKW-Fahrer habe ihn als Autostopper bis Pressbaum mitgenommen. Dem LKW-Fahrer habe er noch zwei Notizen in Kuverts für seine Eltern und den Rechtsanwalt Stern mitgegeben, damit dieser sie zur Post bringe. Das hätte der Fahrer aber offensichtlich nicht getan, da die Briefe nie bei den Betroffenen einlangten. In Pressbaum habe er sich Essen und ein Haarfärbemittel besorgt und dann angeblich auf einem Hochstand und in einer alten Hütte genächtigt. Am vierten Tag habe er eingesehen, dass er »deppert« gewesen sei, und kehrte ohne die Millionen nach Wien zurück.

Nun, diese Geschichte glaubte ihm natürlich keiner, vor allem kein Polizist. Aber Viktor Runa blieb stur. Das Gegenteil konnte ihm nicht nachgewiesen werden. Verdächtig war von vornherein, wie sich ein mittelloser Dieb Staranwalt Philipp leisten konnte. Und wieso kümmerte sich auch der berühmte Rechtsanwalt Stern um ihn? Das alles war unerklärlich. Die Recherche ergab, dass die Tat von langer Hand vorbereitet worden sein musste. Bei der Überprüfung der Familie stellten die Kriminalisten fest, dass der Vater von Viktor Runa in seiner Jugendzeit einschlägige Erfahrungen gemacht hatte. Es war anzunehmen, dass die beiden unter einer Decke steckten. Wahrscheinlich, so vermuteten wir, nutzten sie die vier Tage Abwesenheit von Viktor, um das Geld in Sicherheit zu bringen. Es gab Gerüchte, dass die Beute mithilfe eines sehr prominenten Rechtsanwaltes außer Landes gebracht worden sei. Der Vater von Viktor Runa kümmerte sich augenscheinlich mehr um den bestohlenen Dieb, als man von ihm hätte erwarten können. Während Vickerls Frau sehr zurückhaltend mit ihren Besuchen war – sie besuchte ihn lediglich einmal – kam sein Vater praktisch täglich zu Besuch in das Landesgericht für Strafsachen Wien.

Wie sich im Zuge der Ermittlungen herausstellte, hatte Vickerl damals eine Freundin. Aber auch diese besuchte ihn lediglich zwei Mal. Wir nahmen an, dass der Vater, der auf uns einen recht cleveren Eindruck machte, der »Spiritus Rector« der Tat gewesen sein könnte. In unserem Sammelbericht an die Staatsanwaltschaft Wien und den Untersuchungsrichter stellten wir die Widersprüche, die fehlende Zeit, die sich bei der Tatrekonstruktion ergab, und die Unglaubwürdigkeit der Aussage von Viktor Runa in den Vordergrund. Tatsächlich folgte das Urteil diesem Bericht und Runa wurde zu achteinhalb Jahren Haft verurteilt. Er erhielt trotz guter Führung keine bedingte Entlassung und musste die Strafe zur Gänze verbüßen.

Nach seiner Entlassung verloren wir Viktor Runa aus den Augen. Es gab zwar noch die eine oder andere Anfrage der betroffenen Versicherungsgesellschaft, die wegen eines eventuellen Schadenersatzes nach ihm suchte, aber Runa war nach seiner Haftverbüßung nicht greifbar. In den späten Neunzigerjahren erschien ein Artikel mit einem Interview mit ihm im »Profil«. Die Journalisten hatten Runa in Brasilien aufgestöbert und mit ihm gesprochen. Brasilien war ja lange ein beliebtes Land für Steuerflüchtlinge, weil es kein Auslieferungsabkommen zwischen Österreich und Brasilien gab. Das änderte sich erst anlässlich eines gewaltigen Steuerbetruges eines Österreichers. Im Zuge dieser Ermittlungen und infolge von Kontakten zwischen den österreichischen und den brasilianischen Behörden kam auch die Causa Runa zur Sprache. Laut eigenen Angaben hatte Viktor Runa nun tatsächlich kein Geld mehr aus der Beute. Indirekt ging aus dem Interview hervor, dass er sich mit dem Geld nach Brasilien begeben und dort alles verbraucht hatte. Nun sei er wieder arm wie eine Kirchenmaus.

## *»Volkssport« Versicherungsbetrug: Die Causa Lucona und der Skandal bei der Bundesländer-Versicherung (1986)*

Versicherungsbetrug wird von vielen Menschen als »Volkssport« angesehen. Die Hemmschwelle, sich einen finanziellen Vorteil durch Vorlage einer getürkten Schadensmeldung bei Versicherungsgesellschaften zu verschaffen, ist denkbar gering. Der bekannte Universitätsprofessor Geerds aus Frankfurt hatte bei einem Vortrag in Graz 1987 treffend erklärt: »Seit es Versicherungen gibt, gibt es auch Versicherungsbetrug.« Studien haben mehrfach nachgewiesen, dass Menschen »wie du und ich« rasch bereit sind, betrügerisch zu handeln. Die wirtschaftlichen Dimensionen des Versicherungsbetruges in Österreich nehmen sich verglichen mit den USA oder dem übrigen Europa bescheiden aus. In Österreich schätzt man die Schadenshöhe auf 0,5 bis 0,8 Milliarden Euro. In Deutschland schätzt man diese Dimension auf 5 Milliarden Euro, in der Schweiz auf 1 Milliarde Franken, in Europa insgesamt auf 100 Milliarden und in den USA auf 79 Milliarden US-Dollar. Das sind allerdings alles nur Schätzungen, die relativ schwierig zu erstellen sind.

Dazu kommt die Entwicklung der allgemeinen Kriminalität seit der Öffnung der Ostgrenzen, dem Fall des »Eisernen Vorhangs« und der Erweiterung der Europäischen Union. Die Kriminalitätsbelastung hat sich in Europa und auch in Österreich wesentlich erhöht, da vor allem die Zahl der Eigentumsdelikte stark angewachsen ist. Das wiederum belastet in besonderem Maß die Versicherungswirtschaft.

Aber Betrug hat auch andere spektakuläre Folgen. Immerhin war mit der Kriminalgeschichte der Causa Lucona nicht nur einer der größten Versicherungsbetrugsfälle Österreichs, sondern auch ein gewaltiger Korruptionsskandal verbunden. Daran dürfte sich, wie die aktuellen Ereignisse belegen, im 21. Jahrhundert nichts Wesentliches geändert haben. Am Beginn dieses Jahrhunderts ist das Thema »Korruption und ihre Bekämpfung« aktueller denn je geworden. Korruption und Betrug hängen eng zusammen. Wie die internationale Tagung der Europäischen Rechtsakademie 2008 zeigte, ist dieser Zusammenhang Folge internationaler Entwicklungen. Eine bedeutende Rolle spielt die Nichtregierungsorganisation »Transparency International«, die sich in der

Korruptionsbekämpfung engagiert und weltweit erhöhte Sensibilität geschaffen hat. Wirtschaftsskandale rund um die BAWAG oder eine Kärntner Bank, die sich in Österreich in den letzten Jahren ereignet haben, bestätigen diese internationale Entwicklung nur allzu deutlich. Die Gier, die ungezügelte Bereicherungsabsicht, lässt insbesondere die Ausmaße der Wirtschaftskriminalität anwachsen. Als Beispiele seien zwei Versicherungsskandale angeführt, die Österreich erschüttert haben.

### *Die Causa Lucona*

Am 23. Jänner 1977 sank das Frachtschiff »Lucona« im Indischen Ozean, wobei sechs Matrosen starben. Die »Lucona« war ein 75 Meter langes und 11 Meter breites 1200-Bruttoregistertonnen-Frachtschiff, das im Jahr 1966 gebaut worden war. Das Schiff wurde im Auftrag von Udo Proksch in Chioggia mit dubioser Fracht – einer angeblichen Uranerzaufbereitungsanlage, die sich als alte ausgemusterte Bergwerksanlage herausstellte – beladen und Richtung Hongkong auf die Reise geschickt. Einige Tage nach dem Untergang des Schiffes forderte ein Anwalt im Namen der Firma Zapata von der Bundesländer-Versicherung eine Akontozahlung von mehr als hundert Millionen Schilling. Die Gesamtschadenssumme hätte ein Vielfaches ausgemacht. Bei den Ermittlungen zu diesem Fall stellte sich heraus, dass es sich um einen Versicherungsbetrug von ungeheuren Ausmaßen handelte. Zunächst fand die Justiz die Lage zu dünn, um Anklage wegen Mordes und Betruges zu erheben. Durch die unermüdlichen Anstrengungen des Journalisten Hans Pretterebner und meiner Kollegen Oberst Traninger und Inspektor Reiter sowie des Untersuchungsrichters Tandinger kam es trotz aller Widerstände zur Anklage. Es handelte sich dabei aber nicht nur um einen gigantischen Versicherungsbetrug, der von Udo Proksch verübt worden war, sondern auch um einen Korruptionsskandal allergrößten Ausmaßes, worauf zwei hochrangige Politiker zurücktreten mussten. Udo Proksch, ehemaliger Eigentümer der Konditorei Demel und Gründer des »Clubs 45«, war eine der schillerndsten Persönlichkeiten Österreichs. Er wurde 1988 zu lebenslanger Haft verurteilt und starb nach einer Herzoperation am 27. Juni 2001 in der Vollzugsanstalt Graz-Karlau.

## *Skandal bei der Bundesländer-Versicherung*

Im Jahr 1986 ereignete sich ein Versicherungsskandal, der neue Dimensionen der »White Collar Kriminalität« setzte. Am 8. März 1986 wurde bekannt, dass ein Namensregister von über hundert Personen existierte, an die größere Geldbeträge flossen. Grundlage dieser Geldflüsse waren fingierte Schadensfälle. Ein Printmedium stellte die Frage: »Wo versickerten hundertfünfzig Millionen?« Der Skandal bei der Bundesländer-Versicherung ging von der Top-Ebene der Verantwortlichen aus. Der Fall hatte verheerende Folgen, da zu dieser Zeit vom Verband der Österreichischen Versicherungen eine Aufklärungskampagne gegen Versicherungsbetrug gestartet worden war. Der damalige Generaldirektor der Bundesländer-Versicherung Kurt R. wurde vom Landesgericht für Strafsachen Wien zu sieben Jahren Freiheitsstrafe verurteilt. Dieses Betrugsmodell, Geldbeträge aufgrund fingierter Schadensmeldungen »flüssig« zu machen, wurde nicht nur zur Bereicherung einzelner Begünstigter verwendet, sondern diente auch zur Parteienfinanzierung.

Die Aufklärung von Betrugsdelikten zeigt nicht nur die Motive der einzelnen Kriminellen auf, sondern berührt auch die Frage ethisch-moralischer Grenzen, die sowohl den Einzelnen als auch die Unternehmensphilosophie betreffen. Als Grundlage und Triebfeder der Wirtschaftskriminalität kann sehr oft die unermessliche Gier angesehen werden. Neuere Studien zu Täterprofilen zeigen aber, dass nicht nur der »kleine Mann« kriminell handelt, wie es beim Versicherungsbetrug in der Regel der Fall ist. Vielmehr werden kriminelle Handlungen sehr oft von Führungskräften begangen, das heißt von »Insidern«, die mit dem Unternehmen bestens vertraut sind und die entsprechende Praxis, Professionalität und Macht haben, ihr eigenes Unternehmen nachhaltig zu schädigen.

Wirtschaftskriminalität und organisierte Kriminalität haben sehr oft die gemeinsame Grundlage der Korruption, wodurch alles überhaupt möglich wird. Damit sind aber wieder ethisch-moralische Konzepte gefragt. Da wir in sehr materialistischen Rahmenbedingungen leben, werden diese Konzepte immer wichtiger. Viele Unternehmen haben sich daher schon zur Entwicklung von »Leitbildern«, »Codes of Ethics« oder zur Definition genereller Standards entschlossen, um einem Wildwuchs hemmungslosen Handelns Einhalt zu gebieten. Eine wichtige

Vorreiterrolle bilden hier die skandinavischen Staaten, wo zum Beispiel die Konzerne auf dem Gebiet der Ölproduktion einander darüber informieren, welche dubiosen, korrumpierenden Angebote einlangen, um einheitlich darauf reagieren zu können. Gerade Länder, in denen »Bestechung« noch systemimmanent erscheint, sollten von diesen Modellen der Antikorruptionsbemühungen lernen. Eine ganz wichtige Rolle spielt dabei »Transparency International«, die zur Bewusstseinsbildung, öffentlichen Diskussion und Sensibilisierung in den einzelnen Gesellschaften beiträgt.

In Zeiten einer materialistisch ausgerichteten Wohlstandsgesellschaft wird es immer schwieriger, die Ziele von Solidarität und Glauben zu stabilisieren. Gerade demokratische Systeme sind da sehr verwundbar.

## *Die Mordschwestern von Lainz: »Sterbehilfe« im Pavillon V des Lainzer Krankenhauses (1988 bis 1989)*

Der 5. April 1989 sollte für mich eigentlich ein »angenehmer Routinetag« werden. Das bedeutete für den Vorstand des Sicherheitsbüros Abhaltung der Morgenbesprechung, Zuteilung des neuen Aktenanfalles und, als Sonderaufgabe, die Durchführung einiger »interessanter« Einvernahmen.

In Wien hatte damals das neue Nobel-Etablissement »Babylon« seine Pforten geöffnet, in dem Herren der besseren Gesellschaft ihren lockeren Vergnügungen nachgingen – so lautete zumindest die Erstinformation, die unseren Kriminalbeamten des Referates für Prostitutionswesen zugegangen war. Das interessierte mich, da ich wissen wollte, ob eventuell organisierte Kriminalität hinter dieser neuen Einrichtung zu vermuten wäre. Ich lud also Damen, die in diesem Etablissement arbeiteten und laut einer Liste unserer Streife angetroffen worden waren, zur Einvernahme in das Sicherheitsbüro vor.

Bald nachdem ich dem Sicherheitsbüro dienstzugeteilt worden war, wurde mir die Bearbeitung von Akten, die mit dem Prostitutionswesen zu tun hatten, zugewiesen. Das war ein zusätzlicher Arbeitsbereich neben anderen Aufgaben wie der Bekämpfung von Diebstahl und Fälschung. Meine Sekretärin und ich hatten relativ rasch einen guten informativen Kontakt zu den Damen des leichten Gewerbes aufgebaut und bekamen auf diese Art und Weise manch wichtige Hintergrundinformationen. Für uns stellte es sich bald als eine »leichte Übung« dar, mit diesen »Mitarbeiterinnen« informative Gespräche zu führen, da sie ja viel wussten und manchmal auch bereit waren, etwas preiszugeben.

Nun, an diesem Tag waren wir gerade bei der dritten Einvernahme angelangt und ich musste mir eingestehen, so hübsche, gebildete junge Damen hatten wir selten aus diesem Milieu vor uns. Da erhielt ich einen Anruf meines Abteilungsleiters, dass ich mit ihm sofort ausfahren müsse, weil sich im Krankenhaus Lainz im Pavillon V bedenkliche Vorfälle ereignet hätten. Was blieb mir also anderes übrig, als die spannenden Einvernahmen mit den adretten jungen Damen abzubrechen und meinen Stellvertreter Ernst Geiger zu ersuchen, die begonnene Einvernahme fortzusetzen.

Ich begab mich also mit meinem Abteilungsleiter Franz Priehsnitz nach Lainz. Dort angekommen empfing uns Primarius Pesendorfer, Vorstand des Pavillons V, 1. Medizinische Abteilung, und informierte uns über die Verdachtslage. Bereits im April 1988 wurde das Bezirkspolizeikommissariat Hietzing von ihm informiert, dass in diesem Krankenhaus der Stadt Wien auf Station D der 1. Medizinischen Abteilung eine Patientin unter bedenklichen Umständen verstorben war. Fremdverschulden konnte nicht ausgeschlossen werden. Man vermutete, dass ein Medikament, irrtümlich oder absichtlich, verabreicht worden war, das die Patientin nicht vertrug und woran sie möglicherweise gestorben sei. Die ermittelnden Kriminalbeamten stießen damals auf eine sehr geringe Informationsbereitschaft seitens des Spitals, eine »Mauer des Schweigens«. Eine in diesem Anlassfall von der Staatsanwaltschaft Wien angeordnete gerichtliche Obduktion erbrachte keinen Beweis eines Fremdverschuldens und so wurden die Ermittlungen eingestellt.

Am 5. April 1989 informierte nun der damalige Gesundheitsstadtrat Stacher, verantwortlich für Spitäler, den Polizeipräsidenten Bögl, Primarius Pesendorfer habe ihm mitgeteilt, dass sich seit März 1989 die Verdachtsmomente auf vorsätzlich falsche Behandlung von Patienten durch Verabreichung von Dorminal- beziehungsweise Insulinspritzen verdichtet hätten. Durch diese Vorgangsweise sei möglicherweise der Tod von

Patienten absichtlich herbeigeführt worden. Zunächst wurde der Verdacht in drei konkreten Fällen geäußert. Es wurde auch der Vorstand des Institutes für Gerichtliche Medizin in Wien Holczabek verständigt. Nach den genaueren Informationen durch den Vorstand richtete sich der Verdacht vorerst gegen unbekannte Täter, die im Kreis des Pflegepersonals der Station D der 1. Medizinischen Abteilung zu suchen waren. Die ersten Verdachtsmomente ergaben, dass Insulin in Überdosis verabreicht worden war, sodass bei drei Patienten ein kritischer Zustand eingetreten war. In einem Fall konnte deutlich dokumentiert werden, dass der hohe Insulinwert des Patienten durch körperfremdes Insulin entstanden war, der Patient also eine Insulinspritze erhalten haben musste, obwohl dies ärztlich nicht verordnet gewesen war. Damals hatten gerade die Schwestern Waltraud Wagner und Stefanie Mayer Dienst. Das war die Ausgangssituation nach dem Gespräch vor Ort.

Aufgrund der schwerwiegenden Verdachtslage wurden Haftbefehle beim Journalstaatsanwalt und Journalrichter des Landesgerichtes für Strafsachen Wien beantragt und auch erteilt. Die beiden Schwestern sollten wegen des Verdachtes des versuchten und vollendeten Mordes in mehreren Fällen festgenommen werden. Man schickte die Mordgruppe Kellner zum Krankenhaus Lainz, Pavillon V. Die beiden jungen Kriminalbeamten, die die Krankenschwestern Waltraud Wagner und Stefanie Mayer in das Sicherheitsbüro brachten, gelang es bereits während der Fahrt, die ersten Aussagen über die angebliche »Sterbehilfe« zu erhalten. Die Kriminalbeamten erfuhren, dass bereits seit etwa zweieinhalb Jahren in vielen Fällen »Sterbehilfe« geleistet wurde.

Die Ermittlungsergebnisse des Sicherheitsbüros lösten überall helles Entsetzen aus. Sowohl der damalige Stadtrat für das Gesundheitswesen Stacher als auch der Bürgermeister Zilk und natürlich auch der Polizeipräsident waren aufgrund dieser Mitteilungen erschüttert. Die bisher ausgezeichnete Zusammenarbeit zwischen der Stadtverwaltung und der Polizei wurde durch diesen Fall massiv belastet.

Der Vorstand des Institutes für Gerichtliche Medizin, der vormalige Rektor der Universität Wien, bezeichnete diesen Fall als eine »Jahrhundertaffäre«, wenn nicht sogar als größte Katastrophe. Ich kann mich noch sehr gut erinnern, wie wir vom Sicherheitsbüro zu einer Besprechung in das Institut für Gerichtliche Medizin kamen. Der Leiter residierte in einem wunderschönen, großen Arbeitszimmer. Anlässlich des

Arbeitstreffens standen alle Universitätsprofessoren, Dozenten und sonstige Mitarbeiter in banger Erwartung im Halbkreis vor dem Vorstand Holczabek. Niemand wagte, seinen Äußerungen vorzugreifen. Das Problem bestand darin, dass die vier »Mordschwestern« drei Modi Operandi angaben, für die erst der wissenschaftliche Nachweis ihrer Richtigkeit erbracht werden musste. Die Schwestern sagten aus, dass sie die Patienten mittels einer »Mundspülung« ertränkt hätten, ihnen subkutan Rohypnol oder eine Überdosis an Insulin gespritzt hätten.

Gerade die sogenannte »Mundspülung« und das subkutane Spritzen von Rohypnol war eine große Herausforderung für die Professoren des Institutes für Gerichtliche Medizin. Die Herstellerfirma wehrte sich massiv gegen den Vorwurf, dass ihr Medikament Rohypnol eine tödliche Wirkung hätte. Zu dieser Zeit war öffentlich bekannt, dass in der Suchtgiftszene am Karlsplatz Rohypnol von Süchtigen in großen Mengen konsumiert worden war, ohne dass diese daran starben. Es mussten aus der ganzen Welt Fallstudien zusammengetragen werden, damit vor Gericht der wissenschaftliche Beweis für die Wahrheit der Geständnisse erbracht werden konnte.

Insgesamt mussten 385 Hinweise auf vermutete »Sterbehilfe« überprüft werden. Allein 240 Hinweise betrafen Vorfälle in der Station D des Pavillons V. Es mussten alle Angehörigen des medizinischen Personals, alle Pflegepersonen und sonstigen Mitarbeiter vernommen werden. Niemand war wirklich erfreut über unsere Arbeit. In einer Fernsehdiskussion musste ich den Standpunkt der Polizei vertreten. Elmar Oberhauser war der Diskussionsleiter, neben mir saß der legendäre Bürgermeister Helmut Zilk, der sich noch vor dem Beginn der Sendung meinen Kugelschreiber geliehen hatte, um auf seinen Unterlagen Notizen zu machen. Ich war einer der ersten Sprecher und schilderte den Stand der Ermittlungen, soweit ich das zum damaligen Zeitpunkt überhaupt durfte. Nach mir kam der Bürgermeister zu Wort. Ich traute meinen Ohren nicht: Er, der zuerst so freundlich mit mir gesprochen hatte, setzte zu einem Donnerwetter gegen die Polizeiermittlungen an, warf uns vor, dass wir den Fall schon wesentlich früher, nämlich bei der Erstanzeige im Bezirkspolizeikommissariat Hietzing, hätten aufklären müssen und ließ mich und die Polizei insgesamt fürchterlich »dumm« aussehen. Ich dachte, was meine Kriminalbeamten wohl von mir denken würden, wenn ich diese Vorwürfe einfach auf uns sitzen lassen würde.

Ich wollte mich zu Wort melden, aber das war zunächst nicht möglich. Es sprachen so viele andere eingeladene Gäste, dass mir schon angst und bange wurde, dass ich nicht mehr zum Reden käme. Knapp vor dem Ende der Sendung erhielt ich aber doch noch einmal das Wort und versuchte nun, die Ehre der Kriminalbeamten zu retten. Ich wies darauf hin, dass wir bei den ersten Ermittlungen auf eine »Mauer des Schweigens« gestoßen seien und man im Spital ganz und gar nicht bereit war, mit der Polizei zu reden. Offenbar war unsere Ehre gerettet: Am nächsten Tag gratulierten mir die Kollegen in der Dienststelle und die Printmedien schrieben positiv über meinen Auftritt. Wer aber war überhaupt nicht mit mir zufrieden? Der Polizeipräsident. Er musste sich mit dem Bürgermeister über mein »freches Statement« unterhalten und das dürfte auch für ihn nicht angenehm gewesen sein. Das Sprichwort »Allen Recht getan, ist eine Kunst, die niemand kann« bewahrheitete sich in diesem Fall.

Durch die hervorragende Zusammenarbeit mit dem Staatsanwalt Kloyber, der Untersuchungsrichterin Keil und dem Institut für Gerichtliche Medizin, das alle Kapazitäten für die Bearbeitung des wohl einmaligen Jahrhundertfalles einsetzen musste, gelang es, diesen größten Mordfall der Zweiten Republik restlos aufzuklären. In einer 88 Seiten umfassenden Anklageschrift wurden 36 Morde und Mordversuche angeklagt, 20 Morde führten zum Schuldspruch. Waltraud Wagner wurde zu lebenslanger Haft verurteilt, Stefanie Mayer erhielt 20 Jahre Haft. Die Mittäterinnen Leidolf und Gruber, ebenfalls Schwestern, wurden zu lebenslanger beziehungsweise 15 Jahren Haft verurteilt.

Die Amtshandlung wurde ein voller Erfolg für das Sicherheitsbüro. Die Ergebnisse unserer Arbeit gingen um die ganze Welt. Ein derart starkes Medieninteresse habe ich während meiner Dienstzeit nie wieder erlebt. Wir hatten im Sicherheitsbüro ja etliche spektakuläre Fälle, die begreiflicherweise ein hohes Interesse bei den Medien hervorriefen, aber der Fall Lainz war tatsächlich einmalig. Es riefen Fernseh- und Radiosender aus allen Kontinenten bei uns an. Ebenso waren die Printmedien ungeheuer neugierig auf die Dimensionen dieses Falles. Weder die Kindermorde in Favoriten noch der Serienmörder Jack Unterweger noch dramatische Bankraubserien oder spektakuläre Entführungs- oder Geiselnahmen hatten ein vergleichbares Medienecho.

Auch die persönliche Betroffenheit involvierter Ärzte hatte Folgen: Der Stadtrat für das Gesundheitswesen Stacher musste zurücktreten. Als ich ihn einige Jahre später bei einem feierlichen Anlass traf, war er immer noch bitterböse über diese Ereignisse. Stacher war als Wissenschaftler unumstritten, aber er hatte das Pech, dass sich dieser Jahrhundertfall in seiner Amtszeit als Stadtrat ereignete. Auch Primarius Pesendorfer musste als Vorstand der 1. Medizinischen Abteilung abtreten. Ich persönlich argumentierte, dass ihm die Häufigkeit der Todesfälle, verglichen mit anderen Stationen, früher hätte auffallen müssen. Die Sterbehäufigkeit lag in der 1. Medizinischen Abteilung fünfmal höher als in anderen Abteilungen. Anlässlich eines Vortrages bei einer Lions-Gesellschaft wurde ich wegen dieses Vorwurfes von einem anderen Internisten heftig angegriffen. Zugegeben, auch Pesendorfer ist einer der besten Internisten Österreichs, aber die wissenschaftliche Kompetenz war unabhängig von der administrativen, kontrollierenden Aufgabe als Primarius zu bewerten. Die endgültige Entscheidung fällt in allen Fällen

*Fernsehdiskussion im Beisein von Bürgermeister Helmutg Zilk*

nie die Polizei, sondern das zuständige Gericht. Ein Jahr später, als ich mir in Klosterneuburg einen Weihnachtsbaum besorgen wollte, traf ich mit Pesendorfer zusammen und wir diskutierten lange über diese für ihn und seine berufliche Tätigkeit einschneidenden Ereignisse.

Viele Jahre nach den Vorfällen in Lainz, es war mein letztes Dienstjahr bei der Bundespolizeidirektion Wien, meldete sich das australische Fernsehen. Sie drehten einen Film zur Causa Lainz. So besitze ich heute eine DVD, auch mit meinem Interview in englischer Sprache, wo über den Fall Lainz lang und breit berichtet wird.

Seit dem Jahr 1994 besuche ich regelmäßig die internationalen Tagungen der Academy of Criminal Justice Sciences, die weltweit größte Organisation von Kriminologen, Kriminalisten und Polizisten. Als ich letztes Jahr an dieser Konferenz, die jährlich im März in den Vereinigten Staaten stattfindet, teilnahm, sprachen mich sofort zwei Teilnehmer aus den USA und Australien an, weil sie mich zufälligerweise in diesem Film gesehen hatten. Wer rechnet schon damit, einen entfernten Bekannten aus Österreich in seinem Heimatland im Fernsehen zu sehen? Da stellt man wieder einmal fest, wie klein die Welt in Wirklichkeit ist.

Der Fall Lainz ist symptomatisch für eine Gesellschaft, in der die Menschen immer älter werden und der Pflegebedarf enorm anwächst. Wie wird es uns selbst gehen, wenn wir alt und gebrechlich sind? Die Schwestern, die töteten, waren enorm überlastet. Das kann keine Entschuldigung für ihre Taten sein, aber es sollte zu denken geben, dass auf zwei Nachtschwestern etwa 65 sterbenskranke Patienten kamen.

## *Mädchenmorde in Favoriten: Die Fälle Alexandra Schriefl, Christina Beranek und Nicole Strau (1988, 1989, 1991)*

Mit etwa 180 000 Einwohnern ist Favoriten der größte Bezirk Wiens und die viertgrößte Stadt Österreichs. Es ist daher nicht verwunderlich, dass sich in diesem Bezirk immer wieder etwas ereignet und Favoriten aus der Sicht der Kriminalpolizei zu den arbeitsintensivsten Bereichen zählt. Unvergesslich bleiben die Jahre 1988 bis 1990, da in diesen Jahren ein junges Mädchen und zwei Kinder ermordet wurden. Diese Mordfälle haben mein Leben als Polizist und Kriminalist entscheidend geprägt.

Mein Vorgänger als Vorstand des Sicherheitsbüros Matthäus Tuschl ging im Februar 1988 für alle überraschend in Pension. Damals war es bei der Polizeiführung üblich, jeweils an einem Montag um 9 Uhr im Polizeipräsidium dem Polizeipräsidenten das aktuelle Geschehen Wiens zu rapportieren. Tuschl fuhr wie gewohnt zum Montagsrapport, berichtete die kriminell bedeutsamen Ereignisse der Stadt Wien dem Polizeipräsidenten Günther Bögl und schloss seinen Bericht mit einer »kleinen« Bemerkung ab. Er erklärte, dass dies sein letzter Rapport gewesen sei und er beabsichtige, nun in Pension zu gehen. Nicht einmal der Abteilungsleiter der Kriminalpolizeilichen Abteilung Franz Priehsnitz war über diesen Schritt von ihm informiert worden. Auch ich als Stellvertreter wusste nicht Bescheid. Montag, dem 8. Februar 1988 war mein Chef also unerwartet in Pension gegangen und ich stand de facto alleine da.

Im Sicherheitsbüro war es Usus, dass der stellvertretende Vorstand auch der Leiter der Mordkommission war. Das wurde natürlich als besondere Auszeichnung, Ehre und Aufgabe empfunden. Da ich nun bis zur Bestellung eines Vorstandes des Sicherheitsbüros beide Funktionen innehatte, bedeutete das viel Arbeit. Es kam nämlich noch die Aufgabe der Wochenenddienste hinzu. Üblicherweise teilten sich der Vorstand und sein Stellvertreter die Erreichbarkeit eines Verantwortlichen wochenweise, was bedeutete, dass man in der Woche der Erreichbarkeitsverpflichtung auch das Wochenende abdecken musste. Das hieß, dass man Samstag Vormittag von etwa 8 bis 12 Uhr im Amt war. Dort erledigte man die Aktenzuteilung in der Kanzlei und suchte die Kriminalbeamtengruppen auf, die Amtshandlungen führten, um sich bei ihnen über den Fortschritt ihrer Arbeit zu informieren. Am Sonntag verfasste man die Vorbereitung für den Montagsbericht an den Abteilungsleiter und den Polizeipräsidenten.

Somit war viel Arbeit für die Zukunft angesagt. Der Posten des Vorstandes wurde ausgeschrieben und als stellvertretender Vorstand des Sicherheitsbüros bewarb ich mich um die Leitung des Sicherheitsbüros. Damit handelte ich mir aber ein weiteres Problem ein, da ich weder der Wunschkandidat von Innenminister Karl Blecha noch des damaligen

Polizeipräsidenten Günther Bögl war, aus verschiedenen Gründen: Als Vorstandstellvertreter führte ich mit dem damaligen Referenten für Einbruchsdiebstähle Ernst Geiger eine Amtshandlung gegen zwei Richter wegen Verdacht des Versicherungsbetruges. Diese beiden Herren hatten einen Einbruchsdiebstahl in das Tonstudio »Trubel Recording Studio« in Wien, Landstraße gemeldet. Laut dieser Anzeige hatten unbekannte Täter ein Gerät im Wert von etwa drei Millionen Schilling gestohlen. Das Tonstudio und das Diebesgut, ein Studer A80 Aufnahmegerät, gehörten der Tanz- und Showband »Sixpence«, der die beiden Richter angehörten. Gegenüber der ersteinschreitenden Polizei erklärten die beiden Richter, dass nur relativ »unbedeutende Geräte« im Wert von etwa 30 000 Schilling gestohlen worden seien. Die Schadensmeldung an die Versicherungsgesellschaft umfasste aber den Diebstahl dieses hochwertigen Geräts im Wert von etwa drei Millionen Schilling. Da war natürlich der Teufel los. Die Versicherungsgesellschaft entdeckte etliche Ungereimtheiten, was die Schadensabteilung zu einer Information an das Sicherheitsbüro veranlasste. Die Folge war, dass sich aufgrund der Ermittlungen der Verdacht des Versicherungsbetruges erhärtete und die beiden Richter in Untersuchungshaft genommen wurden. Sie bestritten den Betrug. Es kam zu einem langen Strafverfahren, das im Mai 1988 mit einem Freispruch »in dubio pro reo« beendet wurde. Einer der beiden Angeklagten hatte einen sehr prominenten Vater, der sofort an entscheidender Stelle deponierte, dass »der Edelbacher« nichts werden dürfe. Damit waren die Chancen für meine Bewerbung um den Vorstandsposten entschieden reduziert worden.

Eine weitere Tatsache war, dass der damalige Polizeipräsident den neuen Vorstand des Sicherheitsbüros mit einer anderen Person besetzen wollte. Turbulente Zeiten waren angesagt. Zwischendurch schien mir das Schicksal gewogen zu sein, da es im Mai 1988 auf einmal hieß, mein Kollege Zach und ich sollten zum Polizeipräsidenten kommen, da wir beide zu Amtsleitern bestellt werden würden. Zach, der damals Vorstandstellvertreter im Büro für Erkennungsdienst und Kriminaltechnik war, sollte zum Stadthauptmann des Bezirkspolizeikommissariates Donaustadt ernannt werden und ich zum Vorstand des Sicherheitsbüros. Zach rief mich an und wir wollten mit seinem Motorroller in die Polizeidirektion fahren. Wir saßen schon abfahrbereit auf dem Roller, als unerwartet der Widerruf für mich kam. Kollege Zach wurde zum Stadthauptmann bestellt, meine Bestellung wurde jedoch storniert.

Es dauerte nun einige Monate, bis es zur Entscheidung kam. Mittlerweile wurden sieben Kandidaten gefragt, ob sie Vorstand im Sicherheitsbüro werden wollen, unter anderem der berühmte Kriminalist Michael Sika, der später Generaldirektor für öffentliche Sicherheit wurde. Ich versuchte, meine schlechte Position zu verbessern. Es gab ein Gespräch mit Innenminister Blecha, der nach meiner Erinnerung eingangs sagte: »Jetzt habe ich schon mit allen gesprochen, nur nicht mit Ihnen«, und dem ich dann meine Vorstellungen vortragen konnte. Es gab ein zweites Gespräch mit dem Polizeipräsidenten, der mich aufforderte, den Mord an dem Polizisten Friedrich Roger aufzuklären, dann würde er mich »sofort zum Vorstand des Sicherheitsbüros ernennen«. Nun, das war ein sehr begreiflicher Wunsch, den ich ihm und auch uns Polizisten gerne erfüllt hätte, nur war das damals aufgrund der Ermittlungslage, die mir bestens vertraut war, kaum möglich.

Bezirksinspektor Friedrich Roger war am 25. Juli 1986 zwischen 2 und 4 Uhr morgens vor dem Wachzimmer in der Freudenauer Hafenstraße von einem unbekannten Täter erschossen worden. Friedrich Roger versah im Polizeiwachzimmer Dienst und wurde vom Täter, vermutlich durch das Einschlagen von zwei Wachzimmerfenstern, auf den freien Platz vor das Wachzimmer gelockt. Dort erschoss ihn der Täter mit einem Gewehr und raubte seine Dienstwaffe. Wie sich später herausstellen sollte, war Johann Kastenberger – der Bankräuber »Ronney« – ein potenzieller Tatverdächtiger. Es gab viele Indizien und konkrete Verdachtsmomente dafür, dass er mit dieser Straftat im Zusammenhang stand, aber der Mord konnte ihm nie nachgewiesen werden.

Die Entscheidung fiel schließlich am 6. Juli 1988. Nach den beiden Gesprächen entschieden sich Innenminister Karl Blecha und Polizeipräsident Günther Bögl dann doch für mich und ich wurde zum Vorstand des Sicherheitsbüros bestellt. Beide Herren kamen sogar höchstpersönlich in mein Büro, um mir das zu verkünden. Damals begriff ich vor lauter Aufregung gar nicht, was das bedeutete. Meine Bestellung zum Vorstand des Sicherheitsbüros war also eine »schwere Geburt« gewesen. Waren die Rahmenbedingungen schon turbulent, so sollte sich bald zeigen, dass auch die Arbeit als Vorstand im Sicherheitsbüro schwieriger als erwartet werden würde.

### *Der Fall Alexandra Schriefl*

Am 26. Oktober 1988, in den frühen Morgenstunden, wurde auf einem freien Gelände in der Himberger Straße in Wien, Favoriten Alexandra Schriefl, zwanzig Jahre alt, tot aufgefunden. Gefunden hatte sie der Vater ihrer besten Freundin, ein leitender Kriminalbeamter. Die junge Frau hatte sich in der Nacht davor in der Diskothek Azzuro aufgehalten. Sie vereinbarte mit einem Bekannten, dass er sie von der Diskothek abholen sollte. Kurz vor dem Verlassen des Lokals rief sie ihren Bekannten an und man vereinbarte, dass sie die Himberger Straße entlanggehen würde und dort von ihm abgeholt werden sollte. Als der Freund mit seinem Auto die Himberger Straße entlangfuhr, konnte er Alexandra weder vor der Diskothek noch auf der Straße vorfinden. Da ihre beste Freundin die Tochter eines Kriminaloffiziers war, verständigte man die Freundin, deren Vater leitete persönlich eine Suchaktion ein. Tatsächlich fand er die Leiche der jungen Frau in einem sehr entwürdigenden Zustand, nackt an einen Baum gebunden, auf freiem Gelände. Sie war von einem unbekannten Täter offensichtlich vergewaltigt und erdrosselt worden.

*Der Tatort im Fall Alexandra Schriefl in Wien, Favoriten.*

Bei den Ermittlungen konzentrierte man sich zunächst auf die Überprüfung des Freundes- und Bekanntenkreises, der Wohnumgebung, des Arbeitsplatzes und der Freizeitörtlichkeiten. Das Opfer war eine ausgesprochen hübsche junge Frau gewesen, die von vielen jungen Männern begehrt wurde. Sie hatte sich immer sehr modisch gekleidet, war gepflegt und selbstbewusst gewesen. Da die Polizei bei ihren Nachforschungen zunächst keine konkrete Spur aufnehmen konnte, begann der Täter, mit der Polizei zu »spielen«. Er platzierte einen Schuh des Opfers auf einem Spazierweg, der sich in der Nähe des Tatortes befand. Dem Täter war es offensichtlich ein Bedürfnis, sich über die Polizei zu »amüsieren«. Mit dem Abstellen des Schuhs wollte er wohl seinen Spott zeigen. Tatsächlich blieb man weiterhin viele Jahre ohne Erfolg. Vom Opfer fehlten eine auffällige Handtasche und eine Halskette. Der zweite Schuh blieb ebenfalls verschwunden. Diese Gegenstände musste der Täter an sich genommen haben. Man hatte sich von den Schwierigkeiten dieser Mordermittlung kaum erholt, da ereignete sich bereits der nächste spektakuläre Mordfall in Favoriten.

### *Der Fall Christina Beranek*

Während den Energieferien, am 3. Februar 1989 vormittags, fand Franz Beranek seine Tochter Christina, zehn Jahre alt, im Dachgeschoss des Wohnhauses in der Per-Albin-Hansson-Siedlung ermordet auf. Als die Kriminalbeamten der Mordabteilung des Sicherheitsbüros zum Tatort kamen, fielen ihnen erschreckende Parallelen zum Mordfall Alexandra Schriefl auf. Auch Christina Beranek war vom Täter entwürdigend misshandelt worden. Besonders tragisch war die Tatsache, dass trotz der Abgängigkeitsanzeige der Eltern die Polizei das Mädchen nicht hatte finden können. Umso schmerzlicher war es, dass der Vater in Eigeninitiative weiter nach dem Mädchen suchte und sie in diesem Zustand fand – ein Albtraum. Wie Alexandra Schriefl war auch Christina Beranek nach der Ermordung in einem schrecklichen Zustand zurückgelassen worden. Neben der Leiche des Kindes fand man ein Mickey-Mouse-Heft, das Christina vor der geplanten Rückkehr in die elterliche Wohnung in der Trafik neben dem Eingang zum Wohnhaus gekauft hatte. Auch dieser Mord schien mit höchster Wahrscheinlichkeit sexuell motiviert gewesen zu sein, man fand aber keine eindeutigen Spuren. Dieses schreckliche Bild des Tatortes wird man sein Leben lang nicht vergessen.

Nach diesen beiden Morden, die mit größter Wahrscheinlichkeit miteinander in Zusammenhang standen, war die Hölle los. Innerhalb kürzester Zeit geriet die Polizei in Wien unter enormen Druck der Bevölkerung, der Medien und des Innenministeriums, da natürlich alle einen baldigen Erfolg erwarteten.

Wir warfen alles in die Schlacht, was wir aufzubieten hatten. Das Beeindruckende am Sicherheitsbüro war, dass sich die vielen Kriminalbeamten mit der Arbeit immer mehr als hundertprozentig identifizierten. Es gab kein Murren. Alle waren bereit, ihre letzten Kräfte zu geben. Dieser Zusammenhalt in guten wie in schlechten Zeiten scheint heute weitgehend verloren gegangen zu sein. Das ist der größte Schaden, der durch die Reformbestrebungen angerichtet wurde. Zur Zeit der Kindermorde gab es mindestens sechzig Kollegen, die in den Arbeitsgebieten Gewalt und Drogenkriminalität tätig waren – die sogenannte »Speerspitze des Hauses«, die rund um die Uhr für das Sicherheitsbüro zur Verfügung stand. Aber auch für alle Kollegen der anderen Referate des Sicherheitsbüros war es eine Selbstverständlichkeit, zusammenzuarbeiten und mitzuhelfen. Dieser Eifer, dieses Feuer ist heute nicht mehr zu spüren. Heutzutage kommt es vor, dass Tatverdächtige festgenommen und dem Gericht übergeben werden, ohne dass sie von den zuständigen Kriminalbeamten überhaupt einvernommen worden sind. So ohne jegliches »Interesse« hätte man früher nie agiert. Es wäre unvorstellbar gewesen, dass Kriminalbeamte die Gelegenheit zur ersten Einvernahme, noch dazu aus formellen Gründen, fallen gelassen hätten – so ändern sich die Zeiten.

Nun, trotz aller erdenklichen Anstrengungen, die unsere Kriminalisten leisteten, sollte es noch ärger kommen. Nach den beiden Morden an Alexandra Schriefl und Christina Beranek wurde ein dritter Mord in Favoriten verübt.

## *Der Fall Nicole Strau*

Am Sonntag, den 23. Dezember 1990 um 10.25 Uhr wurde die Leiche der achtjährigen Schülerin Nicole Strau in Wien, Favoriten, im Jungwald des Laaer Bergs im Bereich der Bitterlichstraße aufgefunden. Das

Mädchen war sexuell missbraucht und ermordet worden. Nicole Strau war am Tag zuvor gegen 17.30 Uhr nach einem Besuch bei Verwandten in Wien Simmering weggegangen, um nach Hause in die elterliche Wohnung zurückzukehren. Üblicherweise benutzte sie die Straßenbahnlinie 71 und danach die Autobuslinie 15 A, um in die Florian-Geyer-Gasse nach Favoriten zu kommen.

Die Situation war in diesem Mordfall wesentlich anders als in den beiden vorhergehenden Fällen. Ich kann mich noch gut erinnern, dass ich am Tatort mit Ludwig Berghammer zusammentraf. Er hatte sich damals gerade sein Kreuz »verrissen«, sodass ihn seine Gattin mit dem Auto zum Tatort brachte. Wir standen beide fassungslos vor dem Leichnam. Der unbekannte Täter hatte das Opfer nach der Tat wieder bekleidet, teilweise verscharrt und mit Laub bedeckt. Daraus schlossen die erfahrenen Kriminalisten des Sicherheitsbüros, dass dieser Mord mit großer Wahrscheinlichkeit mit den beiden anderen Morden nicht im Zusammenhang stehe. Tatsache aber war, dass wir nun drei ungeklärte Morde in Favoriten zu verzeichnen hatten. Viele Menschen, aber auch einige Medien gingen davon aus, dass es sich um einen Serienmörder handeln müsse.

Unsere Arbeitskapazitäten waren weit überfordert. Wir gründeten eine Sonderkommission und ersuchten die Kriminalbeamten der Bezirke, uns bei der Fahndung nach den unbekannten Tätern zu unterstützen. Besonders die Kriminalbeamten aus Favoriten waren zu jeder Unterstützung bereit. Ihr Wissen erwies sich als besonders wichtig, da sich herausstellte, dass man in diesen Teil des Waldes, wo die Leiche des Mädchens aufgefunden worden war, nicht ohne weiteres hineinkommen konnte. Der Fundort der Leiche lag hinter einem umzäunten Sportplatz, für den man einen Schlüssel benötigte. Nur ein bestimmter Personenkreis, vor allem Jäger, verfügte über einen solchen Schlüssel.

Auch diese Ermittlungen zogen sich über Monate erfolglos dahin. Es wurden zu allen drei Mordfällen weit über dreitausend Männer überprüft. Die Ermittlungen wurden in drei Schwerpunkte unterteilt: Zunächst wurden alle persönlichen Anknüpfungspunkte zwischen den Opfern und deren Bekanntenkreis geprüft. Die Wohnorte, die Freizeitgestaltung, die Schul- und Arbeitsplatzsituation waren die ersten Ansätze. Allein in der Per-Albin-Hansson-Siedlung mussten die Alibis von über sechshundert männlichen Personen geprüft werden. Was sich da an persönlichen

Schicksalen abspielte, ist unvorstellbar. Bei einzelnen Personen musste man tief in das intime Privatleben eindringen. Persönliche Geheimnisse, die oft nicht einmal den nahen Angehörigen bekannt waren, wurden im Zuge dieser Überprüfungen ans Tageslicht gebracht: Liebesverhältnisse, Abartigkeiten und Tragödien.

Die zweite Ermittlungsschiene befasste sich mit sexuell auffälligen Tätern, die polizeilich oder gerichtlich bereits einmal erfasst worden waren. Es gehörte zur Standardroutine, dass auf solche Personen ein besonderes Augenmerk gelegt wurde. Auch im Zuge dieser Überprüfungen gab es vielversprechende Momente, wo man meinte, nun sei man dem Täter schon deutlich auf der Spur. Es wurde etwa ein Lenker eines Geländefahrzeuges angehalten, der einen Koffer mit Damenstöckelschuhen im Kofferraum verwahrt hatte. Da ja ein Schuh von Alexandra Schriefl absichtlich vom Täter auf einem Spazierweg abgestellt worden war, schien diese Anhaltung von kriminalistischer Bedeutung zu sein. Das stellte sich jedoch als Irrtum heraus. Die Überprüfung brachte nicht die heiß ersehnte Wende in den Ermittlungen.

Der dritte Ermittlungsbereich konzentrierte sich auf die Informationen, die aufgrund des enormen Medienechos einlangten. Die Flut an Mitteilungen, die bei den verschiedenen Polizeieinrichtungen und Medien eintraf, war unvorstellbar. Da kamen Eifersüchteleien, Streitfälle, Missgunst, »Vernaderungen« auf uns zu, die absolut gar nichts mit den drei Mordfällen zu tun hatten. Aber man musste sich damit beschäftigen.

Arbeit, Arbeit, Arbeit, aber kein Erfolg. Der Innenminister und der Polizeipräsident standen ebenso unter Druck wie wir im Sicherheitsbüro. Oft mussten Zwischenberichte für alle möglichen Anlässe erstellt werden. Eines Nachts verlangten der Innenminister und der Polizeipräsident einen sofortigen Bericht über die Anzahl der bis dahin überprüften männlichen Personen. Damals hatten wir einen einzigen Computer. Als diese geforderte Liste ausgedruckt war, gab unser Herzstück den Geist auf – es war die letzte Liste, die er uns erstellte und druckte.

Im Jahr 1991 stand fest, dass wir trotz enormen Einsatzes in den drei Mordfällen ins Stocken geraten waren. Was konnte man tun? In unserer Not versuchte ich mithilfe wissenschaftlicher Erkenntnisse zu hinterfragen, wie ein Täter beschaffen sein müsste, der zu solchen Morden fähig war. Damals war Universitätsprofessor Spiel ein bekannter Mann, der sich im Rahmen seiner Tätigkeit am Allgemeinen Krankenhaus besonders mit der Versorgung von Opfern beschäftigte. Ich begab mich also zu ihm und lernte dort sehr viel über Aggressionsdelikte und deren Auswirkungen auf die Opfer. Ein zweiter Weg führte mich in die Strafanstalt am Mittersteig zu Universitätsprofessor Wolfgang Berner, der berühmt für seine wissenschaftliche Arbeit mit Sexualtätern und deren Therapie war. Zuletzt kontaktierte ich auch die weit über die Grenzen Wiens hinaus bekannte Sexualtherapeutin Rotraud Perner, die sich mit vorwiegend abartig veranlagten Sexualwünschen ihrer Patienten beschäftigte. Alle drei gaben überraschenderweise sehr übereinstimmende Antworten:

Bei dem Täter müsse es sich um einen Mann jüngeren Alters handeln, etwa zwischen zwanzig und fünfundzwanzig Jahren, der unter einer sehr dominanten Frauenbeziehung leide und deshalb vorzugsweise junge Opfer wähle, die er beherrschen könne. Damals hatte ich noch keine Ahnung, dass es eine Disziplin des »Profilings« gibt, die sich mit dem Verhalten von Serientätern beschäftigt. Das Profiling lernten wir erst im Jahr 1993 kennen, als wir im Zuge des Unterweger-Falles die Hilfe des Federal Bureau of Investigation in Anspruch nahmen.

Erschütternd war die Angst der Bewohner in Favoriten, die mit der anhaltenden Erfolglosigkeit der Polizei größer wurde. Viele sozial schwächere Familien mussten wegen ihrer Arbeitsverpflichtungen ihre Kinder tagsüber allein lassen. Die Angst, die in Kindergärten, Schulen, Horten und bei den Familien, besonders in der Per-Albin-Hansson-Siedlung zu bewältigen war, stellte für alle Betroffenen eine riesige Herausforderung dar. Die Bevölkerung wollte Bürgerwehren aufstellen. Der Wunsch nach einer besseren Sicherheitsvorsorge, nach mehr Polizei und baulichen Maßnahmen war enorm.

Es waren schon fast zehn Jahre der Ermittlungen ins Land gezogen, ohne dass die Aussicht auf eine erfolgreiche Wende bestand. Doch die Wissenschaft hatte ihre Methode der DNA-Analyse wesentlich verfeinert, 1997 wurde eine DNA-Datenbank in Österreich eingerichtet und langsam wuchs die Hoffnung, dass ungeklärte Mordfälle mithilfe dieses neuen Instrumentariums erfolgreich bearbeitet werden könnten. Im Jahr 1999 wurde mit dem damaligen Innenminister Karl Schlögl besprochen, ob mit der Einrichtung einer neuen Sonderkommission eine Wiederaufnahme der Mordermittlungen möglich sei. Auch die Möglichkeit eines »Massenscreening« wurde von mir überlegt.

Im Jahr 2000 kam endlich die lang ersehnte Wende: Am 7. September 2000 wurde der damals 32-jährige Herbert Petsch nach einem Raufhandel in Favoriten vorübergehend festgenommen. Petsch nahm an einer Hochzeitsgesellschaft teil, die in Favoriten unterwegs war. Dabei schlug er einen zufällig entgegenkommenden Mann grundlos mit der Faust in das Gesicht. Der Anzeiger gab an, dass der Täter »wild auf ihn einschlug«. Der Gewalttäter wurde einer DNA-Analyse unterzogen, die das Ergebnis brachte, dass er der Täter im Mordfall Alexandra Schriefl sei. Am 1. Oktober 2000 erfolgte daraufhin die Festnahme wegen Verdacht des Mordes. Das Tragische an der Sache war, dass Herbert Petsch schon bei den ursprünglichen Mordermittlungen überprüft worden war. Die damaligen biologischen Erkenntnisse hatten ihn aber als Täter ausgeschlossen. Das DNA-Verfahren war 1988 noch nicht auf dem wissenschaftlichen Niveau von 2000 und führte die Ermittler in die Irre. Für die damaligen Mordermittler der Gruppen Alois Fiala und Oswald Tauscher waren diese neuen Erkenntnisse sehr frustrierend. Man hätte auf die richtige Spur kommen und sich viel Arbeit ersparen können.

Am 12. Dezember 2001 war es dann soweit: Herbert Petsch wurde aufgrund der Anklage von Staatsanwalt Kloyber vom Geschworenengericht unter dem Vorsitz von Richter Jilke zu fünfzehn Jahren Haft verurteilt, obwohl er den Mord an Alexandra Schriefl bis zuletzt leugnete. Das Urteil wurde in der zweiten Instanz bestätigt und der Täter in eine Anstalt für abnorme Rechtsbrecher eingewiesen. Obwohl starke Indizien dafür sprachen, dass er auch der Mörder von Christina Beranek war, konnte eine Zuordnung dieser Straftat mangels eindeutiger Beweise nicht erfolgen. Für uns Kriminalisten blieb er aber auch in diesem Fall schwer verdächtig.

Zu Beginn des Jahres 2001 nahm Ernst Geiger, damals Leiter der Mordkommission, an einem Fortbildungskurs der Polizeihochschule Bramshill in England teil. Das Thema der Schulung war das sogenannte »Cold Case Management«, also die Wiederaufnahme von Ermittlungen in alten, ungeklärt gebliebenen Mordfällen. Wir dachten vor allem an die Wiederaufnahme der Ermittlungen im Fall Nicole Strau, weil hier das Beziehungsnetz ihres Bekanntenkreises eine wesentliche Rolle spielte, wir aber auf den Täter nicht gekommen waren. Bereits im März 2001 lag ein vorläufiger Auswertungsbericht des neu gegründeten Analysereferats der Gruppe Bachmann vor, welcher alle damaligen Ergebnisse neu auflistete und bewertete. Anhand des damaligen Ermittlungsergebnisses ergab sich ein Kreis von fünfundzwanzig Personen, die neuerlich zu überprüfen waren.

Bestärkt durch die Ergebnisse im Fall Alexandra Schriefl begann die Wiederaufnahme der tatsächlichen Ermittlungen Mitte Mai 2001. Vor allem die Unterstützung des Bundesministeriums für Inneres, des Institutes für Gerichtliche Medizin und des zuständigen Gerichtes waren zur Durchführung der neuen DNA-Überprüfungen erforderlich. Das Ergebnis war beeindruckend: Den Kriminalbeamten des Sicherheitsbüros unter Leitung von Oberst Hermann Schweiger und Major Robert Klug und dem Büro für Erkennungsdienst und Kriminaltechnik unter Leitung von Felix Schödl, die die bescheidmäßig angeordneten Mundhöhlenabstriche vornahmen, gelang der entscheidende Erfolg. Ende November 2001 lag das Ergebnis der DNA-Untersuchungen vor. Michael Petzl wurde mit an Sicherheit grenzender Wahrscheinlichkeit als Verursacher der bei Nicole Strau gesicherten biologischen Spur erkannt. Michael Petzl gehörte zum engeren Kreis der bekannten Personen, war an dritter Stelle und konnte als Täter zugeordnet werden. Das Schwurgericht des Landesgerichtes für Strafsachen Wien folgte der Anklägerin Mucha, sprach Michael Petzl mit 5 zu 3 Stimmen im Dezember 2003 schuldig und verurteilte ihn zu lebenslanger Haft. Auch dieses Urteil ist mittlerweile rechtskräftig, obwohl Berufung gegen das Strafausmaß erhoben worden war.

Für mich bedeutete das eine wichtige Genugtuung, da das Sicherheitsbüro ja im Oktober 2002 aufgelöst worden war. Damit wurde unsere gute Arbeit bestätigt und die schwierigen Mordfälle sind aus unserer Sicht praktisch zur Gänze geklärt, auch wenn es juristisch nur in zwei Fällen tatsächlich zu Verurteilungen kam. Das Leid, das die Angehörigen der Opfer erlitten haben, kann man dadurch allerdings nicht aufwiegen.

## *Prostituiertenmorde in Amerika und Europa: Der Serienmörder Jack Unterweger (1990 bis 1991)*

Wir hatten im Sicherheitsbüro noch alle Hände voll zu tun mit den drei schrecklichen Morden in Favoriten, als sich im Jahr 1991 neue Probleme für uns im Sicherheitsbüro auftaten. In Wien verschwanden im April und Mai 1991 vier Prostituierte. Wie sich bei den eingeleiteten Morderermittlungen herausstellte, war ihr Verschwinden nicht nur für Wien ein Kriminalfall, sondern beschäftigte auch andere Bundesländer. In den Jahren 1990 und 1991 wurden mehrere Prostituierte in verschiedenen Bundesländern ermordet, man erkannte aber zunächst kriminalistisch nicht, dass es sich bei den Morden um die Handschrift nur eines Täters handelte. Zwischen September 1990 und Juli 1991 verschwanden insgesamt elf Prostituierte in Vorarlberg, der Steiermark und Wien, in der Republik Tschechien sowie im Raum Los Angeles. Die Tatsache, dass wir es hier mit einem Serienmörder zu tun hatten, war uns wie gesagt zu diesem Zeitpunkt in keiner Weise bewusst. Es dauerte noch nahezu ein halbes Jahr, bis man die Zusammenhänge zu anderen Mordfällen, die sich in Graz und in Bregenz ereignet hatten, erkannte.

Die Serienmorde begannen in Vorarlberg: Am 12. Juni 1990 wurde Heidemarie H. in Bregenz während der Ausübung ihrer Tätigkeit als Prostituierte von einem zunächst unbekannten Täter ermordet. Am 14. September 1990 ereignete sich in der Umgebung von Prag der Mord an der Geheimprostituierten Blanka B. Am 26. Oktober 1990 wurde Brunhilde M. in Graz von einem Kunden auf der Straße an ihrem Standplatz aufgesucht und in der Folge getötet.

In Wien begann die Serie der Morde am 8. April 1991. Da verschwand die kontrollierte Prostituierte Silvia Z. von ihrem Standplatz in der Hütteldorfer Straße, nahe der Stadthalle. Ihre Leiche wurde am 4. Juli 1991 in Niederösterreich, Wolfsgraben, am Kleinen Semmering, 22 Kilometer entfernt von ihrem Standort, aufgefunden. Drei weitere Frauen verschwanden kurze Zeit später in Wien. Alle Opfer waren als Prostituierte in Wien tätig. Die Leichen dieser Opfer sollten erst später gefunden werden. Zunächst lag jeweils nur Abgängigkeit vor. Sabine M. wurde am 16. April 1991 in der Johnstraße, Ecke Fenzelgasse von einem unbekannten Mann in dessen Personenkraftwagen von ihrem Standplatz mitgenommen. Regina P. fuhr am 28. April 1991 in der Linzer Straße, Ecke Flachgasse, wo sie immer ihren Standplatz hatte, ebenfalls mit einem Kunden in dessen Fahrzeug mit und kehrte nicht mehr zurück. Auch Karin E. hatte am 23. Mai 1991 einen Kunden in der Mariahilfer Straße, Ecke Linzer Straße, von dem sie nicht mehr wiederkehrte. Am 3. Juli 1991 wurde Elfriede S. während der Ausübung ihres Berufes als Prostituierte in Graz von einem zunächst unbekannten Kunden getötet.

Ich kann mich noch gut erinnern, dass ich meinen damaligen leitenden Offizier für Gewaltdelikte nach Graz schickte, um sich mit den dortigen Kollegen zu beraten, ob es zwischen den Kriminalfällen in Graz und in Wien eventuell Zusammenhänge gebe. Bevor er mein Vorstandszimmer verließ, wies ich ihn noch auf den Mordfall in Vorarlberg hin und trug ihm auf, auch darüber mit den Kollegen in Graz zu sprechen. Ich hatte damals noch keine Ahnung von den Zusammenhängen, aber in der Zeitung hatte ich gelesen, dass in Bregenz auch ein Mord an einer Prostituierten verübt worden war.

Es ist eine polizeibekannte Tatsache, dass Frauen, die dieses Gewerbe ausüben, grundsätzlich ein erhöhtes Risiko haben. Trotzdem zeichnete sich dieser Fall durch zwei Besonderheiten aus. Erstens hinterließ die Dienstreise des nach Graz entsandten leitenden Beamten bei mir einen unvergesslichen Eindruck: Er kam ganz zuversichtlich aus Graz zurück und erklärte, es gebe keinerlei Zusammenhänge zwischen all diesen Mordfällen. Seinen Bericht habe ich heute noch in Kopie aufgehoben – ein warnendes Beispiel dafür, dass auch tüchtige und erfahrene Kriminalisten schwere Fehler begehen können.

Prägend war zweitens der unfassbare Besuch des Serienmörders im Sicherheitsbüro. Wir standen noch am Beginn der Ermittlungen der Wiener Mordfälle, als sich seitens des Österreichischen Rundfunks bei der Pressestelle der Bundespolizeidirektion Wien ein Mann meldete, der zu den Morden an den Prostituierten ein Interview mit mir machen wollte. Da die Genehmigung erteilt wurde, war ich zum Interview bereit. Es kam ein Reporter mit einem ORF-Mikrofon und Aufnahmegerät und stellte sich als Jack Unterweger vor. Ich muss gestehen, ich hatte damals überhaupt keine Ahnung von diesem Mann und seinen Aktivitäten. Das Gesprächsthema war: »Wie groß ist die Angst unter den Prostituierten in Wien?« Das Interview wurde an einem Vormittag im Mai 1991 durchgeführt und im ORF-Radio ausgestrahlt.

Als ich zu Hause von dem Interview erzählte und den Namen Jack Unterweger erwähnte, wussten meine Frau und meine Töchter sofort Bescheid. Es handelte sich um einen Mann, der in Strafhaft gesessen hatte und wegen seiner literarischen Aktivitäten vorzeitig aus der Haft entlassen worden war. Er war praktisch das ideale Beispiel für »Resozialisierung«. Viele prominente Menschen hatten sich für Jack Unterweger eingesetzt und er war trotz einer lebenslangen Haftstrafe auf Bewährung entlassen worden. Er hatte Bücher geschrieben, in denen er seine Hafterlebnisse schilderte und darüber Lesungen hielt, etwa das Buch »Kerker«. Auch Theaterstücke von ihm wurden aufgeführt. Jack Unterweger war bereits damals im Fernsehen kein Unbekannter. Dieses Wissen ist an mir spurlos vorbeigegangen, da ich in meiner Freizeit lieber Tennis spiele, als mich mit »moderner« Literatur zu beschäftigen.

Zu dieser Information kam auch noch das Schreiben eines pensionierten Kriminalbeamten aus Salzburg hinzu, der durch die Radiosendung auf Jack Unterweger aufmerksam geworden war und uns wissen ließ, dass er ihn in seiner aktiven Dienstzeit eines weiteren Mordes an einer jungen Frau verdächtigt hatte. Grund für die lebenslange Haftstrafe war die Ermordung einer jungen Frau in Deutschland gewesen. Am 11. Dezember 1974 war Margret S. von Jack Unterweger aus bis heute ungeklärten Gründen ermordet worden. Er hatte das Opfer in einen Wald geführt und dort erdrosselt. Diese Tat konnte Jack Unterweger eindeutig nachgewiesen werden und er wurde in Österreich verurteilt. Der Kriminalbeamte aus Salzburg hatte noch einen zweiten Mordfall, ebenfalls an einer jungen Frau, zu überprüfen, der im Tatablauf dem ersten Mord ähnlich war und nach Meinung des Kriminalbeamten die Handschrift Unterwegers trug. Da Jack Unterweger ohnehin bereits zu lebenslanger Haft verurteilt worden war, interessierte sich die zuständige Staatsanwaltschaft und das Gericht nicht mehr für weitere Ermittlungen und der Mord an der jungen Frau in Salzburg wurde zu den Akten gelegt.

Nach all diesen Informationen kamen mir massive Bedenken. Ich fragte mich, was dieser Mann im Sicherheitsbüro wollte und warum er gerade über die Morde an den Prostituierten in Wien eine Geschichte verfasste. Ich war hellhörig geworden. Jack Unterweger kündigte eine Reise in die Vereinigten Staaten an und gab bekannt, dass er über das Land, das Leben und die Unterschiede von Arm und Reich im Gebiet um Los Angeles schreiben wolle. Er erklärte auch, dass er mit der Polizei in Los Angeles Kontakt aufgenommen habe und über sie einen Bericht verfassen würde.

Aber wir standen ja noch am Beginn unserer Ermittlungen und waren erst im Juni 1991 in der Lage, die Zusammenhänge zwischen den verschiedenen Morden in Vorarlberg, Steiermark und Wien, teilweise durch Auffindung der Leichen in Niederösterreich, zu erahnen. Auffällig war dann, dass ein ähnlicher Modus Operandi durch den zunächst unbekannten Täter angewandt worden war. Soweit wir es von den Mordopfern aufgrund der Tatortarbeit wussten, wurden sie immer mit ihrer eigenen Unterwäsche stranguliert. Als wir endlich den Zusammenhang all dieser Delikte kannten, dachten wir, dass es sich bei dem Täter um eine Person handeln musste, die viel in Österreich unterwegs gewesen war. Als Jack Unterweger im Juli 1991 aus den USA zurückkehrte, meldete er sich nochmals im Sicherheitsbüro und brachte Bilder von seiner Reportage.

Die Morde in den Vereinigten Staaten, Kalifornien, Los Angeles, ereigneten sich im Juni des Jahres 1991, nachdem die Morde in Wien verübt worden waren. Shannon E. wurde am 20. Juni, Irene R. am 30. Juni und Sherri L. am 3. Juli 1991 ermordet, alle im Raum Los Angeles. Von diesen Mordfällen erfuhren wir im Sicherheitsbüro, nachdem wir die Fahndung nach Jack Unterweger aufgenommen hatten und sie ließen sich später logisch in die gesamten Geschehnisse einordnen.

Ich erlebte eine weitere interessante Begegnung. Im ersten Halbjahr 1991 meldete sich ein junger Polizist aus Innsbruck bei mir. Er erklärte, dass er Tiroler sei und als uniformierter Polizist arbeite. Nebenbei habe er Psychologie studiert und interessiere sich für das psychische Verhalten von Straftätern. Besonders sei er an den Morden in Favoriten interessiert. Er fragte, ob es möglich wäre, diese Akten einzusehen, um Rückschlüsse auf die Psyche eines solchen Täters zu ziehen. Mir war eine solche Überlegung nicht fremd, da ich ja im Zuge der Ermittlungen in den Mordfällen Schriefl, Beranek und Strau selbst den Weg zu Fachleuten gesucht hatte, um deren Rat einzuholen. Also stimmte ich zu. Ich dachte mir, es mag uns vielleicht nicht unmittelbar nützen, dass dieser junge, studierte Polizist sich die Akten durchliest, aber sein Ersuchen ist auf jeden Fall zu unterstützen. Wir erwirkten eine Dienstzuteilung von Innsbruck nach Wien und da ich im Sommer 2001 wie üblich von Mitte Juli bis Mitte August auf Urlaub ging, stellte ich diesem jungen Polizisten mein Zimmer zur Verfügung, damit er in Ruhe die umfangreichen Aktenkonvolute der Mordfälle in Favoriten studieren konnte. Ach ja, der junge Mann war übrigens Thomas Müller! Wir wissen, was mittlerweile aus ihm geworden ist.

Als ich aus dem Urlaub zurückkam, hatte Thomas Müller zwar noch keinen Täter in den Mordfällen in Favoriten ermitteln können, aber er hatte mit Ernst Geiger, damals Leiter der Mordkommission des Sicherheitsbüros, Freundschaft geschlossen und begann sich für die Morde an den Prostituierten zu interessieren. Gemeinsam berieten wir uns. Das auffällige Verhalten Jack Unterwegers, der die Nähe der Polizei suchte, machte mich stutzig. Ich ordnete eine Observation an, lud ihn aufgrund der Information des pensionierten Kriminalbeamten aus Salzburg zur Einvernahme und wir versuchten, über seinen Lebenswandel mehr in Erfahrung zu bringen. Unterweger dürfte es zu eng geworden sein, als er merkte, dass sich die Polizei nunmehr für ihn interessierte, und er flüchtete Hals über Kopf aus Wien. Er nahm seine damalige Freundin Bianca mit, ging in die Schweiz und dann weiter nach Florida, USA.

In Anbetracht des Ermittlungsumfangs, der auf uns zukam, wurde durch das Bundesministerium für Inneres von Ministerialrat Beuchert eine Sonderkommission eingerichtet, deren Leitung Ernst Geiger übertragen wurde. Die Kriminalabteilungen der betroffenen Bundesländer, also Vorarlberg, Steiermark, Niederösterreich und Wien wurden in ein gemeinsames Boot geholt, um in der Causa Jack Unterweger zu ermitteln.

Ich erinnere mich an die erste Zusammenkunft, die im Rapportsaal des Sicherheitsbüros stattfand. Da spürte man noch sehr wenig Willen zur Gemeinsamkeit. Das war und wird wahrscheinlich immer ein wenig die Tendenz von Polizeiabteilungen sein, dass man eher allein ermitteln will als gemeinsam. Der individuelle Jagdinstinkt liegt einem guten Kriminalisten mehr am Herzen als das Miteinander. So ergab sich auch für mich damals bei dem ersten Treffen der Kriminalisten aus den verschiedenen Bundesländern der Eindruck, dass hier viele Individualisten wie Raubtiere in einem Käfig zwangsweise vereint wurden. Dementsprechend verunglückte auch der Start.

Das Landesgericht für Strafsachen Wien hielt unsere Erkenntnisse und Verdachtsgründe gegen Jack Unterweger für eine »zu dünne Suppe«. Anders reagierte der Untersuchungsrichter Wladkowski in

Graz, er stellte einen internationalen Haftbefehl gegen Jack Unterweger aus. Die Grazer Kollegen, gestärkt durch das Landesgericht Graz, preschten vor, nicht nur mit ihren Ermittlungen, sondern auch medial und stellten die anderen Mitglieder der Sonderkommission kurzfristig in den Schatten. Aber diese Disharmonie konnte dank der Persönlichkeit des legendären Gruppeninspektors Windisch aus Niederösterreich überwunden werden. Windisch war eine weit über die Grenzen der Kriminalabteilung Niederösterreich anerkannte kriminalistische Persönlichkeit, sodass es ihm aufgrund seiner Autorität gelang, die unterschiedlichen Lager zu einen und zu einer guten Kooperation zu bewegen.

Da nunmehr die Zusammenarbeit in der Sonderkommission funktionierte und der Grazer Untersuchungsrichter die formelle Leitung gemeinsam mit Geiger innehatte, konnte mithilfe der eingeleiteten Interpolkorrespondenz tatsächlich der Aufenthalt Jack Unterwegers und seiner Freundin Bianca in Miami, Florida festgestellt werden. Die dortige Polizei nahm ihn fest. Nun schlug die Stunde für Thomas Müller: In den USA hatte das Federal Bureau of Investigation etwa Mitte der Siebzigerjahre eine eigene Disziplin entwickelt, die sich mit dem Verhalten von Serienmördern beschäftigte, das bereits kurz angesprochene »Profiling«. Thomas Müller nutzte die Gunst der Stunde, beschäftigte sich intensiv mit dem Profiling, erhielt in der FBI-Akademie eine dementsprechende Ausbildung und half uns, gemeinsam mit den sehr erfahrenen amerikanischen Profilern Jack Unterweger anhand dieser neuen Technik sozusagen »wissenschaftlich gesichert« zur Strecke zu bringen.

Jack Unterweger wurde nach Österreich ausgeliefert. Das war nicht selbstverständlich, da er ja als Mörder dreier amerikanischer Prostituierter in Frage kam und es zunächst fraglich war, ob die Amerikaner auf ihren Strafanspruch verzichten würden.

In einem spektakulären Schwurgerichtsverfahren, das am Landesgericht für Strafsachen Graz durchgeführt wurde, wandte man viele neue, in Österreich noch nicht erprobte wissenschaftliche Erkenntnisse an: die Prozessbegleitung durch den Psychologen Thomas Müller, die gemeinsame Strategie von Exekutive und Staatsanwaltschaft, die »Amerikanisierung« im Kampf zwischen Anklage und Verteidigung. Wichtig war auch eine neue Qualität des Sachbeweises. Es konnten DNA-Beweise erbracht werden, die Jack Unterweger schwer belasteten. Eine entschei-

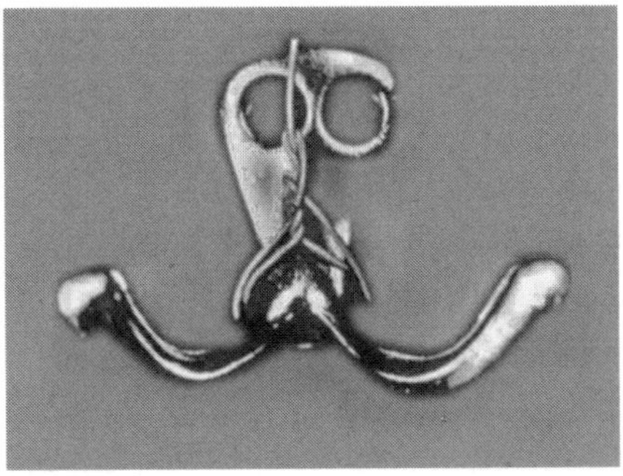 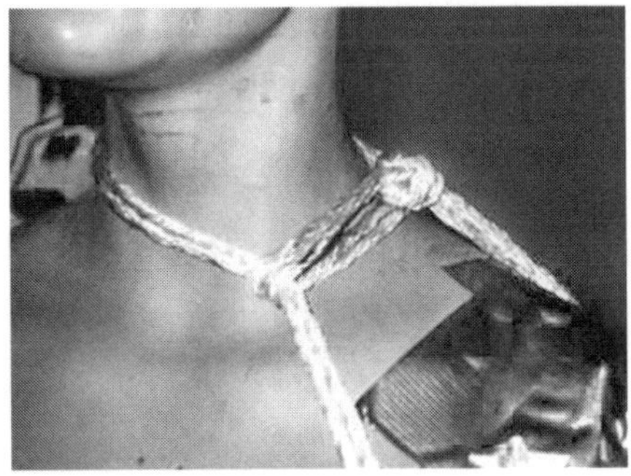

*Das Bild zeigt die typische Knotentechnik, die Jack Unterweger bei seinen Opfern und bei sich selbst angewandt hat. Der Knoten kann als »spätes Geständnis« seiner Taten betrachtet werden.*

dende Zeugin war eine Knotensachverständige aus den Vereinigten Staaten, die Unterwegers »Handschrift« bei den Strangulierungen der Opfer eindeutig und für die Geschworenen verständlich nachweisen konnte. Schließlich gab es auch die Aussagen der FBI-Agenten, die mit ihrem Fachwissen des Profilings Jack Unterwegers Täterschaft deutlich und klar erkennen ließen.

Jack Unterweger beteuerte seine Unschuld, aber keiner glaubte ihm. Er wurde erneut, nicht rechtskräftig, zu lebenslanger Haft verurteilt. Jack Unterweger hat sich in der Nacht nach der Urteilsfällung in seiner Zelle mit eben dem für ihn typischen Knoten erhängt, den er bei seinen Opfern immer geknüpft hatte. Dieses späte indirekte Geständnis bestätigte die Aussage der amerikanischen Wissenschaftlerin, die ihn damit schon im Prozess belastet hatte.

Für Thomas Müller war dieser Fall der Start zu einer tollen Karriere. Mit Jack Unterweger begann es, dann setzte sich sein Gipfelsturm mit der Causa Fuchs, dem Briefbombentäter, der Österreich lange verunsicherte, fort. Er wurde zu einer international renommierten Persönlichkeit. Was ihm nicht dauerhaft gelang, war die Anerkennung durch das Innenministerium, aber das passierte auch anderen guten Kriminalisten.

## *Erpresserische Entführung in Kärnten: Der Fall Ragger/Flick (1991)*

In den Morgenstunden des 19. Dezember 1991 begann in Kärnten in Bad St. Leonhard im Bezirk Völkermarkt einer der spektakulärsten Kriminalfälle, der einige Bundesländer in Österreich und vor allem das Innenministerium, Gendarmerie und Polizei in Atem halten sollte.

Der Name Flick ist sowohl in Deutschland als auch in Österreich, besonders in Kärnten und Wien, sehr bekannt. Landauf, landab ist der Reichtum des Mannes Gesprächsthema gewesen. Diese Tatsache dürfte die Motivation zweier österreichischer Täter gewesen sein, Günther Ragger, den Schwager des deutschen Milliardärs Friedrich Karl Flick, zu entführen.

Es begann damit, dass Günther Ragger wie gewohnt mit seinem Firmenfahrzeug am 19. Dezember 1991 in den Morgenstunden zu seinem Arbeitsplatz unterwegs war. In der Nähe seines Wohnortes schlugen die beiden Täter Alexander E. und Gerhard M. zu: Sie entführten ihn. Raggers Fahrzeug wurde in seinem Wohnort aufgefunden. Noch in den Vormittagsstunden desselben Tages setzten sich die Entführer sowohl mit der Familie Flick in Deutschland als auch mit der damaligen Lebensgefährtin von Günther Ragger in Verbindung und forderten eine Lösegeldsumme in der Höhe von zehn Millionen Deutschen Mark, was heute dem Wert von etwa 5,2 Millionen Euro entspricht. Eine so hohe Lösegeldsumme war bis dahin in Österreich noch nie von kriminellen Organisationen gefordert worden.

Die Verfolgungsjagd begann. In solchen Fällen liegt das Gesetz des Handelns zunächst immer bei den Tätern. Die Exekutive kann nur warten und sich nach den Anweisungen der Täter richten. Insofern kann sich die Polizei auf eine Entführung nur bedingt vorbereiten. Es gibt Pläne, Krisenstäbe, bestimmte Vorbereitungsschritte, um die Phase des Chaos so kurz wie möglich zu halten, aber grundsätzlich muss man bei Entführungsfällen nach Lösungen suchen, die weder das Opfer wesentlich gefährden noch die Täter nervös werden lassen. Eine Überreaktion der Täter hätte immer einen tragischen Einfluss auf das Leben der entführten Person(en).

So war es auch in diesem Fall. Am 20. Dezember 1991 wurde gegen 13.55 Uhr vom Journaldienst der Generaldirektion für öffentliche

Sicherheit bekannt gegeben, dass sich die erpresserische Entführung nach Wien verlagern dürfte. Ursprünglich war von den Tätern eine Entführung nach Deutschland geplant worden. Die Täter befanden sich auf dem Weg von Kärnten nach Salzburg und hatten vorerst die Absicht, nach Bayern weiterzufahren. Dann änderten sie ihren Plan und fuhren stattdessen nach Oberösterreich.

Nun war auch für das Sicherheitsbüro Handlungsbedarf gegeben. Dieser Fall stellte für die neu gegründete Observationseinheit eine erste wirklich schwierige Feuertaufe dar. Innerhalb kürzester Zeit musste diese Spezialeinheit in Bereitschaft sein, um die Verfolgung der bis dahin unbekannten Entführer aufnehmen zu können. Vorteil der neuen Einheit war, dass sie mit modernsten technischen Geräten ausgestattet war und auch die Technik des Observierens professionell gelernt hatte. Es handelte sich bei dieser Einheit um die erste in Österreich, die über solches Können und solche Technik verfügte.

Tatsächlich kamen die Täter mit dem Entführungsopfer nach Wien. Am Westbahnhof erfolgte die Lösegeldübergabe. Das Geld, kleine Scheine, wurde in zwei Tennistaschen transportiert. Nach einer längeren Verfolgung vom Westbahnhof durch die Innere Stadt zum Südbahnhof konnte am 21. Dezember 1991 gegen 1 Uhr nachts in Meidling der Zugriff erfolgen. Nach der Befreiung von Günther Ragger konnten zwei der Täter in Wien festgenommen werden. Über diese beiden Täter war es möglich, die Köpfe der Entführung Alexander E. und Gerhard M. aufzuspüren. Ragger war in einem Lieferwagen gefangen gehalten worden. Der Lieferwagen fungierte als rollendes Gefängnis, mit dem die Täter bis nach Wien unterwegs waren. Gerhard M. wurde zu zwölf Jahren, die beiden Mittäter zu zehn Jahren Haft verurteilt. Tatmotiv war die versuchte Sanierung einer Millionenpleite.

Nach der Sicherstellung der zehn Millionen Deutschen Mark war ich im Journaldienst, wo ich den Nachtdienst versah und das Geld in einem Tresor verwahrt wurde, kurzfristig der wahrscheinlich »reichste Polizist« Österreichs.

## *Inspektor Riepl wird getötet und Oberst Maringer angeschossen: Das Geiseldrama Sedlacek (1993)*

Der 14. Juni 1993 war ein sonniger Tag. Es hätte ein schöner Tag werden können, der baldige Schulschluss kündigte sich an und das Wetter war sehr angenehm. Gegen 11.45 Uhr änderte sich das Szenario für die Menschen in Wien, Döbling schlagartig. Ein mit einem Revolver bewaffneter, maskierter Mann betrat die Filiale der Bank Austria in der Gatterburggasse und bedrohte die Bankangestellten. Einem der Angestellten versetzte der Täter einen Fußtritt gegen den Brustkorb und bediente sich anschließend selbst an der Kasse. Er erbeutete eine relativ hohe Summe: 670 000 Schilling. Da aber bei der Beute ein Alarmpaket dabei war, wurde das Geld zum Großteil vernichtet. Dem Täter blieb nichts anderes übrig, als den verfärbten Teil der Beute wegzuwerfen. Es blieben ihm noch etwa 100 000 Schilling. Damit flüchtete der Bankräuber zu Fuß zur Döblinger Hauptstraße. Vor dem Kindermodengeschäft »Mary« passierte das Schreckliche: Der Bankräuber wurde von Revierinspektor Riepl, der die Sicherung des Schulweges durchführte, gestellt. Der Bankräuber eröffnete sofort das Feuer und tötete den Polizisten. Danach verschanzte er sich im »Mary« und nahm dort drei Frauen und ein fünfjähriges Mädchen als Geiseln. Einer der Frauen, die gerade die Auslage dekoriert hatte, gelang es anfänglich, sich dort verborgen zu halten. Sie erlitt aber nach einiger Zeit Krämpfe in den Beinen und musste sich dem Täter ergeben. Für die Polizei bedeutete das Geschehen Alarmstufe »Rot«. In den folgenden Stunden entwickelte sich die Geiselnahme zu einem der größten Einsätze der Wiener Polizei. Die Gegend rund um das Geschäft wurde zerniert. Polizeipräsident Günther Bögl übernahm persönlich die Einsatzleitung. Das Sicherheitsbüro hatte formell die Amtshandlung übernommen. Eine zuständige Gruppe, die auf Geisellagen spezialisiert war, wurde von Oberst Friedrich Maringer eingesetzt, ebenso das in solchen Fällen vorgesehene »Verhandlungsteam«.

Die Wiener Polizei ist grundsätzlich auf die Lösung von Geisellagen sehr gut vorbereitet und professionell geschult. In solchen Fällen funktioniert die Zusammenarbeit zwischen den uniformierten Kollegen und dem Kriminaldienst meist ausgezeichnet. Die Uniformierten umstellten den Ort der Geisellage und führten sämtliche Sicherungsmaßnahmen durch. In der Döblinger Hauptstraße sind in der Regel immer viele Menschen unterwegs. Da nach wie vor Schulkinder unterwegs waren, war besondere Vorsicht geboten. Die Passanten, der motorisierte Straßenverkehr und die öffentlichen Verkehrsmittel mussten angehalten werden, da sich die bedrohliche Lage über etliche Stunden erstreckte.

In solchen Situationen ist es unbedingt erforderlich zu wissen, wie es um die Geiseln steht. Eine mit besonderen technischen Mitteln ausgerüstete Spezialeinheit versuchte zu erfahren, was sich im Kindermodengeschäft »Mary« ereignete. Gegenüber dem Tatort der Geisellage wurde das »Vor-Ort-Kommando« eingerichtet. Dort hatten sich der Chef der Alarmabteilung Oberst Walter Gauster und ich einquartiert, um das Geschehen unmittelbar beobachten und die entsprechenden Anordnungen treffen zu können. Als einige Zeit nach dem Beginn des Geiseldramas der Polizeipräsident vor Ort eintraf, wurde ihm ausführlich berichtet und beratschlagt, wie man weiter vorgehen sollte.

Die Verhandlungen mit dem Geiselnehmer gestalteten sich zunächst noch friedlich. Oberst Maringer erreichte einen ersten Erfolg. Der Täter ließ nach einiger Zeit die Mutter und ihre fünfjährige Tochter frei. Die fortdauernden Gespräche mit dem Geiselnehmer ließen bald erkennen, dass es sich bei dem Täter um einen typischen Wiener »Strizzi« handeln musste. Seine Identität konnte aber zunächst nicht geklärt werden. Dramatisch wurde es, als der Täter im Geschäft Radio hören konnte und in den 15-Uhr-Nachrichten erfuhr, dass er den Polizeibeamten getötet hatte. Das verschlechterte die Lage ganz wesentlich, sowohl für die weiteren Verhandlungen als auch für die restlichen Geiseln. Die Gesamtsituation wurde bedrohlicher, da damit zu rechnen war, dass der Geiselnehmer nun keinerlei Rücksicht mehr nehmen und möglicherweise auch eine der verbliebenen Geiseln töten würde. In dieser heiklen Situation forderte der Geiselnehmer ein Fluchtfahrzeug und die Übergabe von einer Million Schilling. Oberst Friedrich Maringer, bei uns »Fritz« genannt, wollte diesen Fall wie gewohnt positiv zu Ende bringen. Alle Geisellagen, in die er involviert war, wurden ohne Verletzte oder Tote erfolgreich beendet. Die jeweiligen Täter konnten immer zur Aufgabe überredet und festgenommen werden. Als Vorstand des Sicherheitsbüros war ich bei verschiedenen Geisellagen vor Ort und habe immer ein höchst professionelles und betont sachliches Einschreiten der Polizei erlebt. Die Grundphilosophie des »Wiener Modells« ist, solche Lagen primär auf Verhandlungsbasis zu lösen. Ein bewaffneter Einsatz wird zwar immer in Betracht gezogen, doch wenn möglich vermieden.

Die Kriminalbeamten des Gewaltreferates bildeten mit wesentlicher Unterstützung des psychologischen Dienstes des Bundesministeriums für Inneres eine Verhandlungsgruppe aus, die die Verhandlungen mit dem Geiselnehmer führte. In solchen Situationen ist es wichtig, dass ein geschulter Verhandlungsführer als Ansprechpartner des Geiselnehmers fungiert. Dadurch gelingt es, etwas Ruhe in die gespannte Lage zu bringen. Man versucht, eine gewisse Vertrautheit zwischen dem Täter und der Polizei aufzubauen. Im Fall dieser Geiselnahme schien sich gegen 18 Uhr eine Wende anzukündigen. Wir nahmen an, dass der Geiselnehmer die Absicht hatte aufzugeben, da er alle Geiseln frei ließ. Oberst Friedrich Maringer, der immer ein Mann der vordersten Front war, begab sich zum Eingang des Kindermodengeschäftes und wollte den Geiselnehmer zur endgültigen Aufgabe und zum Herauskommen bewegen.

Dieses Vorhaben stellte sich als gewaltiger Fehler heraus. Kaum war Maringer bei der Tür, schoss der Täter zweimal auf ihn. Maringer, ein groß gewachsener Mann, hatte das Glück, dass ein Kleiderständer in der Nähe der Eingangstür stand. Er musste sich seitlich drehen und leicht bücken und bewegte sich daher mit der linken Brusttaschenseite voraus in Richtung Täter. Die erste Kugel verfehlte ihn, die zweite Kugel streifte das Handy in seiner Brusttasche, drang dadurch nicht in den Körper ein, sondern verletzte ihn und warf ihn zu Boden. Wir dachten, er sei tot. Nun setzte ein wahrer Feuersturm der Sicherheitswache ein – noch ein getöteter Kollege, das war zu viel. An die tausend Schüsse wurden auf das Geschäft abgegeben, doch der Täter erschoss sich gleichzeitig selbst. Es war der bekannte Wiener Unterweltler Robert S., ein Angehöriger der »Gürtelpartie«, der unbedingt noch einen Polizisten mit in den Hades nehmen wollte.

## *Wieder ein Serienmörder: Die Causa Wolfgang Ott (1995)*

Es war noch nicht allzu lange her, dass der Serienmörder Jack Unterweger in Österreich sein Unwesen getrieben hatte. Was in den Vereinigten Staaten häufig der Fall ist, zählt in Österreich eher zu den Ausnahmen. Im Jahr 1995 versetzte ein zunächst unbekannter Serienmörder Wien und die Steiermark wieder in Furcht und Unruhe. Auch diesmal hatte die Polizei vorerst wenige Anhaltspunkte, und auch diesmal war nicht sofort klar, dass mehrere Gewaltdelikte gegen Frauen miteinander in Zusammenhang standen. Es sollte sich herausstellen, dass der Täter der Polizei bereits 1973 wegen Begehung von Sexualdelikten bekannt geworden und wegen versuchter Nötigung zur Unzucht beziehungsweise wegen Beischlafs in zehn Fällen verurteilt worden war. Damals wurde noch nicht wie heute berücksichtigt, dass gewisse Sexualtäter eine ständige Bedrohung für die Gesellschaft, vor allem für Frauen, darstellen können und dementsprechend isoliert gehören.

Die Fälle, die vor allem in Wien Furcht und Unruhe auslösten, begannen damit, dass am Abend des 30. Mai 1995 die 23-jährige Bankangestellte Sonja S. aus Wien, Simmering spurlos verschwand. Die Eltern, die ihre Tochter nicht wie vereinbart in deren Wohnung angetroffen hatten, erstatteten Abgängigkeitsanzeige. Sie stellten fest, dass auch die Perserkatze »Gizmo«, ein Fernsehgerät und eine Stereoanlage ihrer Tochter unauffindbar waren. Aufgrund der Anzeige wurden von der Kriminalpolizei Nachforschungen eingeleitet. Diese erbrachten aber zunächst keinen Erfolg, da niemand aus dem Bekanntenkreis einen konkreten Hinweis geben konnte. Von der jungen Frau, die als äußerst verlässlich galt, fehlte jede Spur.

Am 10. Juni 1995 um die Mittagszeit verschwand die 19-jährige Studentin Karin M. aus Bisamberg in der Umgebung der Salza. Sie war mit Freunden zur Salza gefahren, um eine Bootsfahrt zu unternehmen. Da Karin M. keine Wassersportlerin war, wollte sie diese Zeit nutzen, um sich dort zu entspannen und zu lesen, solange ihre Freunde mit den Booten unterwegs waren. Es entstand große Betroffenheit, als sie Karin M. nicht am vereinbarten Treffpunkt antrafen. Sie war wie vom Erdboden verschluckt.

Am 13. Juni 1995 parkte Hannelore F. ihren Personenkraftwagen in der Wagemanngasse in Wien, Liesing. Ein unbekannter Mann kam zu ihrem Auto, öffnete die Tür, bedrohte sie und brachte sie gewaltsam in sein Einfamilienhaus in der Hochstraße. Dort zwang er sie unter Schlägen zur Preisgabe ihres Bankomat-Codes und des Losungswortes ihres Sparbuches. Bevor er das Haus verließ, um das Geld abzuheben, vergewaltigte er das Opfer. Der Täter nahm der Frau die Kleidung ab, fesselte sie und sperrte sie ein. Hannelore F. konnte jedoch die Abwesenheit des Täters nützen. Es gelang ihr, sich zu befreien und durch lautes Schreien vom Balkon Passanten auf sich aufmerksam zu machen. Die Personen, die bei einer nahe gelegenen Autobushaltestelle warteten, verständigten die Polizei. Als die Polizei einschritt, konnte nicht nur die entführte Frau gerettet werden, sondern man fand auch die gestohlenen Gegenstände aus der Wohnung von Sonja S. in Simmering.

Als Eigentümer des Hauses konnte Wolfgang Ott ermittelt werden, damals 28 Jahre alt, von Beruf Filmregisseur und Inhaber der Firma Austro-TV. Von ihm fehlte jede Spur. Er hatte die Rettungsaktion der Polizei heimlich beobachtet und war mit seinem Campingbus geflüchtet. Auf seiner Flucht nach Oberösterreich überfiel Wolfgang Ott am 17. Juni 1995 auf einer Forststraße in Steinbach am Attersee die 23-jährige Angestellte Gerda T., knebelte und vergewaltigte sie, sperrte sie in sein Fahrzeug ein und nahm sie bis zur Salza in die Steiermark mit. Die Frau konnte sich durch eine List befreien: Sie gaukelte dem Täter vor, dass er ihr gefalle und sie ihn wieder treffen wolle, vorher aber nach Hause zurückkehren müsse. Ott glaubte ihr. Er ließ sie frei und sie konnte die Gendarmerie verständigen. Kurz darauf konnten die Beamten den Täter auf einem Campingplatz festnehmen. Da die Frau überlebte, war sie im Strafverfahren eine wichtige Zeugin, ebenso wie Hannelore F., die sich aus ihrem Gefängnis in Liesing befreien hatte können.

Am 26. Juni 1995 wurde die Leiche von Sonja S. beim Staubereich des Salza-Enns-Kraftwerks Krippau angeschwemmt. Der Täter hatte ihr einen schweren Brunnenstein an die Beine gebunden, sodass es für sie unmöglich gewesen sein muss, sich schwimmend aus dem Stausee zu retten. Der Stein hat sie vermutlich unmittelbar, nachdem der Täter sie aus seinem Boot in den See geworfen hatte, auf den Grund gezogen. Welche Unmenschlichkeit muss ein Täter an den Tag legen, um sich zu einer solchen Tötungsart zu entschließen! Ich kann mich noch gut an die Obduktion der Sonja S. erinnern, die in der Wiener Gerichtsmedizin durchgeführt wurde. Die junge Frau muss Fürchterliches vor ihrem Tod mitgemacht haben. Noch die Leiche der Frau, die auf dem Obduktionstisch vor uns lag, erzählte von den Qualen, die sie durchlitten hatte.

Im Campingwagen von Wolfgang Ott konnte ein Haar von Karin M. sichergestellt werden. Auch dieser Fall nahm ein trauriges Ende. Karin M. wurde etwa ein Jahr, nachdem sie verschwunden war, tot an den Hängen der Salza aufgefunden. Da die Leiche der jungen Frau schon stark zersetzt war, bedurfte es der fachkundigen Unterstützung ihres Vaters, ein Zahnarzt, den ich vom Tennis spielen in Floridsdorf kannte. Er musste seine eigene Tochter aufgrund seiner medizinischen Kenntnisse identifizieren. Etwas Schlimmeres kann man sich kaum vorstellen. Ich kann mich noch gut an den großen Mann erinnern. Seine sportliche Erscheinung war durch das Erlebte schwer in Mitleidenschaft gezogen worden.

Für die Kriminalbeamten des Sicherheitsbüros war Wolfgang Ott ein äußerst unzugänglicher Täter. Es gab praktisch keine Gesprächsbasis. Er schwieg beharrlich und zeigte sich über seine Taten ungerührt. Reue schien ihm ein Fremdwort zu sein. Der Mann war so verschlossen, dass überhaupt keine Regung zu erkennen war. Sowohl während der Rekonstruktion der Taten als auch während der Verhandlung blieb Wolfgang Ott äußerst wortkarg, bestritt die Taten und trug nichts dazu bei, um zumindest an der Aufklärung dieser schrecklichen Verbrechen mitzuwirken. Ott wurde im Jahr 1997 nach Ausschöpfung des gesamten Rechtszuges vom Obersten Gerichtshof zu lebenslanger Haft verurteilt. Das Urteil der ersten Instanzen wurde somit bestätigt.

Für die Praktiker wie auch für die Wissenschaftler muss ein Mensch unbegreiflich sein, der zu solchen Taten fähig und auch durch Behandlung oder Strafe nicht zu verändern ist. Wolfgang Ott schien ein begabter Regisseur gewesen zu sein, da er für das österreichische Fernsehen einige sehr gute Produktionen geliefert hatte. Es bleibt unverständlich, warum gerade solche Begabungen mit einer solchen Unmenschlichkeit und höchst kriminellen Energie verbunden sein können. Man kann nur froh sein, dass diese Menschen in der Regel aufgrund wissenschaftlicher Gutachten nicht mehr auf die Menschheit losgelassen werden.

*Das Bild zeigt den Auffindungsort der Leiche von Sonja S., den Staubereich des Salza-Enns-Kraftwerks Krippau.*

## *Die georgische Mafia: Der Fall David Sanikidze (1996)*

Mit dem Fall der Berliner Mauer und des Eisernen Vorhanges erlebte Mitteleuropa nicht nur den Siegeszug der Freiheit und die Wiedervereinigung Deutschlands sowie des europäischen Raumes, der nach dem Zweiten Weltkrieg willkürlich in den Osten und den Westen geteilt worden war, sondern leider auch einen enormen Anstieg der Kriminalität.

Zunächst wirkte sich nur das enorme Gefälle zwischen Armut und Reichtum aus. Nach der Liberalisierung der Reisefreiheit durch die Ungarn im Jahr 1988 und nach den Ereignissen des Jahres 1989 überflutete eine erste Welle der Kriminalität Österreich, Deutschland, die Schweiz und das westliche Europa. In Österreich explodierte die Zahl der Delikte von etwa 370 000 auf über 504 000. Die österreichische Polizei war diesem Ansturm an Straftaten zunächst nicht gewachsen. Weder die Ausstattung mit Gerätschaften und Fahrzeugen noch die personellen Kapazitäten reichten aus, um dieser Flut Herr zu werden. Die Polizei reagierte auf diese Entwicklung zu »energisch«: Man versuchte, die Kriminalität mit übergroßer Härte unter Kontrolle zu bekommen, was Vorwürfe wegen Polizeigewalt und tätlicher Übergriffe, Berichte von Amnesty International und mehrmalige Besuche des Europäischen Anti-Folter-Komitees zur Folge hatte. Erst unter Innenminister Franz Löschnak wurde die Exekutive, damals noch Polizei und Gendarmerie, modernisiert und großzügig ausgestattet. Der Weg vom Personenbeweis zum Sachbeweis durch die Einführung eines automatisierten Fingerabdruckerkennungssystems und durch die Einrichtung von Tatortgruppen und Observationsgruppen bedeutete eine echte Steigerung der Arbeitsqualität. Der Höhepunkt der ersten Kriminalitätswelle war 1992 erreicht, aber durch die nun möglichen Maßnahmen konnte ihr Ausmaß entscheidend reduziert werden.

In den Jahren 1995 bis 1997 kam eine zweite Welle der Kriminalität auf Österreich zu, die in ihren Dimensionen zunächst noch nicht abzuschätzen war. Verschiedene osteuropäische Gruppierungen, die dem organisierten Verbrechen zuzuordnen waren, versuchten in Österreich und anderen westeuropäischen Ländern Fuß zu fassen. Von offiziellen Vertretern der Polizei wurde die Existenz organisierter Kriminalität (OK) lange Zeit bestritten, so etwa bei der Frage, ob es eine »Wiener Unterwelt« gebe. In den Siebzigerjahren setzte eine lange andauernde Diskussion darüber ein, was die Kennzeichen organisierter Kriminalität seien. Der Anstoß zur Auseinandersetzung mit diesem Phänomen kam von den Vereinigten Staaten, wo das organisierte Verbrechen zeitgleich mit dem Alkoholverbot in der Zeit der Prohibition entstand. In den Zwanziger- und Dreißigerjahren entwickelte sich die amerikanische Mafia schneller als die italienische Mafia, von der sie abstammt. Anhand spezieller Gesetzgebungsschritte, vor allem dem sogenannten »RICO-Akt« entwickelte das Federal Bureau of Investigation eine Definition des organisierten Verbrechens in den USA.

Bis in die späten Siebzigerjahre wurde die Existenz organisierter Kriminalität von offizieller Seite in nahezu ganz Europa bestritten. In Italien war das Phänomen natürlich aktuell. Die italienische Mafia war auch im übrigen Europa bekannt, aber kaum zu spüren. Aber auch in Mitteleuropa gab es organisierte Kriminalität mit Sicherheit lange, bevor sie ein Thema wurde. Es gab zwar Berichte aus den Vereinigten Staaten über Al Capone, die amerikanische Mafia und die Brutalität der italienischen Mafia, aber daraus wurden keine Rückschlüsse auf die mitteleuropäischen Verhältnisse gezogen.

In den letzten vierzig Jahren hatte sich die Kriminalität in Europa mindestens verdoppelt. Es fällt schwer, Kriminalität innerhalb Europas exakt zu vergleichen, weil es Unterschiede in den gesetzlichen Definitionen und in den Statistiken gibt. Aber nicht nur die Quantität der Kriminalität erregte die Besorgnis der Bürger und der Sicherheitskräfte, sondern vor allem die neue Struktur, die neue Qualität der Kriminalität. Umberto Santino beschrieb dies so: »Organisierte Kriminalität wirkt wie Krebs: Man kann sie nicht offen sehen und spüren, aber die Gefahr wächst und kann die gesamte Gesellschaft gefährden. Diese Gefahr wächst langsam, aber beständig; wenn man endlich die Symptome erkennt, ist es meist zu spät, zu reagieren. Die Bekämpfung der organisierten Kriminalität ist daher extrem schwierig und manchmal meint man, dass der Kampf dagegen hoffnungslos erscheint. Es ist, als ob man gegen einen Tornado oder gegen eine große Flut ankämpfen muss.«

Zu Beginn des Jahres 1990 stellte die »Gemeinsame Arbeitsgruppe Justiz/Polizei zur Strafverfolgung organisierter Kriminalität« eine Neuinterpretation der OK vor, die wie folgt lautet: »Organisierte Kriminalität ist die von Gewinn- oder Machtstreben getragene planmäßige Begehung von Straftaten, die einzeln oder in ihrer Gesamtheit von erheblicher Bedeutung sind, sofern sie von mehr als zwei Beteiligten verübt werden, die hiezu auf längere Zeit oder unbestimmte Dauer arbeitsteilig

- unter Verwendung gewerblicher oder geschäftsähnlicher Strukturen
- unter Anwendung von Gewalt oder anderer zur Einschüchterung geeigneter Mittel oder
- unter Einflussnahme auf Politik, öffentliche Verwaltung, Justiz oder Wirtschaft

zusammenwirken.«

Diese Definition deckt nicht alle Bereiche der organisierten Kriminalität ab. In der Praxis kommen hauptsächlich Verflechtungen von Intensivtätern vor, auf die diese Definition nur teilweise passt. Die Probleme bei der Bekämpfung der organisierten Kriminalität sind in Österreich im Wesentlichen dieselben wie in der Bundesrepublik Deutschland, daher wird von den Kriminalisten in Österreich die in der BRD gebräuchliche Definition der organisierten Kriminalität verwendet. Die Arbeitsgruppe Justiz/Polizei in Deutschland hat folgende Kriterien der organisierten Kriminalität erarbeitet:

Tatplanung/Tatvorbereitung:
- ✦ Präzise Planung
- ✦ Arbeit auf Bestellung
- ✦ Hohe Investitionen

Beuteverwertung:
- ✦ Hohe Profitorientierung
- ✦ Rückfluss in den legalen Wirtschaftskreislauf
- ✦ Maßnahmen zur »Geldsäuberung«

Tatzusammenhänge/Täterverbindungen:
- ✦ Überregional
- ✦ National
- ✦ International

Konspiratives Tatverhalten:
- ✦ Gegenobservation
- ✦ Abschottung
- ✦ Decknamen

Gruppenstruktur:
- ✦ Hierarchischer Aufbau
- ✦ Abhängigkeits- und Autoritätsverhältnis zwischen mehreren Tatverdächtigen
- ✦ Internes Sanktionssystem

Hilfe für Gruppenmitglieder:
- ✦ Fluchtunterstützung
- ✦ Zurverfügungstellung von Rechtsanwälten
- ✦ Bedrohung und Einschüchterung von Prozessbeteiligten
- ✦ Unauffindbarkeit von Zeugen
- ✦ Schweigen der Betroffenen
- ✦ Auftreten von Entlastungszeugen
- ✦ Abgestimmte Aussagen von Personen aus dem Milieu
- ✦ Betreuung in der Haft
- ✦ Versorgung der Angehörigen
- ✦ Wiederaufnahme im Milieu nach Haftentlassung

Korrumpierung:

- Herbeiführung von Abhängigkeiten (zum Beispiel durch Sex, Glücksspiel)
- Bestechung
- Korruption

Monopolisierungsbestrebungen:

- Kontrolle über bestimmte Branchen des Nachtlebens
- Aufzwingung von »Schutz« gegen Bezahlung

Öffentlichkeitsarbeit:

- Gesteuerte, tendenziöse oder von einem bestimmten Tatverdacht ablenkende Presseveröffentlichungen zu einem Verfahren

Wie diese Indikatoren zeigten, bestehen in Österreich relevante Strukturen organisierter Kriminalität. Sowohl die sizilianische Mafia, die Camorra als auch russische Gruppierungen haben sich in Österreich festgesetzt. Zwar dient Österreich wohl primär als »Ruhezone«, doch niemand weiß, wie sich dieses Phänomen weiterentwickeln wird. Allein die Tatsache einer allfälligen wirtschaftlichen Verschlechterung könnte die bekannten OK-Strukturen aktivieren. Bisher konnten aufgrund dieser Indikatoren folgende Bereiche der organisierten Kriminalität erkannt werden:

- Menschenhandel
- Drogenhandel
- Umweltkriminalität
- Waffenhandel
- Schutzgelderpressung
- Prostitution und Glücksspiel
- Kraftfahrzeugverschiebungen
- Diebstahl und Hehlerei mit Kunstgegenständen
- Organisierter Trickdiebstahl
- Internationaler Finanzbetrug und Wirtschaftskriminalität
- Geldwäsche
- Korruption und Bestechung

Mithilfe dieser theoretischen Ausführungen lässt sich besser verstehen, was in Österreich passierte, vor allem nach der Öffnung der Ostgrenzen. Im Folgenden werde ich einen Fall schildern, der ein typisches Beispiel für die neue Qualität der Kriminalität ist.

Am Abend des 11. Juli 1996 besuchte ich mit meiner Gattin eine Vernissage im Künstlerhaus. Es war kein warmer Sommerabend, sondern eher kühl. Wir entschieden uns, anschließend nicht mehr essen zu gehen, sondern nach Hause zu fahren. Dort angekommen dauerte es nicht lange, bis der Journaldienst des Sicherheitsbüros anrief und mitteilte, dass ein Mord in der Annagasse verübt worden sei. Ein noch unbekannter Mann sei erschossen, seine Begleiterin schwer verletzt worden. Ich war zu dieser Zeit Vorstand des Sicherheitsbüros, also setzte ich mich wieder in mein Fahrzeug und fuhr zum Tatort.

Es war gegen 22 Uhr, als ich in der Annagasse eintraf. Der Tatort war noch unverändert. Gegen 21.15 Uhr war ein Mann in der Annagasse durch zwei Schüsse getötet, seine Begleiterin durch einen Schuss ins Gesäß schwer verletzt worden. Der Tatort befand sich in der Nähe der Pizzeria, in der meine Frau und ich ursprünglich essen gehen wollten. Die Ermittlungen ergaben, dass es sich bei dem getöteten Opfer um den Georgier David Sanikidze handelte, ein etwa fünfzigjähriger Mann, schlank, gepflegt gekleidet. Er war offensichtlich durch einen Kopfschuss getötet worden, ein zweiter Schuss hatte ihn ebenso wie seine Begleiterin in das Gesäß getroffen. Seine Begleiterin war die zehn Jahre jüngere Manana P.

Man stellte fest, dass es sich bei David Sanikidze um den Direktor einer georgischen Fluglinie handelte. Gemeinsam mit seiner Verlobten, der Ärztin Manana P., hatte er am Abend ein Lokal in der Nähe des Stephansplatzes besucht und war anschließend die Annagasse in Richtung Seilerstätte entlanggegangen. Auf der Höhe von Hausnummer 9 trat einer von zwei Tätern auf David Sanikidze zu, nahm aus einem Plastiksack eine Pistole und schoss dem Opfer aus nächster Nähe in den Kopf. Das Projektil trat am linken Hinterkopf ein und an der rechten Stirn aus. Der Täter feuerte einen zweiten Schuss ab, welcher Sanikidze im Gesäß traf. Sanikidze wurde so schwer verletzt, dass er noch am Tatort verstarb. Derselbe Täter schoss auch auf Manana P., die einen Beckendurchschuss, jedoch keine lebensgefährlichen Verletzungen erlitt und durch eine Operation im Allgemeinen Krankenhaus versorgt wurde. Nur wenige Meter neben der Leiche konnten die Tatwaffe, eine Pistole der Marke Astra, Kaliber 7.65 Millimeter Modell Falcon mit Schalldämpfer und Laserzielgerät, sowie vier Hülsen desselben Kalibers sichergestellt werden. Der zweite Täter begab sich nach der Tat zu Hausnummer 2 und deponierte beim Hintereingang der »Casinos Austria« eine Tasche. Danach begab er sich in die Kärntner Straße, was durch die dort montierte Videoüberwachungskamera festgehalten werden konnte. In der Tasche konnte eine Maschinenpistole Marke CZ 91 Sp, Skorpio, Kaliber 7.65 Millimeter samt einem Reservemagazin, eine Wollhaube und ein Handschuh vorgefunden werden. Der Handschuh passte eindeutig zu einem zweiten, der am Tatort gefunden wurde.

Aufgrund der Videoüberwachung konnten beide Täter als etwa 20 bis 25-jährige Männer, sehr groß, schlank und mit Sportschuhen beschrieben werden. Die Tat wurde von den Kriminalisten als sehr professionell eingestuft, vor allem da einer der Täter den Mord und die Körperverletzung ausführte, während der andere Täter den ersten offensichtlich mit der Maschinenpistole deckte. Die Art und Weise der Ermordung, die Hinrichtung durch einen Kopfschuss, deutete auf die Mafia hin. Auch die Auswahl des Tatortes und die Tatsache, wie die Tat ausgeführt wurde, deutete darauf hin, dass diese Aktion sorgfältig vorbereitet und geplant worden war. Zeugen hatten die Tat und die Täter beobachtet, konnten aber keine zielführenden Angaben zur Ergreifung der beiden jungen Männer machen. Lediglich die erkennungsdienstliche Untersuchung der Waffen und der anderen weggeworfenen Gegenstände ergaben Spuren, die verwendbar waren.

Da trat unverhofft eine rasche Wende ein. Etwa zwei Wochen später, am 25. Juli hielt die ungarische Polizei in Budapest zwei georgische Staatsbürger an, die sich durch ihr Verhalten verdächtig gemacht hatten. Ein Informant hatte der ungarischen Polizei mitgeteilt, dass die beiden Männer im Hotel »Mariott« in Budapest abgestiegen wären, sich komplett neu eingekleidet und Flugtickets nach St. Petersburg gekauft hätten. Sie verfügten offensichtlich über eine große Menge Geld. Die beiden Männer lebten die Tage zuvor verschwenderisch, besuchten Bars und Nachtlokale und gaben großzügig Geld aus. Die Kollegen der ungarischen Polizei ermittelten, dass die beiden Männer von Wien mit einem Autobus nach Budapest gekommen waren. Bei ihrem Eintreffen in Budapest waren die Männer eher schlecht gekleidet gewesen, also vermutete man, dass die beiden in Wien einen Raubüberfall begangen haben könnten. Die beiden Männer gaben sich gegenüber der ungarischen Polizei als Alexander P. und Raul T., geboren in Tiflis, Georgien aus. Die Übersendung des erkennungsdienstlichen Materials führte in Wien zu einer großen Überraschung: Es handelte sich tatsächlich um die Täter, die die weggeworfenen Waffen beim Mord an David Sanikidze benützt hatten. Man fand einen Handflächenabdruck von Alexander P. an der Innenseite eines Plastiksäckchens, welches am Tatort samt den Waffen vorgefunden worden war. Damit war ein Auslieferungsansuchen an die ungarische Justiz gerechtfertigt. Die beiden Verdächtigen wurden wegen der dichten Verdachtslage im Zusammenhang mit dem Mord an David Sanikidze nach Österreich ausgeliefert.

Nun begann die Arbeit. Mithilfe verschiedener polizeilicher Korrespondenzen konnten die Hintergründe der Tat aufgehellt werden und auch die Rolle des Mordopfers Sanikidze wurde immer klarer. David Sanikidze, der laut eigenen Angaben Kaufmann war, agierte offiziell seit 1992 als gewählter Präsident der georgischen Luftfahrtlinie »Orbi« und wurde im gleichen Jahr auch zum Direktor des Hotels »Metekhi« in Tiflis ernannt. David Sanikidze war in vielen anderen Geschäftszweigen tätig und galt als persönlicher Freund und Berater des damaligen Präsidenten von Georgien Eduard Schewardnadse. Er agierte als Generaldirektor der von der österreichischen Baufirma Marco Polo betriebenen Hotels in Osteuropa.

Es stellte sich aber noch mehr heraus: David Sanikidze spielte eine bedeutende Rolle bei kriminellen Aktivitäten und verschiedenen Finanzbetrügereien. Schon sein Lebensstil deutete darauf hin, dass es sich bei ihm nicht um einen »gewöhnlichen« Geschäftsmann handelte. Obwohl David Sanikidze über eine Wohnung in der Zelinkagasse verfügte, lebte er aus Sicherheitserwägungen im SAS Hotel am Parkring. In der Regel wurde er von Bodyguards begleitet und war nur selten allein unterwegs. Am Tatabend wollte er mit seiner zukünftigen Frau allein sein und hatte daher keinen Personenschutz.

Seine kriminellen Aktivitäten waren beachtlich. Es wurde vermutet, dass er Gelder gewaschen hatte, Oberhaupt der georgischen kriminellen Organisation »Mkherdrioni« gewesen war und enge geschäftliche Verbindungen zu anderen Gruppen der organisierten Kriminalität in Europa und Amerika gepflegt hatte. Der berüchtigte »Dieb im Gesetz« Vecheslav Ivankov, genannt »Japonchic«, fungierte in den USA als Kopf der georgischen Mafia. Da »Japonchic« vom FBI inhaftiert und von einem Gericht in New York zu einer langen Haftstrafe verurteilt worden war, sollte Sanikidze dessen Geschäftsführung in den Vereinigten Staaten übernehmen.

Auslöser für den Mord sollen Uneinigkeiten zwischen den kriminellen Gruppierungen gewesen sein. Als Direktor der »Metekhi«-Hotelgruppe ließ Sanikidze von einer bewaffneten Bande mehrere Menschen umbringen, unter anderem Richard J. im Mai 1996 in Moskau. Sanikidze stand in einer engen geschäftlichen Verbindung zu David Chikaschvili, der an der Unterschlagung von fünfzehn Millionen US-Dollar zum Nachteil georgischer Banken beteiligt gewesen sein soll. Eine Mitteilung der INTERPOL Schweiz beleuchtete diese dubiosen Geschäfte näher. Diese Gelder wurden von den Anlegern wie auch von russischen Gruppierungen zurückgefordert, ohne Erfolg.

Der Sohn des ermordeten Richard J., Akaki J., arbeitete eine Zeit lang mit David Sanikidze zusammen, näherte sich dann aber dem russischen ONIANI-Clan an und galt daher als »Überläufer«. Als er dann auch noch herausfand, dass Sanikidze seinen Vater hatte umbringen lassen, brachte er seinerseits Sanikidze unter dem Namen Alexander P. in Wien um. Sanikidze soll sich wegen der neuen Aufgaben, die auf ihn warteten, nicht mehr um »die Angelegenheit mit den 15 Millionen US-Dollar« gekümmert haben. Er hatte nur noch seine Umsiedlung nach Amerika im Kopf, umso mehr als die Heirat mit seiner Freundin Manana P. bevorstand. Die Differenzen mit dem ONIANI-Clan und dessen Macht hatte er offensichtlich unterschätzt. Es ging also nicht nur um Rache, sondern dieses Verbrechen kann als Fortsetzung eines offenen Krieges zwischen zwei mafiaähnlichen kriminellen Organisationen bewertet werden.

Aufgrund einer Mitteilung französischer Behörden wurde im Ermittlungsverfahren bekannt, dass es Kontakt zwischen dem ONIANI-Clan und Silvio Berlusconi gab. Dem italienischen Staatschef werden Kontakte zu damals kriminellen italienischen Organisationen nachgesagt.

Ein einflussreicher georgischer Staatsbürger, der bei den Vereinten Nationen in Wien Protokollchef war, wies darauf hin, dass es in den ehemaligen GUS-Staaten »billiger« sei, einen Konkurrenten ermorden zu lassen, als ihn mit Anwälten, Gerichtsverfahren oder verleumderischen Presseberichten aus dem Rennen zu werfen. Im Fall des Mordes an David Sanikidze vermutete er finanzielle Motive.

Für die Polizei war dieser Fall eindeutig ein »Vorzeigefall« organisierter Kriminalität. Der Oberste Gerichtshof in Österreich konnte dieser Überzeugung rechtlich nicht folgen und entschied in seinem Erkenntnis vom 20. Juli 2000, dass »lediglich« Mord vorlag. Die Dichte der Hintergrundinformation konnte die Richter nicht überzeugen, dass hier organisierte Kriminalität nach der österreichischen Definition vorlag.

## *Die »Causa Prima« für mehr als acht Jahre: Die Entführung von Natascha Kampusch (1998 bis 2006)*

Jedes Jahr sind viele Menschen abgängig. Bei Kindern und Jugendlichen ist das besonders dann der Fall, wenn sie mit den Eltern, in der Schule und mit ihrem Umfeld massive Konflikte haben, die scheinbar nur noch durch »Weglaufen« gelöst werden können.

Am 2. März 1998 verließ die Schülerin Natascha Kampusch, damals zehn Jahre alt, wie gewohnt die Wohnung ihrer Mutter im Rennbahnweg, Wien Donaustadt, um ihre Schule am Brioschiweg aufzusuchen. Sie musste die Wohnung relativ zeitig verlassen, weil sie in die Förderstunde kommen sollte. Als Natascha nicht nach Hause zurückkehrte, erstattete die Mutter Abgängigkeitsanzeige am Polizeikommissariat Donaustadt. Es begann zunächst wie ein Routinefall. Ein abgängiges Kind in diesem Alter, das ließ alles offen. Sie hätte zu einer Freundin oder ins Donauzentrum gehen können, was fallweise passierte. Man war bei der Polizei vorsichtig, aber nicht nervös, da jährlich über tausend Kinder nicht immer den raschsten Weg von der Schule nach Hause finden. Als sich am nächsten Tag aber herausstellte, dass das Mädchen auch über Nacht weggeblieben war, änderte sich die Situation für die Polizei schlagartig. Nun war man äußerst besorgt. In der Regel tauchen abgängige Kinder innerhalb von zwölf, oft auch vierundzwanzig Stunden wieder auf. Es kommt auch ab und zu vor, dass Kinder bei Freunden übernachten, ohne dass die Eltern informiert werden. All das war nicht der Fall. Die Abgängigkeit von Natascha Kampusch wurde vom Sicherheitsbüro übernommen und die Gruppe Fleischhacker bestellte die Mutter Brigitta Sirny zur genaueren Befragung in die Berggasse. Ich erinnere mich noch gut, wie die Mutter mit ihrem Schwiegersohn zur Einvernahme erschien. Damals fiel mir auf, dass sie einen für mich sehr »kalten« Eindruck machte. Dieser Eindruck ist mir bis heute allgegenwärtig und sollte sich im Zuge der Ermittlungen auch als teilweise begründet erweisen.

Im Zuge der Erhebungen im Wohnhaus von Natascha, am Schulweg und in der Schule wurde auch die Aussage einer Mitschülerin überprüft, die Natascha auf dem Weg zur Schule noch gesehen haben wollte. Das Mädchen gab bei der polizeilichen Befragung an, dass sie beobachtet habe, wie zwei Männer Natascha in einen Kastenwagen oder Bus »gezerrt« hätten. Tatsächlich dürfte diese Schulkameradin Natascha Kampusch als Letzte gesehen haben. Wir standen dieser Mitteilung zunächst kritisch gegenüber, da Pädagogen uns sagten, diese Mitschülerin sei eine »Plaudertasche« und erzähle gern »Geschichten«. Die Aussage der Mitschülerin stellte sich aber in einem anderen Licht dar, als ein älteres Ehepaar angab, es hätte auf dem Weg nach Gänserndorf in der Nähe von Nataschas Schule einen solchen Bus mit Aufbau in weißer Farbe beobachtet. Jetzt war für die Polizei großer Handlungsbedarf gegeben, die Aussage der Mitschülerin war nun sehr glaubhaft und gewann für die weiteren Nachforschungen wesentliche Bedeutung.

Trotz intensivster Fahndung nach Natascha war von dem Mädchen nichts zu finden. Keine Kleidungsstücke, keine Schultasche, keine Hinweise, dass sie sich irgendwo anders aufgehalten hatte, anstatt in die Schule zu gehen. Sie blieb wie vom Erdboden verschluckt. Eine Entführung, wie sie von der Mitschülerin angedeutet worden war, wurde immer wahrscheinlicher. Der leitende Kriminalbeamte Haimeder, der selbst eine Tochter im Alter von Natascha hatte, versuchte alles Menschenmögliche, um Natascha zu finden. Er war höchst motiviert und schlug sich Tag und Nacht mit Suchmannschaften um die Ohren, um eine Spur des Mädchens aufzunehmen. Tauchtrupps suchten die vielen kleinen Teiche in der Donaustadt und Umgebung ab, jedem Hinweis wurde minutiös nachgegangen, die Medien wurden täglich eingeschaltet, die Bevölkerung um Mithilfe gebeten und Kontakt mit den Eltern gehalten. Man muss den Eltern, vor allem dem Vater Ludwig Koch zugutehalten, dass sie sich sehr um die Auffindung ihrer abgängigen Tochter bemühten.

Im Zuge der Ermittlungen kamen gewisse Ungereimtheiten ans Licht. Bei den Nachforschungen im Wohnhaus und in der Umgebung stellte sich heraus, dass das Verhältnis von Tochter und Mutter sehr gespannt war. Der damalige Freund der Mutter hätte Natascha eher lieblos behandelt und das Mädchen hätte innerhalb eines Jahres über zehn Kilo zugenommen, was man auf Frustrationserlebnisse zurückführte. Die Mutter gewährte einem Journalisten Einsicht in ihre Fotoalben und dieser entdeckte dabei Bilder von Natascha, die einen sexuellen Hintergrund vermuten ließen. Die Gerüchteküche brodelte. Daher schaltete das Sicherheitsbüro den in Österreich bekannten Kinderpsychiater Max Friedrich ein, der ein Gutachten erstellte. In diesem Gutachten wurden die Vermutungen, dass sexuelle Übergriffe stattgefunden hätten, entkräftet. Trotzdem sollten diese Bilder immer wieder von Bedeutung sein.

Bei den Ermittlungen erfuhren die Kriminalbeamten, dass Natascha mit ihrem Vater über die Wochenenden regelmäßig in dessen Haus nach Ungarn gefahren sei. Er hätte sie auch bis spät in die Nacht in Diskotheken mitgenommen. Oft sei es zwischen den Eltern zu Streitigkeiten gekommen, da Natascha nach diesen Wochenenden zu spät zurückgebracht worden sei. Das Verhältnis zwischen den Eltern sei gespannt gewesen. In der Schule erfuhr man, dass Natascha einem Leidensdruck ausgesetzt gewesen sein musste und in ihren Leistungen nachgelassen hätte. Es gab offensichtlich Probleme, die das Mädchen allein nicht bewältigen konnte, weshalb eine Veränderung bei ihr erkennbar gewesen sei. Nachbarn meinten, die Mutter sei zu Natascha sehr streng und kalt gewesen. Das Mädchen hätte nicht die notwendige Liebe empfangen, die in ihrem Alter erforderlich gewesen wäre.

Von Jahr zu Jahr wurde der Fall kurioser. Die Eltern ließen nichts unversucht, um über die Medien an ihr Kind zu kommen. Es fand ein richtiger »Wettstreit« zwischen ihnen statt, der darauf abzielte, wer sich besser in den Medien positionieren konnte, um immer wieder auf das Schicksal der abgängigen Tochter aufmerksam zu machen. Das Ereignis sollte nicht in Vergessenheit geraten.

Als Strasser die Leitung des Innenministeriums übernahm, wandte sich ein ehemaliger Präsidentschaftskandidat, der damalige Bezirksrichter Wabl, an ihn, um seinen Ermittlungstheorien zum Durchbruch zu verhelfen. Der Richter aus der Steiermark war fest davon überzeugt, dass Natascha noch lebte. Später ließ er auch Überlegungen zu, dass sie tot sei, und es wurde an mehreren Stellen gesucht, wo sie seiner Meinung nach vergraben sein könnte. Das Sicherheitsbüro führte die Ermittlungen vom Beginn der Abgängigkeit 1998 bis ins Jahr 2002. Im Frühjahr 2002 wurde der Akt vom Bundeskriminalamt Österreich übernommen. Von diesem Zeitpunkt an führte eine Sonderkommission unter Brigadier Koch aus dem Burgenland die Ermittlungen.

Der Detektiv Pöchhacker setzte seine ganze Energie und Kraft ein, um unabhängig von den Ermittlungsbehörden zu einem Ergebnis in der Causa Natascha Kampusch zu kommen. Er ging von der Annahme aus, dass Natascha nicht mehr lebte und ein Mitglied der Familie in den Fall verwickelt sei. Konkret verdächtigte er die Mutter. Es wurde ein Fonds gegründet, um Fahndungsmaßnahmen zu finanzieren, und wieder wurde eine Grabung durchgeführt. Pöchhacker zerstritt sich mit den Kriminalbeamten des Sicherheitsbüros, da diese seiner Meinung nach nicht genügend gezielt ermittelten. Aufgrund seiner Aktivitäten wurde der Fall dem Sicherheitsbüro entzogen. Das Bundeskriminalamt Österreich übernahm die Fahndung und versuchte, den Fortgang der Ermittlungen zu beschleunigen. Pöchhacker schrieb ein Buch, worin er die »Skandale in dieser Causa« veröffentlichte. Es gab viele Irritationen um die »Causa prima«, wie sie der Universitätsprofessor Max Friedrich in einem Vortrag am Institut für Strafrecht und Kriminologie im Jahr 2007 bezeichnete.

Am 23. August 2006 war die Sensation perfekt: Eine junge Frau flüchtet aus ihrer Gefangenschaft in Strasshof, Niederösterreich zu den Nachbarn und schließlich zur Polizei des Ortes. Die junge Frau erzählt, dass sie mehr als acht Jahre lang gefangen gehalten worden sei und sie die gesuchte Natascha Kampusch sei. Es war einfach nicht zu glauben. Die große Mehrheit der erfahrenen Kriminalisten wähnten Natascha tot. Es war weltweit einmalig, dass jemand so lange verborgen gehalten wurde und sich dann befreien konnte. Der Entführer, Wolfgang Priklopil, 44 Jahre alt, verkraftete diesen Selbstbefreiungsakt nicht. Er warf sich im 20. Bezirk vor einen Zug und nahm die Details der Entführung als sein Geheimnis mit ins Grab. Nahezu alle Medien der Welt berichteten über diese spektakuläre Straftat. Wochen, Monate lang wurde immer wieder ausführlich in dieser Causa berichtet.

Neuen Staub wirbelten die Aussagen des ehemaligen Direktors des Bundeskriminalamtes Österreich auf. Herwig Haidinger teilte der

Öffentlichkeit mit, dass man im Zuge der Evaluierung des Aktes Natascha Kampusch auf Ermittlungspannen gestoßen sei und das Innenministerium die Aufdeckung dieser Pannen verhindert hätte. Diese Nachricht schlug ein wie eine Bombe und bewirkte enorme politische Turbulenzen.

Wie ich überrascht feststellen musste, lag der Polizei schon am 14. April 1998 ein Hinweis eines Diensthundeführers vor, der Priklopil entscheidend belastete. Ich begann zu recherchieren, was damals wirklich passiert war. Ich konnte mich genau an die Überprüfung der über siebenhundert Transportfahrzeuge erinnern. Im Sicherheitsbüro fanden täglich Morgenbesprechungen statt, in denen die wichtigsten Fälle erörtert wurden. Zur engeren Führung gehörten der Vorstand, sein Stellvertreter, der Leiter der Kriminalbeamten und dessen Stellvertreter. Jeden Mittwoch wurde ein sogenannter »großer Rapport« gehalten, an dem möglichst alle zwölf Polizeijuristen und alle acht Offiziere teilnehmen sollten. Bei keiner dieser Besprechungen wurde der Hinweis des Kollegen der Diensthundeabteilung erörtert. Ich vergewisserte mich durch Rücksprache mit meinen früheren Kollegen und es stellte sich heraus, dass wir von der Führungsebene tatsächlich nicht über die Meldung des Diensthundeführers informiert worden waren. Die Überprüfung von Priklopil erfolgte am 4. April 1998, die Meldung des Hundeführers traf am 14. April 1998 ein. Sie wurde durch den Kriminalbeamten, der den Anruf entgegennahm, falsch bewertet. Täglich gingen zehn bis zwanzig namentliche Hinweise ein, und da Priklopil bereits im Zuge der Fahrzeugüberprüfungen von Kriminalbeamten des Sicherheitsbüros befragt worden war, wurde dieser Hinweis nicht weitergeleitet. Aus heutiger Sicht war das freilich ein schwerer Fehler. Die Gefangenschaft hätte wesentlich verkürzt werden können, wenn man auf den entscheidenden Hinweis seitens der Polizei richtig reagiert hätte.

Doch bei diesem Fehler ist es nicht geblieben. Gut, der Hinweis kam zunächst in das Sicherheitsbüro, erster Ansprechpartner waren also wir und wir haben falsch reagiert. Aber die Sonderkommission hatte von 2002 bis 2006, also bevor sich Natascha Kampusch selbst befreite, ausreichend Gelegenheit, dem Hinweis des Diensthundeführers nachzugehen. Mir ist unverständlich, warum vom Bundesministerium für Inneres, vom Bundeskriminalamt Österreich und von der Sonderkommission »Natascha Kampusch« nicht in einem sogenannten »Cold Case

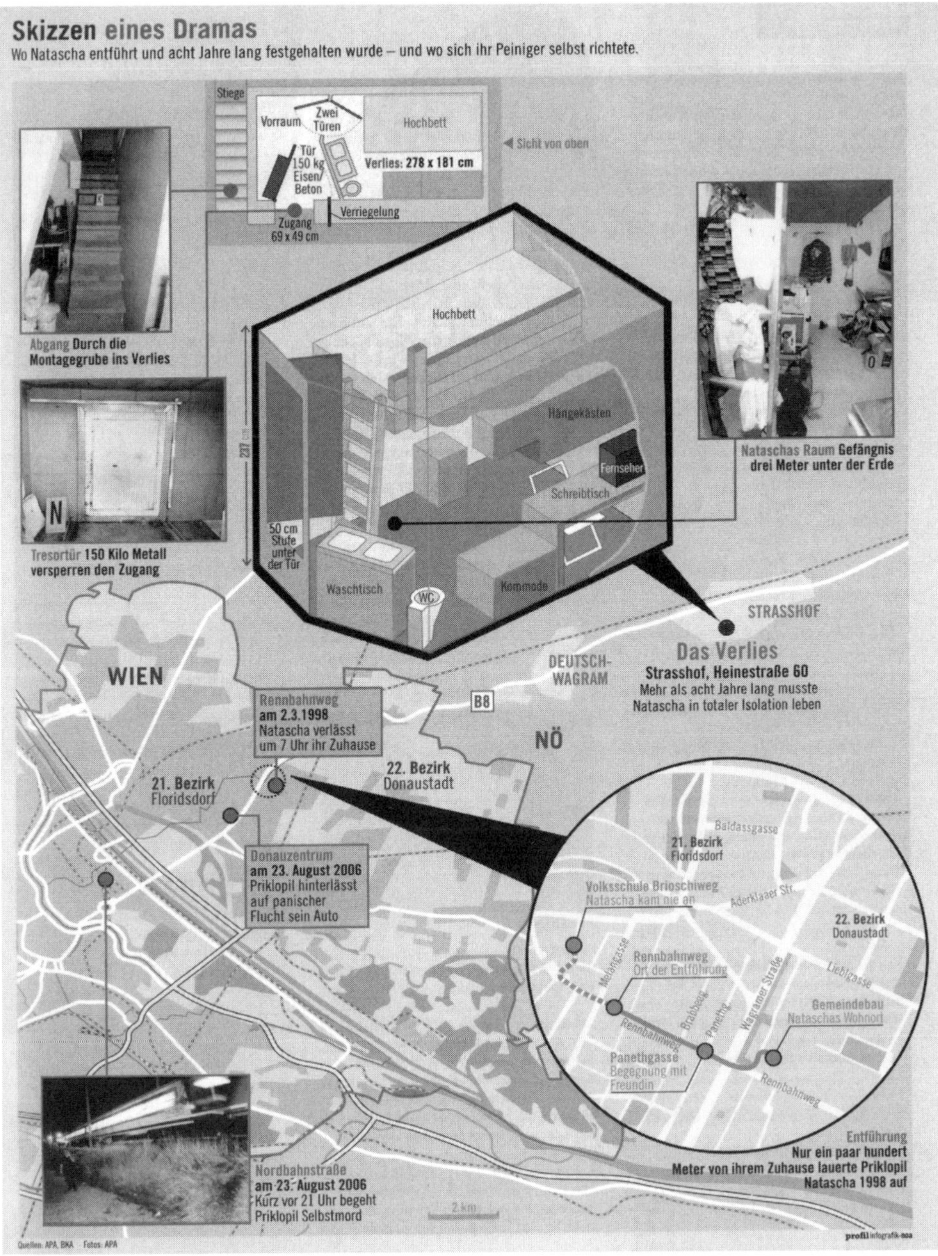


*Diese Skizze aus dem »profil« vom 28. August 2006 entspricht dem sogenannten »Crime Mapping« und zeigt Auffälligkeiten hinsichtlich Tatort, Entführungsort, Wohnort und Abschluss der Causa Natascha Kampusch.*

BUNDESPOLIZEIDIREKTION WIEN
Sicherheitsbüro
1090 Wien, Roßauer Lände 5 — Wien, am 6.4.1998
Zahl: II-2641/SB/98
Referent: OR DR SCHERZ

Betreff: Priorenbericht sowie Alibiüberprüfung des PRIKLOPIL Wolfgang im Zuge der Abgängigkeit von Natascha Kampusch

B e r i c h t

Auf Grund der Faxnachricht des Gend.-Posten Deutsch Wagram, Kollegen Rosenbusch, vom 4.4.1998 wurden umfangreiche Erhebungen durchgeführt.

In dieser Telefaxnachricht wurde der Zulassungsbesitzer fälschlicher Weise als RIKUPIK angeführt. Bei dem Zulassungsbesitzer des Mercedes 100D, weiß lackiert mit dem behördlichen Unterscheidungskennzeichen **W-814 NO** handelt es sich um

**P R I K L O P I L Wolfgang, derzeit o.B., 14.5.1962 geb.,**

Priklopil Wolfgang ist in Wien 22., Ruglerstraße 30/7/6 seit 24.4.1997 amtlich gemeldet und handelt sich bei dieser Adresse zugleich um die Zulassungsadresse des oa. Mercedes.

Gefertigte begaben sich am heutigen Tage nach 2231 Straßhof, Heinestraße 60. Bei dieser Adresse handelt es sich laut ZMA um die Zuzugsadresse des P. und zugleich wurde an dieser Adresse, wie aus der Faxnachricht zu entnehmen, der Mercedes abgestellt wahrgenommen.

In der Heinestraße 60 konnte Priklopil angetroffen werden. Der Mercedes war noch vor der genannten Örtlichkeit abgestellt.

*Der im Internet vom »Grünen Klub« veröffentlichte Priorenbericht bezüglich der Überprüfung von Wolfgang Priklopil vom 6. April 1998.*

Priklopil wurde der Grund der Überprüfung mitgeteilt und gab er an, daß er, als er in den Medien hörte, daß ein weißer Kastenwagen mit der Abgängigkeit der Kampusch in Zusammenhang gebracht wird, daß er bereits mit einer Überprüfung gerechnet hat.

Er gab an, am 2.3.1998 , den ganzen Tag über zu Hause gewesen zu sein. Er war alleine und kann er daher kein bestätigtes Alibi anbieten. Von Priklopil wurde der Mercedes aufgesperrt und wird dieses Fahrzeug von ihm als "Baufahrzeug" verwendet. In besagtem Fahrzeug konnten zwei Plastiksäcke mit Bauschutt vorgefunden werden. Sonst waren in dem Fahrzeug keinerlei Gegenstände welche mit der Abgängigkeit der Natascha Kampusch in irgendeiner Form in Verbindung gebracht werden könnten.

Priklopil erlaubte auch, daß einige Polaroidfotos von seinem Fahrzeug angefertigt werden, da er mit der Abgängigkeit der Natascha K. sicher nichts zu tun hat.

SCHÖNHACKER HÖSCH

KrB

Management« dem Hinweis des Diensthundeführers nachgegangen wurde. Dazu hätte es keiner Weisung eines Bundesministers bedurft. Bei großen Verfahren mit umfangreichen Ermittlungen gerät man immer wieder in die Gefahr, über einen Täter zu »stolpern« oder falsche Schlüsse zu ziehen. Daher ist die Methode des »Cold Case Managements« sinnvoll, nochmals alle Schritte nachzuprüfen und Schwächen zu analysieren.

Interessant ist auch das Verfahren, das der pensionierte Richter Martin Wabl anstrebt. Ihm zufolge gibt es Verdachtsmomente, dass eine Bekanntschaft zwischen Brigitta Sirny, der Mutter von Natascha Kampusch, und Wolfgang Priklopil bestanden hätte, bevor Natascha Kampusch entführt wurde. Sollte sich dieser Verdacht bewahrheiten, dann ließe das den Fall in einem ganz anderen Licht erscheinen. Laut einem

Bundespolizeidirektion Wien
Sicherheitsbüro
A-1090 Wien, Roßauer Lände 5
Tel: 31346/36130 DW

**Zahl:** II-2641/SB/98; Wien, am 14. April 1998

**Betreff:** Fahndung nach weißem Bus/Kastenwagen mit dunklen Scheiben im Bezirk GÄNSERNDORF/NÖ;
HIER: Hinweis;

# Bericht

Am 14.04.1998, um 14:45 Uhr, ruft ha. eine unbekannte männliche Person an und teilt folgenden Sachverhalt mit:

Betreffend der Fahndung nach dem weißen Kastenwagen mit dunklen Scheiben im bezirk Gänserndorf in Bezug zur Abgängigkeit der KAMPUSCH Natascha gibt es in Strasshof/Nordbahn eine Person, welche mit dem verschwinden in Zusammenhang stehen könnte und auch in besitz eines weißen kastenwagens Marke Mercedes mit abgedunkelten Scheiben ist. Dieser Mann sei ein sogenannter "Eigenbrötler", welcher mit seiner Umwelt extreme Schwierigkeiten habe und Kontaktprobleme habe. Er soll gemeinsam mit seiner Mutter in Straßhof/Nordbahn, Heinestraße 60 (Einfamilienhaus) wohnen, welches jedoch elektronisch voll abgesichert sei. Auch soll der Mann eventuell Waffen zu Hause haben. Vor dem Areal Heinestraße 60 sei ögfters sein weißer kastenwagen, Marke Mercedes, Kennzeichen unbekannt, mit seitlich und hinten total abgedunkelten Scheiben stehen. Dieser Mann sei früher bei der Fa. SIEMENS als Nachrichtenelektroniker beschäftigt gewesen und könnte dies auch jetzt noch sein. Eventuell lebt der Mann mit seiner betagten Mutter in diesem haus und soll er einen hang zu "Kindern" in Bezug auf seine Sexualität haben, ob er diesbezüglich bereits vorbestraft ist, ist unbekannt.

Der Namen des Mannes ist dem Anrufer unbekannt, ist er ihm nur aus der Nachbarschaft bekannt.

*Der im Internet vom »Grünen Klub« veröffentlichte Bericht über den Anruf des Diensthundeführers im Sicherheitsbüro vom 14. April 1998.*

Bericht in der Tageszeitung »Österreich« vom 17. Februar 2008 hat die »Kronzeugin« Anneliese Glaser behauptet: »Sirny hat etwas mit Nataschas Entführung zu tun.« Ein Prozess zu diesem Thema soll im Mai 2008 in der Steiermark stattfinden. Auf das Ergebnis kann man gespannt sein. Entscheidend wird sicher auch sein, was Natascha Kampusch selbst zu dieser Theorie aussagen wird.

Natascha Kampusch kommt bis zum heutigen Tag kaum zur Ruhe, weil ein ungeheures Interesse an den Einzelheiten besteht. Ein Betreuerteam kümmert sich um sie und hilft ihr dabei, ihr Trauma zu überwinden und ihr neues Leben zu meistern. Mehrere Bücher wurden inzwischen zu ihrer Geschichte geschrieben und dennoch bleiben viele Fragen offen. Ob die Wahrheit ans Licht kommt, wird die Zeit zeigen.

## *Bankraub hat immer Saison: Die Fälle »Pump Gun Ronny« und »Baby Face« (1988, 1998)*

Mir ist bis heute nicht wirklich klar, warum der Bankraub auf Täter eine so unbeschreibliche Faszination ausübt. Seit 1976 erleben wir in Österreich verschiedene Wellen von Bankraubüberfällen, die kaum vergleichbar mit denen im europäischen Ausland sind. In Wien wurde zum Beispiel der »größte Bankräuber Europas« Del Monaco aus Italien festgenommen.

Bei den Tätern hat es die Polizei vielfach mit internationalen Tätern zu tun, zum Beispiel aus Italien, den östlichen Nachbarländern, einmal sogar aus Estland. Doch gibt es immer wieder faszinierende österreichische Bankräuber, die sich als Wiederholungstäter einen beachtlichen Ruf erwerben. Die MP-Bande, Baby Face, Pump Gun Ronny oder die Schabl-Brüder haben Wien und die anderen Bundesländer unsicher gemacht, Angst und Schrecken verbreitet und erinnern in bester Wildwestmanier an die »Goldene Räuberzeit«.

Im Mai 2007 wurde ich von der Ungarischen Handelskammer nach Budapest eingeladen, um an der International Law Enforcement Academy (ILEA) einen Vortrag zum Thema »Prävention von Bankraubkriminalität« zu halten. Ich dachte, die Ungarn hätten ein Problem mit der Raubkriminalität, ähnlich wie wir es zu dieser Zeit in Wien hatten. Es stellte sich jedoch heraus, dass sich bis zum Zeitpunkt des Vortrages erst zehn Raubüberfälle auf Geldinstitute in Ungarn ereignet hatten. Wir in Wien hatten dagegen bereits mehr als vierzig Überfälle auf Geldinstitute zu verzeichnen. Wien hat das Jahr 2007 mit der stolzen Zahl von 78 Raubüberfällen auf Banken abgeschlossen, im europäischen Vergleich der Spitzenwert. Die Raubkriminalität gegen Geldinstitute stellt immer einen wichtigen Indikator für die Sicherheit einer Stadt dar, vergleichbar mit dem Warenkorb zur Messung der Inflationsrate. Eine so hohe Rate wie 2007 hatten wir nach meiner Erinnerung seit 1945 nicht mehr, besonders wenn man die mäßige Aufklärungsquote dazu in Relation stellt: Diese war noch nie so niedrig, nämlich unter fünfzig Prozent. Die Affinität zum Bankraub sei an Hand zweier Fälle geschildert. Der Fall des »Pump Gun Ronny« hat sogar den jungen Schriftsteller Martin Prinz, den ich sehr schätze, zu einem Roman mit dem Titel »Der Räuber« animiert. Noch 2008 soll sein Roman verfilmt werden.

### *Der Fall »Pump Gun Ronny«*

Zu Beginn des Jahres 1988 hielt ein Mann Wien durch seine spektakulären Bankraubüberfälle in Atem. Man stellte zunächst fest, dass ein und dieselbe Person am 19. Februar, 21. März und 22. März Raubüberfälle auf Banken verübt, dabei immer eine Ronald-Reagen-Maske getragen und als Waffe eine Pump Gun verwendet hatte. Ein weiteres typisches Tatmerkmal war, dass der Täter immer kurz vor dem Bankraub ein Fahrzeug stahl. Er suchte sich meist Autos aus, die unversperrt und mit steckendem Zündschlüssel vor einer Trafik standen, weil der Besitzer rasch eine Zeitung oder Zigaretten kaufen wollte. Diese Auffälligkeiten führten tatsächlich zu einem Fahndungserfolg. Die Beamten der Kriminalabteilung Niederösterreich kamen auf die Spur von Johann K., einem dreißigjährigen Mann, der am 11. November 1988 in der Wohnung seiner Lebensgefährtin in Wien Simmering festgenommen werden konnte. Bei der Durchsuchung der Wohnung wurde ein Schlüssel zu einem Schließfach in einer Bank gefunden. Darin befanden sich Sparbücher und Wertpapiere im Wert von 5,5 Millionen Schilling. Johann K. gestand acht Bankraubüberfälle in Wien und Niederösterreich.

Den Kriminalisten Niederösterreichs war ein ausgezeichneter Fang gelungen: Bei der Überprüfung eines alten Mordaktes kam man ebenfalls auf die Spur von Johann K. Am 12. August 1985 war in Mautern bei Krems Ewald Pollhammer ermordet worden. Der Täter hatte das Opfer vor die Wohnungstür gelockt und scheinbar grundlos erschossen. Bei den Ermittlungen stellte sich heraus, dass Johann K. und das Mordopfer einen WIFI-Kurs in St. Pölten besucht hatten, wobei es zwischen den beiden aus einem eigentlich nichtigen Grund – es ging um Zigaretten rauchen – zu Differenzen gekommen war. Dies dürfte der Anlass zu der heimtückischen Tat gewesen sein.

Als nun die Kriminalisten Niederösterreichs Johann K. zum Mordverdacht einvernehmen wollten und ihn neuerlich in die Kriminalabteilung am Rennweg führten, hechtete er mit einem waghalsigen Satz aus dem Fenster des Einvernahmezimmers und flüchtete. Nach einer wilden Verfolgungsjagd wurde Johann K. auf der Westautobahn eingekreist und angeschossen. Johann K. tötete sich am Ende dieser Verfolgungsjagd selbst.

Martin Prinz beschreibt diese letzte Szene in seinem Buch »Der Räuber«:

»Mittwoch, 23. März 1988. Alle jagen den Maskenmann. In drei Tagen 4 Millionen Beute ... Es ist eine Erleichterung, als er nach einigen Augenblicken gleichsam folgenlosen Weiterfahrens das Eindringen der Kugel in seinen Körper, ihr kurzes, brennendes Durchschießen spürt ... Dann erst stoppt er abrupt sein Fluchtauto auf der Überholspur. Sofort war er von Verfolgerautos umkreist. Die Beamten sprangen heraus und gingen in Deckung. In dem Moment krachte ein Schuss. Rettenberger [Name des Täters im Buch] hatte sich oberhalb der rechten Schläfe in den Kopf geschossen und war sofort tot.«

Johann K. war aufgrund seines Modus Operandi, das Anläuten an der Tür und Herauslocken des Opfers, auch verdächtig, am 25. Juli 1986 Bezirksinspektor Friedrich Roger vor dem Wachzimmer in der Freudenauer Hafenstraße erschossen zu haben. In diesem Zusammenhang waren auch der Mordversuch an der Zeugin Brigitte Hranka am 9. Oktober 1986 und ihre spätere Ermordung am 9. September 1988 von großer Bedeutung, da nach dem gesamten Ermittlungsmaterial zu vermuten war, dass diese Taten ebenfalls von Johann K. verübt worden waren.

Die Flucht von Johann K. und sein Selbstmord haben den Mantel des Schweigens über die ungeklärten Verbrechen gelegt. Als Kriminalist hält man an den Indizien fest, die dafür sprechen, dass diese Straftaten dem »Pump Gun Ronny« zuzuschreiben sind.

### *Der Fall »Baby Face«*

»Baby Face« war die Maske des Bankräubers, der Wien von 1989 bis 1998 in Angst und Schrecken versetzte. Am 2. August 1989 überfiel er gegen 8.16 Uhr die Filiale der Creditanstalt-Bankverein in der Hetzendorfer Straße. Bei dem Bankraub kam es zu einem Schusswechsel mit einem Polizisten, »Baby Face« entkam mit 1,4 Millionen Schilling Beute. Am 22. Dezember 1998 überfiel er eine Filiale in Strengberg, Niederösterreich und erbeutete 570 000 Schilling. Da ihn eine Zeugin beobachtete, als er mit einem Fahrzeug der Marke Opel Astra flüchtete, verfolgte die Gendarmerie den Täter auf der Autobahn A 1 in Richtung Wien. In der Höhe von Amstetten Ost hielt er plötzlich sein Fahrzeug an und schoss sich mit einem Revolver in den Mund. Der tote Bankräuber Friedrich S., fünfundvierzig Jahre alt, war bei einer Bewachungsfirma angestellt, die ihre Mitarbeiter immer an das Sicherheitsbüro meldete. Im Fahrzeug wurde ein persönlicher Abschiedsbrief an mich, den Vorstand des Sicherheitsbüros gefunden. Darin entschuldigte sich S. für den Überfall, er habe wegen Geldproblemen so gehandelt.

## *Die Italiener lieben Wien: Del Monaco, der größte Bankräuber Europas (2000)*

Immer wieder ist festzustellen, dass die Italiener nicht nur als Touristen gerne nach Österreich kommen. Auch manche kriminelle Italiener bevorzugen unser Land und seine Hauptstadt. Was die Kriminalität betrifft, erlebten wir die Besuche der Italiener in zeitlichen Abständen. In Erinnerung bleiben die Einbrüche der »Alfa-Banden«, die mit ihren Fahrzeugen rückwärts gegen die Auslagenscheiben der Juweliere in der Inneren Stadt fuhren und so in die Geschäfte eindrangen. Diese Methode der Siebzigerjahre verwendeten 2006 auch serbische Täter.

Anfang der Neunzigerjahre verübte eine Reihe italienischer Täter Banküberfälle in Wien. Nach mehreren solchen Taten konnten sie erwischt werden. Danach war es bis 1998 relativ ruhig. Es gab natürlich immer wieder kleinere Kriminalfälle, wie Betrug im Spielcasino oder Verkauf wertloser Lederjacken, aber erst im Mai 1998 ereigneten sich wieder zwei spektakuläre Fälle:

Am 9. Mai 1998, es war ein Samstag, stürmten gegen 12.40 Uhr am Graben drei unbekannte Täter das Geschäft des Nobeljuweliers Haban. Einer der Männer bewachte die Eingangstür, die beiden anderen gingen auf den Geschäftsführer Siegfried G. zu. Einer der Männer schoss ihm in den Hinterkopf. Erbeutet wurde nichts. Die Täter flüchteten, Zeugen konnten Polizei und Rettung verständigen, der schwer verletzte Geschäftsführer starb aber noch beim Abtransport. Da das Opfer noch etwas sagte, das wie ein russischer Name klang, vermutete man zunächst russische Täter. Diese Ermittlungsschiene erwies sich jedoch als falsch.

Am 30. Juni 1998 ergab sich eine völlig neue Spur. An diesem Tag beraubten zwei unbekannte Männer die Wechselstube des Verkehrsbüros in der Inneren Stadt. Im Verlauf einer wilden Verfolgungsjagd über die Südautobahn stürzten die Täter mit ihrem Motorrad. Einer konnte flüchten, der andere, Andrea V., wurde festgenommen und in das Sicherheitsbüro überstellt. Bei der Einvernahme nannte er den Namen seines Komplizen: Michele D'A.

Bei den weiteren Einvernahmen stellte sich heraus, dass die Italiener Michele D'A., Andrea V. und Massimiliano F. den Juwelier Haban überfallen und den Geschäftsführer getötet hatten. Es konnte auch noch ein Bankraub, der am 16. Juli 1997 in Bratislava verübt worden war, aufgeklärt werden. Michele D'A. konnte am 21. Oktober 1998 in Bologna ausgeforscht und festgenommen werden. Einige Zeit später konnte auch Massimiliano F. in München aufgrund eines österreichischen Haftbefehls festgenommen werden. Im April 2004 wurde in Wien das Strafverfahren wegen Verdacht der Beteiligung am versuchten Raubmord an Siegfried G. durchgeführt. Es gelang der Verteidigung, ein Alibi für F. nachzuweisen, sodass das Verfahren gegen ihn in Österreich mit einem Freispruch endete. Auch in Bologna war gegen F. im selben Fall ein Verfahren anhängig, das nach dreijähriger Prüfung durch mehrere Instan-

24/9/98

Studio Legale Internazionale Avv. Longo & Ferro

Lawyers – Rechtsanwälte

Avv. Dr. Gaetano Longo
Avv. Dr. Nadia Ferro
Avv. Dr. Elvira Pantoro

~~Dr. Giuseppe Salvatorelli~~ Conga Goluch
Dr. Laura Mansutti

Einschreiben - Express

An Herrn Hofrat
**Dr. EDELBACHER**
**Sicherheitsdirektion**
Berggasse Nr. 1
**A-1080 W I E N**

Udine, den 24.09.1998

**BETRIFFT: VENTURI ANDREA in U-Haft in Wien.**

Sehr geehrter Herr Hofrat!
Ich nahm in der o.g. Angelegenheit, am vergangenen Montag den 14.09. an einer Konferenz in Wien, in Anwesenheit des Herrn Dr. Scherz und einiger ermittelder Beamten, teil.
Im Rahmen dieses Treffens wurden von mir, als Wahlverteidiger des Herrn Venturi Andrea gemeinsam mit der Kollegin Ra. Dr. Ulrike Walter, die
unverantwo
des Herrn
insbesonder
die in Italie
auf Grund d
fuer Herrn
Behoerde u
Ebene.
Diesbezueg
Bericht erst
Waehrend d
an unser Ge
sie soeben H
Gegen 14,15
die gemeinsa

I - 33100 UDINE 14, Piazza Bel
I - 34133 TRIESTE 8, Via Beccari

OTHER BRANCH OFFICES

A - 1010 VIENNA 8/2, Rosenburs
D - 80539 MÜNCHEN 3/II, Herzog Ru
H - 1061 BUDAPEST 7, Liszt Ferenc

CORRESPONDENCE LANGUAGES:

## Haban-Mord: Mutmaßliche Täter in Italien festgenommen

*Michael Simoner*

**Wien/Bologna** – In der norditalienischen Stadt Bologna könnte sich der brutale Überfall auf die Wiener Juwelierfiliale Haban vom 9. Mai dieses Jahres endgültig aufklären. Die italienische Polizei hat zwei Italiener festgenommen, die von den heimischen Behörden dringend verdächtigt werden, bei dem Überfall den damaligen Filialleiter Siegfried Goluch mit einem angesetzten Kopfschuß umgebracht zu haben. „Kommende Woche haben wir die Gelegenheit, die beiden Verdächtigen in Bologna einzuvernehmen", so Ernst Geiger, der Leiter der Mordkommission im Wiener Sicherheitsbüro.

**Odyssee**

Die Odyssee der Ermittlungen dürfte damit zumindest vorläufig beendet sein. Wie berichtet, war bereits wenige Tage nach dem Mord der

**Siegfried Goluch wurde Anfang Mai im Juweliergeschäft Haban am Wiener Graben erschossen. Zwei mutmaßliche Mörder wurden nun in Italien verhaftet.**
*Fotos: Newald, Polizei*

*Das Bild zeigt das Anschreiben des italienischen Anwaltes, abgedruckt im »Standard«.*

zen ebenfalls mit einem Freispruch endete. Ein weiteres Mitglied dieser Bande, das vermutlich auch zur Tatzeit in Wien war, hatte mit seinem Porsche, in dem Kokain transportiert wurde, in Italien einen Polizisten getötet. Die Mitglieder dieser Gruppierung gehörten also zum »schweren Kaliber« der italienischen Mafia.

Im November 1998 beglückten weitere Italiener Wien. Diesmal lief die Fahndung jedoch erfolgreicher ab. Zwei Italiener beraubten am 27. November 1998 gegen 12.30 Uhr eine Volksbank. Es wurden über 500 000 Schilling erbeutet. Bei ihrer Flucht mit einem Alfa Romeo konnte die Polizei das Fahrzeug am Gaudenzdorfer Gürtel anhalten. Ein Täter konnte flüchten, der zweite Täter, Stefano R., wurde festgenommen. Da dieser den wesentlich größeren Beuteanteil bei sich hatte, gelang es, den flüchtigen zweiten Täter in eine Falle zu locken, indem man beide telefonieren ließ. Der Flüchtige war der Meinung, dass sein Freund in Freiheit sei, und stimmte einem Treffen zu. Die Falle schnappte zu und zur Überraschung der Kriminalbeamten des Sicherheitsbüros hatte man den größten Bankräuber Europas, Del Monaco, gefasst. Dieser agierte in den letzten zwanzig Jahren in Frankreich, Italien, Deutschland und Österreich. Er hatte in dieser Zeit über vierzig Banken überfallen, Millionenbeträge erbeutet und wurde in vier europäischen Staaten mit Haftbefehl gesucht. Er legte in Wien eine »Lebensbeichte« ab und wurde zu einer mehrjährigen Haftstrafe verurteilt. Del Monaco wurde mittlerweile nach Italien ausgeliefert.

## *Drogenhandel und Lauschangriff: Die Operation »Spring« (1999 bis 2000)*

Schon in den Sechzigerjahren wurde der Missbrauch von Suchtgift für die Stadt Wien deutlich sichtbar ein Problem. Suchtgiftkonsumenten versammelten sich rund um den Theseustempel, nahe dem Burgtheater, und lungerten dort herum. Die »offene Drogenszene« war geboren und wuchs stetig an. In den Neunzigerjahren hatte sie bereits beachtliche Ausmaße angenommen. Damals schätzte man die Zahl der Abhängigen, die sowohl harte Drogen wie Heroin oder Kokain als auch weiche Drogen regelmäßig konsumierten, auf etwa dreißig- bis fünfunddreißigtausend. Für die Stadt Wien stellt natürlich nicht nur die offene Szene, sondern auch die geschlossene Szene in den einschlägigen Lokalen und Wohnungen eine große Herausforderung dar. Was Wien und seiner Stadtverwaltung ebenso wie der Polizei Kopfzerbrechen bereitet, findet in fast allen Großstädten der Welt statt.

In den Sechziger- und Siebzigerjahren wurde der polizeiliche und justizielle Schwerpunkt vor allem auf die Repression gegen die Drogenkriminalität gelegt. Später stellte man auf eine duale Strategie um, indem man sowohl auf die Repression aber auch auf die Prävention das Augenmerk lenkte. Die Drogenpolitik wurde seither massiv von Diskussionen um das Ausmaß der Repression und die Behandlung der Drogenabhängigen als Kranke im Sinne von »Therapie statt Strafe« bestimmt.

In Qualitätszirkeln bildete man Arbeitsgemeinschaften von Medizinern, Psychologen, Sozialarbeitern, Pädagogen, Therapeuten, NGOs und Polizei, die gemeinsam verstärkt versuchten, das mittlerweile sehr ernste Drogenproblem Wiens unter Kontrolle zu bringen. Die offiziell Verantwortlichen wurden immer stärker von der Öffentlichkeit, den Eltern der süchtigen und gefährdeten Jugendlichen, den Medien und verschiedenen anderen Kräften der Gesellschaft aufgefordert, sich nachhaltig um das Drogenproblem zu kümmern.

Was in Wien passierte, war natürlich kein Einzelschicksal, sondern entsprach einer internationalen Entwicklung. In den verschiedenen Staaten Europas zeigten sich allerdings gravierende Unterschiede in der Art und Weise, wie man versuchte, mit dieser Entwicklung umzugehen. Es gab Länder wie Schweden, Italien oder Frankreich, die sehr hart gegen das Drogenproblem vorgingen. Andere Staaten wie die Niederlande oder die Schweiz begegneten dem Drogenproblem mit einem eher liberalen Kurs. Österreich und speziell Wien lag bei der Setzung ihrer Maßnahmen immer eher in der »Mitte«.

Im Rahmen der Europäischen Gemeinschaft bemüht man sich um eine einheitliche Drogenpolitik, was aber bisher nicht wirklich gelungen ist. Ganz schlimm ist es um die internationale Entwicklung weltweit bestellt. Die Produktionsländer von Opium und Kokain erzeugen heute mehr Suchtgift denn je und benutzen den Verkauf der harten Drogen vor allem zur Finanzierung von Terrorismus. Der Drogenhandel stellt einen hohen Anteil der Umsätze und des Einkommens organisierter krimineller Vereinigungen dar. Im Jahresbericht der Vereinten Nationen 2006 heißt es zur Bekämpfung der Drogenkriminalität, des Terrorismus und der organisierten Kriminalität, dass in Afghanistan mehr als 7000 Tonnen Opium produziert worden seien, was eine enorme Steigerung im Vergleich zu den Vorjahren bedeutet. Ähnlich verhält es sich mit der Kokainproduktion in Kolumbien oder anderen südamerikanischen Staaten.

Was bedeutet das konkret für Wien? Anfang der Neunzigerjahre stellte man fest, dass die bisherigen Straßenhändler – Österreicher, vom Balkan stammende Drogenhändler und Türken – sich zusehends aus dem sogenannten »Ameisenhandel« zurückzogen und diese Aufgabe von Schwarzafrikanern übernommen wurde. Im Jahr 1999 wurden bereits über achtzig Prozent des Straßendrogenhandels von Nigerianern abgewickelt. Auch in Graz und in Linz stellte man diese Veränderung der Handelsstruktur fest. Die Polizei führte den Kampf gegen den Drogenhandel zunächst in »Einzelaktionen«, die jedoch nicht den gewünschten Erfolg erzielten.

Als Vorstand des Sicherheitsbüros war ich bei diesem Phänomen besonders gefordert. Die Verantwortlichen der Stadt und des Innenministeriums, aber auch die Bevölkerung wollte vom Drogenproblem »befreit« werden. Die Kinder schienen mehr und mehr gefährdet, die Spritzen von Drogenabhängigen wurden verstärkt in Hauseinfahrten, Parkanlagen und auf den Drogenumschlagplätzen vorgefunden und stellten eine arge Verunstaltung des Stadtbildes und vor allem eine Gefährdung der Gesundheit dar. Die Begleit- und Beschaffungskriminalität rund um die Drogenszene stieg von Tag zu Tag an. Ich ersuchte unsere Kriminalbeamten des Drogenreferats, mehr »in die Tiefe« zu ermitteln, um Täterstrukturen zu erkennen und »auszuheben«. Eine dieser Aktionen begann sehr ungewohnt, fast zufällig:

Zwei Kriminalbeamte der Wirtschaftspolizei, die gerne chinesisch essen gingen, suchten eines Tages ein Lokal in der Währinger Straße auf. Das Restaurant hatte eine untere und eine obere Etage. Um ihre Mittagszeit in Ruhe verbringen zu können, wollten die Kollegen in den oberen Stock gehen. Die Lokalbesitzerin, eine Chinesin, verwehrte ihnen aber den Zutritt. Das kam den beiden Kriminalbeamten eigenartig vor und sie beobachteten, was da vor sich ging. Es kamen regelmäßig Schwarzafrikaner in das Lokal, die sich in den ersten Stock begaben. Bald darauf verließen sie das Lokal wieder. Sie waren also offensichtlich nicht zum

Essen gekommen. Die zwei Beamten hatten den Verdacht, dass es sich bei diesem Lokal um einen Drogenumschlagplatz handelte. Sie teilten ihren Anfangsverdacht den Kollegen im Sicherheitsbüro mit und diese stellten bald fest, dass dieser Verdacht sehr begründet war.

Die traditionellen Ermittlungsmaßnahmen konnten in diesem Fall nicht angewandt werden. Eine »normale« Ermittlung war ausgeschlossen, da die Kriminalbeamten sofort erkannt worden wären. Die Durchführung von Observationen brachte zwar detailliertere Erkenntnisse, dennoch war ein sinnvolles Einschreiten nicht möglich. Das war der Beginn einer völlig neuen Ermittlungsmethode, die erstmals in der österreichischen Kriminalgeschichte eingesetzt wurde: der Lauschangriff. Da es sich dabei rechtsstaatlich um eine sehr sensible Methode handelte, wurde diese Maßnahme in Kooperation mit dem Bundesministerium für Inneres, der Staatsanwaltschaft Wien, dem Landesgericht für Strafsachen Wien und dem eigens dafür geschaffenen Rechtsschutzbeauftragten angewandt. Am 27. Mai 1999 kam es nach einem mehrwöchigen Lauschangriff zum Einschreiten des Sicherheitsbüros. Diese Aktion wurde am 28. Mai 1999 fortgesetzt und schließlich hatte man über hundert Verdächtige festgenommen, achtzig Bankkonten geöffnet, vier Kilogramm Kokain und sechs Millionen Schilling sichergestellt. Es handelte sich eindeutig um organisierten Drogenhandel. Die führenden Mitglieder dieser Organisation konnten von der Sonderkommission »Spring« ausgeforscht und festgenommen werden. In einer beispielhaften Zusammenarbeit zwischen den Kräften der Polizei, den uniformierten Beamten, der Kriminalpolizei und der Justiz gelang es, eine gefährliche Gruppierung auszuschalten und zu zerschlagen.

Die sichergestellten Mengen an Drogen und Geld schienen nicht allzu groß zu sein, aber aufgrund des Beweismaterials, das durch Lauschangriffe, Observationen und traditionelle Ermittlungen gewonnen werden konnte, war die Beweislage gegen die Mitglieder dieser Drogenorganisation schwerwiegend. Es konnte der Handel mit über fünfzig Kilogramm schweren Drogen nachgewiesen werden. Auch die Geldstromanalyse erbrachte wichtige Erkenntnisse. Die Täter hatten monatlich mehr als zwanzig Millionen Schilling umgesetzt. Interessant war, wie die Geldmittel verteilt wurden. Ein Drittel des Geldes wurde zu den Anführern nach Nigeria überwiesen, ein weiteres Drittel zu den Anführern in verschiedenen Städten Europas und das verbleibende Drittel durften die Täter für sich behalten. Die Justizverfahren führten zu vielen Verurteilungen und die weit über hundert Schwarzafrikaner wurden insgesamt zu mehr als tausend Jahren Haft verurteilt. Die Strukturen des Drogenhandels waren einige Zeit empfindlich gestört. Der Preis für harte Drogen stieg an und es gab einige Monate Schwierigkeiten mit der Versorgung.

Aus diesem Fall konnten sehr interessante Erkenntnisse über die Arbeitsweise, die Organisation und die Motivation der Gruppierungen gewonnen werden. Leider blieb nach der ersten Euphorie über diesen Polizeierfolg aber auch einiges Negatives zu lernen. Da es sich bei dem Lauschangriff um den ersten praktischen Fall handelte, gab es auch technische Defizite. In dem chinesischen Lokal, in dem der Lauschangriff stattfand, waren oft über dreißig Personen gleichzeitig anwesend. Es war schwierig, die Stimmen und Bilder zuzuordnen und es ergaben sich einige Fehler. Auch der Einsatz anonymisierter Zeugen in den justiziellen Verfahren wurde heftig kritisiert, weil diese Vorgangsweise den tradierten rechtsstaatlichen Grundsätzen der Rechtsfindung und Gerichtsbarkeit widersprach.

Es folgten Vorwürfe des Rassismus, der Polizeigewalt und der Verletzung der Menschenrechte. Die Polizei und Justiz war harscher Kritik ausgesetzt. Die Aktion »Spring« wurde zur Grundlage eines sehr kritischen Buches mit dem Titel »1000 Jahre Haft – Operation Spring & institutioneller Rassismus, Resümee einer antirassistischen Gruppe« und eines ebenso kritischen Films über diese Ereignisse. Vielleicht sind einige dieser Vorwürfe gerechtfertigt, aber es ist zu bedenken, dass die Ausmaße des Drogenhandels, des Terrorismus und der organisierten Kriminalität gewaltig sind. Polizeiliche Maßnahmen müssen auch vor diesem Hintergrund beurteilt werden.

## *Ein Olympiasieger als Mädchenhändler: Der Fall Wolfgang Schwarz (2002 bis 2005)*

Wolfgang Schwarz war vielen von uns als würdiger Vertreter Österreichs bei Olympischen Winterspielen ein Begriff. Der Höhepunkt seiner sportlichen Karriere war der Gewinn der Goldmedaille im Jahr 1968 in Grenoble. Seine Auftritte im Eiskunstlauf bleiben unvergesslich. So kannte ich selbst Wolfgang Schwarz zunächst nur aus dem Fernsehen und durch seine großen sportlichen Erfolge.

Bei der Polizei gab es in den Achtzigerjahren den »Klub der Kriminalbeamten«, den Erwin Hebert, ein sehr engagierter Kieberer des Sicherheitsbüros ins Leben gerufen hatte. Hebert war ein begeisterter Tennisspieler, der die Idee zur Durchführung von Tennisturnieren hatte. Er organisierte Wettkämpfe zwischen Prominenten und Polizisten. Dadurch hatte ich die Gelegenheit, auch gegen Wolfgang Schwarz zu spielen und ihn näher kennen zu lernen. Später, als ich Vorstand des Sicherheitsbüros geworden war, wurde ich zu anderen Prominententurnieren eingeladen. Verschiedene Veranstalter wie die Presse, OGM, Wiener Allianz oder Catro veranstalteten Tennisturniere, wobei eben prominente Persönlichkeiten aus Wirtschaft oder Sportbereich zum Mitmachen eingeladen wurden. Mir ist in Erinnerung, dass man Wolfgang Schwarz bei solchen Gelegenheiten oft antraf.

Umso überraschter war ich, als die Kriminalbeamten des Sicherheitsbüros im Referat zur Bekämpfung des Menschenhandels und der Prostitution zu Beginn des Jahres 2002 eine Information erhielten, dass dieser ehemalige Olympiasieger mit dem Handel von Frauen aus den ehemaligen Ostblockstaaten im Zusammenhang stehen sollte. Diese ersten Informationen führten zu massiven strafprozessualen Maßnahmen, die den Beweis erbrachten, dass der Verdächtige tatsächlich Frauen aus Osteuropa an Wiener Bars vermittelte. Im Zuge der umfangreichen Ermittlungen wurden verschiedene Opfer ausfindig gemacht und einvernommen. Wolfgang Schwarz wurde massiv belastet. Das führte dazu, dass er mit einem Haftbefehl des Landesgerichtes für Strafsachen Wien im März 2002 festgenommen und zur Einvernahme in das Sicherheitsbüro gebracht wurde. Dort traf ich nun den ehemaligen Olympiasieger in Anwesenheit der Kriminalbeamten wieder. Zunächst schien der prominente Verdächtige nicht sehr einsichtig und reumütig zu sein. Er verhielt sich überaus arrogant und die Kriminalbeamten hatten ihre liebe Not, mit ihm ein vernünftiges Gesprächsklima aufzubauen. Ich versuchte in einem kurzen persönlichen Gespräch, an seine Vernunft zu appellieren, offensichtlich mit Erfolg, da sich danach die Einvernahmen sinnvoller gestalteten. Das Motiv für seine Handlungen war nicht ganz klar. War es die Möglichkeit, im Rotlichtmilieu bestimmten Verlockungen nachzugeben? War es die finanzielle Lage, die ihn dazu brachte, in diesem Milieu nach Erfolg zu suchen?

Eines war uns Kriminalisten von vornherein klar: Die professionelle Konkurrenz, die in diesem Geschäft »zu Hause« war, hatte mit den Aktivitäten des ehemaligen Olympiasiegers wenig Freude und kein Verständnis. Unsere Ermittlungen konzentrierten sich darauf, nachzuvollziehen, ob Wolfgang Schwarz die Anwerbung der ausländischen Frauen aus Russland, Litauen, Weißrussland und der Ukraine durchführte, den Transport über die österreichische Grenze organisierte – ein wesentliches Tatbestandsmerkmal – und ob er Geld von den Frauen nahm. Wie sich zeigte, mussten die Mädchen tatsächlich einen Teil ihres »Liebeslohns«, etwa tausend US-Dollar pro Woche, abliefern. Nach einigen Monaten mussten wir Schwarz jedoch wieder freilassen.

Die Überraschung war groß, als Wolfgang Schwarz im Jänner 2005 neuerlich wegen Verdacht des Menschenhandels festgenommen wurde. Offensichtlich war er rückfällig geworden und hatte seit März 2004 Mädchen aus Litauen und Rumänien nach Österreich vermittelt. Wieder schritten die Kriminalbeamten ein, die ihn bereits im Jahr 2002 festgenommen hatten. Diesmal waren es Beamte der neuen Kriminaldirektion 1. Die handelnden Personen blieben auf beiden Seiten die gleichen. Offensichtlich war seine finanzielle Lage ausschlaggebend für die neuen kriminellen Aktivitäten. Es standen auch Betrugsvorwürfe im Raum, die sich jedoch nicht belegen ließen. Sein Anwalt Eichenseder leistete gute Arbeit.

Im Zuge der Öffnung der Ostgrenzen, nach dem Fall des »Eisernen Vorhangs«, nahm der Handel mit Frauen zum Zwecke der Ausübung der Prostitution sprunghaft zu. 2004 wurde eine spezielle Bestimmung im österreichischen Strafgesetzbuch geschaffen, die sich mit dem Anwerben, Beherbergen, Befördern, Anbieten und Weitergeben (Paragraph 104a StGB) befasst. Diese Tatbestandselemente waren Wolfgang Schwarz nachzuweisen und so wurde er Anfang 2005 zu der relativ milden Strafe von 18 Monaten Haft verurteilt.

## *Die Betreuung der alten Dame: Die »vornehmen Brüder« (2002)*

Im Sicherheitsbüro war die Arbeit in Sachgebiete aufgeteilt. Ich hatte mich auf die Bekämpfung der Betrugsdelikte spezialisiert, was kriminalistisch gesehen hochinteressant war, da es eine Herausforderung darstellt, Betrügern das Handwerk zu legen. Die Zusammenarbeit mit den Geldinstituten und den Versicherungsgesellschaften war immer sehr spannend, da diese Bereiche viel zur wirtschaftlichen Entwicklung des Landes beitragen und zu den tragenden Säulen gehören.

Im Jahr 2002 war mein »Schicksal« nach der Kritik am Führungsstil von Innenminister Ernst Strasser bereits besiegelt, das Sicherheitsbüro sollte mit Ende Oktober 2002 aufgelöst werden. Da kündigte sich ein Kriminalfall an, den ich in diesem Ausmaß nicht erwartet hätte. Dieser Betrugsfall sollte meine letzte große Amtshandlung im Sicherheitsbüro werden, die ich gemeinsam mit nur einem Kriminalbeamten vollendete. Als ich im Jahr 2006 in Pension ging, war der Fall gerichtlich noch immer nicht abgeschlossen.

Im Sommer 2001 fanden Bewohner aus der Nachbarschaft eine schwer verwahrloste Frau, die hilflos auf der Straße vor ihrer Villa in Klosterneuburg herumirrte. Der Zustand der alten Dame war so schlecht, dass sie sich kaum auf den Füßen halten konnte. Es wurde eine Nichte der verwirrten Frau eruiert, die bei einer Nachschau feststellen musste, dass nicht nur ihre Tante verwahrlost war, sondern das gesamte Haus. Diese Tatsache war insoweit verwunderlich, als die alte Dame sehr wohlhabend war. Die verwandtschaftlichen Beziehungen waren infolge eines Streites zwischen der alten Dame und ihrer Schwester, der Mutter der Nichte, empfindlich gestört worden. Der Kontakt wurde abgebrochen und die beiden alten Damen blieben unversöhnlich. Die eine verstarb, die andere erfuhr nicht einmal vom Tod ihrer Schwester.

Wie sich aufgrund der Recherchen der aufmerksam gewordenen Nichte herausstellte, waren der Grund der Verwahrlosung kriminelle Handlungen. Die alte Dame, Christine K., war mit einem Rechtsanwalt verheiratet gewesen, der nach dem Ende des Zweiten Weltkrieges sein Geld mit Wiedergutmachungsverhandlungen verdiente. Der Rechtsanwalt war so erfolgreich, dass er ein stattliches Vermögen erwarb, einen

Grund in Klosterneuburg kaufte und dort ein schönes Haus baute. Der Advokat wickelte seine finanziellen Geschäfte vorwiegend über eine in der Nähe seiner Kanzlei befindliche Bankfiliale in Mariahilf ab. Der Filialleiter der Bank und der Rechtsanwalt schlossen Freundschaft und als der Anwalt verstarb, ließ seine Witwe sämtliche Bankverbindungen bestehen. Die Rechtsanwaltskanzlei wurde aufgelöst, das vorhandene Vermögen wurde über die Bankfiliale weiterhin verwaltet. Das ging gut, solange die Witwe des Anwaltes noch in der Lage war, ihre Geschäfte und ihr Vermögen zu überblicken. Als sie körperlich und geistig schwächer wurde, bot ihr der Filialleiter an, sich um ihre Gesundheit und um ihr Vermögen zu kümmern. Das war offensichtlich der Beginn einer Wende.

Es gelang der Nichte, ihre Tante so weit zu stabilisieren, dass sie sich körperlich und geistig wieder erholte und klare Gedanken fassen konnte. Sie konnte das Vertrauen der Tante gewinnen und diese erzählte, was sich ereignet hatte. Nach und nach erfuhr die Nichte, was in den Jahren ihrer Abwesenheit zwischen dem Bankfilialleiter und ihrer Tante vorgegangen war. Der Filialleiter Horst Z. und seine Familie kamen immer wieder in das Haus, um zu »lüften«, wobei etliche Wertgegenstände wie Bilder, Teppiche, Pelze, Schmuckstücke beim »Lüften« auf Nimmerwiedersehen verschwanden.

Das Ausmaß dieser »Betreuung« der Tante durch den Filialleiter und dessen Bruder war zunächst noch nicht abschätzbar. Horst Z. setzte sich mit der Nichte zusammen, täuschte Kooperationsbereitschaft vor, gab das angeblich ihm »geschenkte« Haus der Tante samt einem »Restvermögen« an die Nichte heraus und stellte sich als fürsorglicher Mann dar, der sein Bestes für die alte, gebrechliche Dame getan hätte. Bei einem der Gespräche, das im Haus der Tante stattfand, warf Horst Z. einen traurigen Blick auf die wertvolle, antike französische Kaminuhr und bemerkte, dass er gerne ein Andenken an die alte Dame mitnehmen wolle. Offensichtlich hatte er die Uhr nicht rechtzeitig beiseiteschaffen können. Die Nichte entgegnete, er hätte sich schon genügend Andenken einverleibt.

Es wurde immer deutlicher, dass in diesem Fall ein hohes Maß an krimineller Energie im Spiel war. Die Nichte sah sich nach einer vorläufigen Bestandsaufnahme zu einer Anzeige veranlasst. Wie sie feststellen musste, hatte der Filialleiter ihre Tante nicht betreut, sondern regelrecht ausgenommen – mithilfe seiner gesamten Familie. Eine besondere Rolle spielte sein Bruder, der in führender Position bei einer großen Versicherung tätig war. Diese »vornehmen Brüder« hatten den Reichtum der kränklich werdenden alten Dame dazu genutzt, sich zu bereichern, um ihre teuren Hobbys zu finanzieren und im Luxus zu schwelgen.

Erschütternd war die Kaltblütigkeit, mit der die Brüder vorgegangen waren, und die Brutalität, mit der das Vermögen des Opfers sukzessive gestohlen beziehungsweise veruntreut wurde. In ihrer Gutgläubigkeit, dass sie im Alter unterstützt und gepflegt werden würde, hatte die Frau den Brüdern eine Vollmacht unterfertigt, die ihnen die Verwaltung ihres bei der Bank liegenden Vermögens in der Höhe von wahrscheinlich siebzig Millionen Schilling erlaubte.

Nach der Anzeigeerstattung durch die Nichte war es erforderlich, mit der alten Dame persönlich zu sprechen. Es ging ja nicht nur um den enormen Schaden, sondern vor allem um den Zustand des Opfers. Es stellte sich die Frage, ob sie überhaupt noch in der Lage war zu erkennen, was geschehen war, und ob sie das Geschehene auch formulieren konnte. Da Christine K. sich mit dem Gehen schwer tat, fuhr ich nach Klosterneuburg, um vor Ort eine zunächst formlose Befragung vorzunehmen. Primär wollte ich mir einen Eindruck über ihren Zustand machen, denn das bevorstehende Gerichtsverfahren bedeutete für sie ja eine enorme Belastung. Ich war sehr erstaunt, wie rasch sie sich von den Strapazen erholt hatte. Da stand eine dünne, kleine Frau vor mir, die aber geistig und willensmäßig sehr resolut wirkte. Sie schimpfte wie ein Rohrspatz über die Brüder Horst und Helmut Z.: »Die haben mich bestohlen, belogen und betrogen!«

Viele persönliche Erinnerungen an die Zeit der sogenannten »Pflege« wurden in ihr wach. Die Behandlung durch die Familie Z. muss für die Frau ein Albtraum gewesen sein. Eine angemessene Versorgung wurde ihr versagt, kaum dass die Bettwäsche und die Kleidung gewechselt wurden. Nur eine äußerst geringe Menge Essen wurde ihr gewährt, oft wurden ihr nur zwei Wurstsemmeln »hingeworfen«. Christine K. musste zusehen, wie immer wieder Mitglieder der Familie in das Haus kamen und Schmuck, Bilder, Geld und andere Wertgegenstände hinaustrugen, mal mit der Frage, ob man sich etwas »ausborgen dürfe«, mal unter dem Vorwand »Wir haben eine Ausstellung, wir benötigen dafür die Bilder«. Die Sachen tauchten nie wieder auf. Die Schilderung dieser Einzelheiten, die sich sehr gut in ihr noch funktionierendes Gedächtnis eingeprägt hatten, war erschütternd. Die alte Frau war ihren »Pflegern« voll ausgeliefert gewesen. Die Nichte führte mich durch das Haus und zeigte mir die hellen Stellen an der Wand, an denen früher Bilder gehangen waren.

Mir war klar, dass ich zunächst genügend Fakten sammeln musste, bevor ich überhaupt zur Einvernahme der Verdächtigen schreiten konnte. Ohne genaue Vorbereitung wären Einvernahmen sinnlos gewesen. Ich erstattete Anzeige bei der Staatsanwaltschaft Wien. In Zusammenarbeit mit dem zuständigen Staatsanwalt und der Untersuchungsrichterin ersuchte ich um entsprechende Gerichtsbeschlüsse, damit eine »Geldstromanalyse« erstellt werden konnte. Ohne ein Bild über die Geldflüsse wäre es unmöglich gewesen, auch nur das ungefähre Ausmaß der kriminellen Handlungen zu erkennen. Das Glück war auf meiner Seite. Sowohl der Staatsanwalt als auch die Untersuchungsrichterin waren energisch gewillt, dem Treiben der »vornehmen Brüder« einen Riegel vorzuschieben. Schon die ersten Verdachtsmomente ließen vermuten, dass mindestens ein Vermögen in der Höhe von zwanzig Millionen Schilling entfremdet wurde. Diese erste Verdachtslage konnte auch rasch nachgewiesen werden. Wie bereits angedeutet waren die Dimensionen aber viel gewaltiger.

In einem zweiten Schritt konnte der Nachweis erbracht werden, dass auch Gelder von Konten einer deutschen Bank in einer beträchtlichen Höhe, etwa 28 Millionen Schilling, veruntreut wurden. Mit den ersten beiden Ermittlungsschritten konnte bereits eine Schadenshöhe von etwa fünfundfünfzig Millionen Schilling nachgewiesen werden. Dann wurde es schwierig. Es mussten über dreißig Konten, die nur noch teilweise existierten, geöffnet und versucht werden, die Geldflüsse nachzuvollziehen. Diese Arbeit war mühselig und aufwendig.

Erst nach der Sammlung von Indizien und dem Aufbau einer Beweiskette waren die Einvernahmen der Verdächtigen möglich. Die Charaktere der beiden Brüder konnten unterschiedlicher nicht sein. Der eine, der ehemalige Filialleiter der Bank, trug eine gewisse »Bauernschläue« zur Schau. Sein Hobby waren die Schwimmer, er war Präsident eines in Österreich bekannten Schwimmklubs, der die Geschwister Mirna und Dinko Jukic nach Österreich holte. Offensichtlich benötigte er das Geld von Christine K., um sein Hobby und seine Familie zu »unterstützen«. Der andere Bruder war ein aalglatter Typ, der mit seiner beruflichen

Erfahrung versuchte, sich im besten Licht als »Geschäftsmann mit Stil« darzustellen. Auch seine Motive waren die Familie und ein kostspieliges Hobby: internationales Golf spielen. So wurden Schmuck in Zürich, Koffer und Reisetaschen bei Louis Vuitton und Weine in Südafrika gekauft, gespeist wurde in den besten Restaurants, wo Rechnungen um die 35 000 Schilling keine Seltenheit waren.

Gut in Erinnerung ist mir die Einvernahme des Verdächtigen Horst Z. im Halbgesperre des Landesgerichtes für Strafsachen Wien, zusammen mit einem Kriminalbeamten. Wir brauchten relativ lang, da wir etliche Fakten zusammengetragen hatten und Z. mit diesen konfrontierten. Horst Z. war bereit, Erklärungen dazu abzugeben und wir kamen bezüglich des Schadensausmaßes erstmals zu einem relativ umfassenden Geständnis. Es war schon sehr spät, als der Kollege und ich den Untersuchungshäftling wieder der Justizanstalt übergeben wollten, und wir fanden zunächst keinen Justizwachebeamten, der uns hinausließ. Endlich kümmerte sich ein Kollege um uns. Als er uns sah, alle drei in Zivilkleidung, wollte er kurzerhand uns alle, mitsamt dem Häftling, hinauslassen. Das wollten wir natürlich nicht wirklich.

Es gelang mithilfe von Staatsanwalt Jungnikl und der Untersuchungsrichterin Spreitzer-Kropiunik, ein Gerichtsverfahren in dieser komplexen Causa zu erwirken. Das Strafverfahren wurde von einer Reihe zivilrechtlicher Auseinandersetzungen begleitet, die alle zugunsten der Geschädigten abgeschlossen wurden. Das Strafverfahren wurde unter dem Vorsitz von Johannes Jilke, einem ausgezeichneten Richter, geführt. Wie sich die Angeklagten verhielten, zeigt die folgende Passage aus dem Einvernahmeprotokoll, die ich zitieren möchte: »Vorsitzender fragt den Angeklagten Helmuth Z.: ›Ist Ihnen das nicht ungewöhnlich vorgekommen, dass eine reiche Witwe, die im Besitz von vierzig Millionen Schilling ist und alles Ihrem Bruder schenkt, selbst rein rechtlich nichts mehr hat?‹ Antwort des Angeklagten: ›Sie hat das grenzenlose Vertrauen zu meinem Bruder Horst gehabt.‹«

Das Unrechtsbewusstsein der Täter war äußerst schwach ausgeprägt. Oft sind die Kriminellen der persönlichen Überzeugung, dass ihnen das gestohlene Geld tatsächlich gehören würde. Die beiden Brüder und die Familie Z. hat es als selbstverständlich angesehen, dass sie Zugriff auf das Vermögen der alten Dame hatten, die sie ihrer Meinung nach »ordentlich« betreuten.

*Das Bild zeigt das Opfer Christine K. und ihre Nichte.*

Das Strafverfahren endete vorläufig mit einem Schuldspruch für Helmuth Z., drei Jahre, davon zwei bedingt. Die Strafe fiel verhältnismäßig milde aus, verglichen zu den Schäden, die die »vornehmen Brüder« angerichtet hatten. Horst Z. flüchtete sich in eine Krankheit, er ist bis heute noch nicht verurteilt worden.

Obwohl Horst Z. angeblich so krank ist und sich dem Gerichtsverfahren ständig zu entziehen versucht, spielt er offensichtlich im Schwimmklub nach wie vor eine maßgebliche Rolle. Ständig ist er mit seinem Fahrzeug unterwegs, lenkt es trotz Krankheit immer selbst, ist aktiv bei den Schwimmwettkämpfen und bei der Betreuung der Wettkampfschwimmer eingesetzt. Von seiner beim Landesgericht für Strafsachen Wien vorgegebenen »Krankheit« merkt man nichts, aber da nur wenige Insider die tatsächlichen Ereignisse kennen, fällt diese offensichtliche Diskrepanz nicht auf.

Die alte Dame Christine K. hat das Ende der Strafverfahren nicht erlebt. Sie starb friedlich, umsorgt von ihrer Nichte, in ihrer gewohnten Umgebung. Hätte sich die Nichte nicht so sehr für ihre Tante eingesetzt, wäre ihr Ende sicher tragischer ausgefallen. Dieser Fall zeigt die ethisch-moralischen Grenzen unserer Gesellschaft auf, wie mit dem Älterwerden umgegangen wird und welche Gemeinheiten bei Erbschleicherei passieren, wenn die Schranken der Zurückhaltung brechen und die Gier übermächtig wird. Der Fall kann ein Lehrbeispiel für die zunehmenden Probleme unserer materialistisch orientierten Gesellschaft sein.

## *Verschiedene Wahrheiten: Der Diebstahl der »Saliera« (2003 bis 2006)*

Es ist in Österreich schon seit einigen Jahren Tradition, dass einmal im Jahr die »Lange Nacht der Museen« stattfindet. Diese Idee fand großen Anklang und Tausende von Menschen strömen jährlich zu diesem Anlass in die Museen ihrer Wahl.

Eines der spektakulärsten Ereignisse dieses Jahrhunderts war wohl der Einbruch in das Kunsthistorische Museum, wo ein zunächst unbekannter Dieb in der »Langen Nacht der Museen« am 11. Mai 2003 aus der weltberühmten Kunstsammlung die Saliera-Skulptur von Benvenuto Cellini stahl. Ihr Wert wird auf etwa fünfzig Millionen Euro geschätzt. Der Modus Operandi war scheinbar leicht und verständlich erklärbar. Nach erstem Anschein dürfte der Täter die günstige Gelegenheit genützt haben, dass rund um das Kunsthistorische Museum ein Baugerüst aufgestellt war. Die Spuren deuteten darauf hin, dass der Täter über das Baugerüst in den ersten Stock gelangte und auf der Seite des Kunsthistorischen Museums, die der Lastenstraße zugewandt ist, durch ein Fenster einbrach und die berühmte Skulptur an sich nahm. Es schien logisch, dass der Täter das Museum mit der Diebesbeute auf demselben Weg verlassen haben musste. Nach Bekanntwerden des Einbruchsdiebstahles herrschte großer Katzenjammer bei den Verantwortlichen des Museums, aber auch bei der Polizei, die den spektakulären Kriminalfall lösen sollte.

Natürlich wurde alles eingeschaltet, was damals Rang und Namen hatte. Nicht nur der Kriminalfall an sich, sondern die betroffenen Personen waren von höchster Bedeutung. Der Direktor des Kunsthistorischen Museums Seipel, ein Freund der damaligen Unterrichtsministerin, hatte Zugang zu den Spitzen der Regierung, was natürlich der Polizei bestens bekannt war. Die Kriminaldirektion 1 unter der Leitung von Ernst Geiger übernahm die Ermittlungen. Der damalige Kriminaldirektor Roland Horngacher schaltete sich ebenfalls in das Geschehen ein. Der Diebstahl der »Saliera« und die diesbezüglichen Ermittlungen waren berichtspflichtig und man erwartete im Bundesministerium für Inneres, dass dieser Fall so rasch wie möglich geklärt werden sollte. Dementsprechend groß war der Druck auf die ermittelnden Kriminalbeamten und die Führungselite der Kriminalpolizei. Nun, der Erfolg stellte sich nicht so rasch ein wie gehofft.

Auch ich durfte einen kleinen Beitrag in dieser Causa leisten. Da ich Innenminister Strasser kritisiert hatte, wurde ich bei der Auflösung des Sicherheitsbüros im Zuge der Polizeireform in Wien versetzt und zum Leiter des Kriminalkommissariats Süd bestellt. Offiziell ging es nicht anders, inoffiziell wusste jeder Insider, dass diese neue Dienstzuteilung eine Art Strafversetzung war. Ich hatte zwar gegen meine Abberufung als Vorstand des Sicherheitsbüros berufen und bekam vom Bundeskanzleramt auch Recht, aber das half mir höchstens finanziell, aber nicht faktisch.

Zu dieser Zeit hielt ich immer noch Seminare bei privaten Anbietern ab, die sich mit dem Thema »Sicherheits-Management« beschäftigten, und hatte mit Kollegen aus der Sicherheitsbranche zu dem Thema ein Buch geschrieben, das sehr gut angenommen wurde. Mein Ruf nach außen war nicht zerstört worden und mein Rat gefragt. Dieser Ruf war auch die Grundlage einer Einladung in das Kunsthistorische Museum, wo ich mit dem Sicherheitschef und dem Direktor des Kunsthistorischen Museums Seipel den Fall besprechen durfte. Für einen Kriminalisten war das Geschehen von brennendem Interesse, ich durfte den Tatort aus unmittelbarer Nähe persönlich begutachten.

Hier stellte sich mir sofort die Frage: War der geschilderte und vermutete Modus Operandi überhaupt plausibel? Wenn man sich die Örtlichkeit in Erinnerung ruft, so scheint die Aussage des Täters Robert M., der am 20. Jänner 2006 von den Beamten der Kriminaldirektion 1 ausgeforscht werden konnte, einfach unglaubwürdig. Nun, der Erfolg scheint den Kriminalbeamten Recht zu geben. Der Täter gestand die Tat, die »Saliera« wurde sichergestellt und mittlerweile erfolgte auch ein Urteil gegen den geständigen Täter, also was will man mehr? Weder bei der Polizei noch bei Gericht hegte man irgendwelche Zweifel an der Darstellung des Tatablaufes. Die Alarmabteilung bemühte sich angeblich stundenlang, die geschilderte Einbruchsart penibel genau nachzuvollziehen und scheiterte. Auch meine persönlichen Beobachtungen am Tatort konnten die berechtigten Zweifel am geschilderten Tatablauf nicht entkräften. Aber die Plausibilität des Geschehens war in Wahrheit niemandem wichtig.

So geschieht es immer wieder in der Kriminalgeschichte, dass es mehrere Wahrheiten geben kann. Ein gängiger Spruch dazu lautet: »Es gibt immer drei Wahrheiten: Wie ein Sachverhalt sich tatsächlich ereignete, was man bei der Polizei schildert und was dann bei Gericht davon übrig bleibt, das sind immer drei verschiedene Geschichten.«

# Die Polizei: Geschichte und Gegenwart

## *Die internationale Dimension meiner polizeilichen Tätigkeit*

Meine dienstliche Tätigkeit war durch den Einfluss äußerer Ereignisse grundsätzlich in zwei Perioden geteilt. Vom Beginn meiner Tätigkeit bei der Polizei im Jahr 1972 bis 1990 war ich ein Polizist wie jeder andere, ein Praktiker, der die Arbeit gelernt hatte, Erfolge verbuchen konnte, aber mit der Polizeiwissenschaft wenig »am Hut« hatte. Es boten sich relativ wenig Vergleichsmöglichkeiten mit ausländischen Polizeimodellen und es konnten nur Einzelerfahrungen bei Dienstreisen gesammelt werden.

Eine wissenschaftliche Verbindung ergab sich durch die Mitgliedschaft bei der Gesellschaft für Strafrecht und Kriminologie an der Universität Wien. Diese Verbindung zur Alma Mater war nach der Beendigung des Studiums der Rechtswissenschaften zweckmäßig, da sie regelmäßige Kontakte zur Justiz und zur Medizin, insbesondere zum Institut für Gerichtliche Medizin, gewährte, die für die Tätigkeit im Sicherheitsbüro, besonders bei der Aufklärung von Gewaltdelikten, wichtig waren. Durch meine Tätigkeit im Sicherheitsbüro lernte ich auch Harald Seyrl kennen, der 1991 das Kriminalmuseum in Wien Leopoldstadt aufbaute und einrichtete. Er motivierte mich zur vergleichenden Betrachtung der Kriminalgeschichte unter dem Motto:

*»Kriminalgeschichte ist auch Zeit-, Sozial- und Kulturgeschichte.«*

Harald Seyrl brachte mich zum Schreiben und 1993 verfassten wir gemeinsam »Die Wiener Kriminalchronik«, die großen Anklang fand.

Im Jahr 1991 gab es einen Anstoß von außen, der meinen Horizont wesentlich erweitern sollte. Vom damaligen Vorstand des Büros für Organisation und Rechtsfragen Tonhofer war mir ein amerikanischer Universitätsprofessor zur Betreuung zugeteilt worden. Es handelte sich um Dilip K. Das, einen geborenen Inder, der im Polizeiführungsteam in New Delhi gearbeitet und dort bis 1978 an die fünftausend Mann kommandiert hatte. Er entschloss sich, sein Land zu verlassen und in die Vereinigten Staaten auszuwandern. Dieser Mann begann seine Auslandskarriere unter tragischen Umständen. Als er mit seiner Familie zum Flughafen fuhr, um auszuwandern, gab es einen Verkehrsunfall, bei dem seine Frau verstarb. Dilip K. Das überlebte mit seinen beiden kleinen Kindern. Trotz dieses Schicksalsschlages wanderte er mit den Kindern in die USA aus, studierte Kriminologie und Soziologie, schloss das Studium mit einem »PhD« ab und begann seine wissenschaftliche Laufbahn.

Als er im Jahr 1991 nach Österreich kam, arbeitete er an einem Buch zum Thema: »Policing – eine vergleichende Studie der Polizeieinrichtungen in sechs Ländern«. Er besuchte Großbritannien, Spanien, Frankreich, Finnland, Deutschland und Österreich, um herauszufinden, wo die Stärken und Schwächen der jeweiligen Polizeiorganisationen lagen. Ehrlich gesagt ging mir dieser Professor am Anfang ein wenig auf die Nerven. Er stellte unendlich viele Fragen und wollte alles wissen. Das hat einige Stunden meiner Freizeit gekostet. Aber langsam änderte sich meine Einstellung. Ich wurde neugierig und begriff, worin der Wert solcher vergleichender Untersuchungen bestand. Ein ganz wichtiger Ansatz seiner Überlegungen war die grundsätzliche Frage:

*»Was erwarten sich die Menschen von Polizeieinrichtungen in Demokratien?«*

Als ich mich mehr und mehr für dieses Thema zu interessieren begann, wurde diese Begegnung zur Motivation, sich nicht nur mit der praktischen Arbeit als Polizist, sondern auch mit Polizeiwissenschaft zu beschäftigen. Als Jurist war man ja nicht so sehr darauf konditioniert, sich interdisziplinär mit anderen Wissenschaftszweigen wie Psychologie oder Soziologie verstärkt zu beschäftigen. Man konzentrierte sich auf die Juristerei und ließ die anderen ihr Wissen beisteuern. Das war in den Vereinigten Staaten schon in den Sechziger- und Siebzigerjahren ganz anders. Ich begann eine intensive Korrespondenz mit Dilip K. Das und lernte seinen integrierten Ansatz viel besser verstehen. So fand ich von der Praxis zur Theorie: Auf zwei Füßen steht es sich ja ohnehin besser.

Im Jänner 1994 wurde ich von der amerikanischen Botschaft in Wien in die Akademie des Federal Bureaus of Investigation nach Quantico eingeladen. Dort fand ein Ausbildungslehrgang für das gehobene Polizeimanagement statt, der zwei Wochen dauerte. Anschließend besuchte ich Dilip K. Das an seiner Universität in Illinois und durfte dort auch unterrichten. Diese internationalen Kontakte vertieften sich noch dadurch, dass ich Mitglied bei der weltweit größten kriminologischen Gesellschaft, der Academy of Criminal Justice and Sciences (ACJS) wurde, die jedes Jahr im März eine Jahrestagung in einer amerikanischen oder kanadischen Stadt abhält. Der Gesellschaft gehören über fünftausend Wissenschaftler und Praktiker an. Bei den Tagungen werden jeweils die neuesten Forschungsergebnisse und Publikationen präsentiert.

Dilip K. Das gründete eine eigene kriminologische Vereinigung, das International Police Exekutive Symposium (IPES), welches das erste Mal 1994 in Genf tagte. Aufgrund des neuen Interesses genehmigte mir das Innenministerium eine Teilnahme an der zweiten Konferenz dieser Organisation, die im Frühjahr 1995 in Onati, Spanien, zum Thema »Challenges of Policing« stattfand. Ich durfte an der Tagung teilnehmen und bereitete auch erstmals einen Vortrag vor, der später als mein erster englischsprachiger Beitrag in ein amerikanisches Buch aufgenommen wurde. Die IPES veranstaltet jedes Jahr in einem Gastland eine Schwerpunkttagung zu einem Polizeithema. Mittlerweile sind schon einige Buchkapitel von mir veröffentlicht worden, die mir eine gewisse internationale Reputation einbrachten.

Mein internationales Engagement entwickelte sich ständig weiter. Ich trat der Association de Droit Penal (ADP) bei, einer internationalen Gesellschaft für Strafrecht, die in Wien regelmäßig wichtige Themen wie die organisierte Kriminalität oder Terrorismus anspricht.

Durch die Tätigkeit im Betrugs- und Fälschungsreferat wurde ich Mitglied der International Financial Crime Investigators (IAFCI). Diese internationale Vereinigung analysiert die Trends der organisierten Finanzbetrüger und setzt Gegenmaßnahmen. Die IAFCI ist ein Netzwerk von Finanzinstituten, Kreditkartenfirmen und Wirtschaftsunternehmen, die durch die kriminellen Aktivitäten von Finanzbetrügern angegriffen werden. Die Gesellschaft hat es sich zum Ziel gesetzt, diese Machenschaften zu bekämpfen und Erfahrungen auszutauschen.

International wurde man auf mich aufmerksam. Im Jahr 1995 erfolgte die erste Einladung des Council of Europe (CE), einen Vortrag in Prag zum Thema »Internationale Polizeikooperation und die Bekämpfung der organisierten Kriminalität« zu halten. Seither agiere ich fallweise für den Council of Europe als internationaler Experte.

Im Jahr 1997 erfolgte die erste Einladung der United Nations. Da ich im Juni 1997 mit Erlaubnis des Polizeipräsidenten selbst eine internationale Tagung in Wien ausrichten durfte, wurde ich als Vortragender für ein UNO-Seminar nach Mazedonien eingeladen. Weitere Einladungen folgten, etwa die der Organization for Security and Co-operation in Europe (OSCE), bei der ich seit dem Jahr 2004 unterschiedlich eingesetzt werde. Ich durfte in mehreren Staaten Zentralasiens zu den Themen »Korruptionsbekämpfung, organisierte Kriminalität, Terrorismus und Geldwäsche sowie Wirtschaftskriminalität« unterrichten. Der Schwerpunkt meiner Tätigkeiten hat sich von der Praxis auf die Theorie erweitert und mein Leben hat sich in Folge der internationalen Komponente stark verändert.

Mir selbst schien die Tatsache, dass die Praxisnähe eines Polizisten für die Wissenschaft sehr wichtig ist, zunächst gar nicht so bedeutend. Aber die Erfahrungen, die man besonders in einer so großen Kriminaldienststelle wie dem Sicherheitsbüro sammelte, die Chance, an großen, oft historisch interessanten Kriminalfällen zu arbeiten, und das Wissen, das man daraus gewinnt, eröffneten in Verbindung mit der Theorie und der Literatur einen enormen Fundus. Je älter man wird, umso besser kann man dieses gesammelte Wissen an die jungen Studenten und Studentinnen weitergeben. Das Unterrichten und das Schreiben von Fachbüchern ergeben sich dann von selbst.

Meine internationale Tätigkeit und die Anerkennung im Ausland haben wie üblich in Österreich keine Wirkung gezeigt. Innenminister Karl Schlögl hätte mir zwar die Sicherheitsakademie anvertraut, was eine schöne Aufgabe geworden wäre, doch die Wahlniederlage der Sozialdemokratischen Partei Österreichs hat mir diese Chance verwehrt. Mein Ziel wäre es gewesen, das Ausbildungsniveau der Sicherheitsexekutive auf akademisches Niveau zu heben. Dieses Ziel wird jetzt, 2008 und in der Folgezeit, umgesetzt.

Geblieben sind mir die Unterrichtstätigkeiten an der Wirtschaftsuniversität Wien, der Donau-Universität in Krems und an der Kent

State University in Ohio. Die internationalen Erfahrungen ermöglichten erst die kritischere Beurteilung der Vorgänge rund um die Reformen der österreichischen Exekutive. Aufgrund der internationalen Erfahrungen ist erkennbar, dass die Polizeireform in Österreich massive Mängel aufweist.

## *Die Geschichte der österreichischen Polizei*

Österreich zählt zu jenen Ländern, in denen sich das »kontinentale Polizeisystem« herausgebildet hat. Dieses unterscheidet sich vom »angelsächsischen System« im Hinblick auf die Legitimierung (durch Zentralregierung statt durch lokale Behörden), Struktur (zentralisiert statt dezentralisiert) und Funktion der Sicherheitsexekutive (Kriminalitätsbekämpfung nur als eine von mehreren Aufgaben). Historisch gesehen ist die Sicherheitsexekutive ein Produkt des polizeilichen Wohlfahrtsstaates des aufgeklärten Absolutismus. In dieser Ära handelte es sich vorwiegend um die Polizeiverwaltung. Die Polizeigewalt wurde praktisch unbeschränkt ausgeübt.

Im Jahr 1221 wurde von dem Babenberger Herzog Leopold VI., dem Glorreichen, der Stadt Wien eine »Friedensordnung« gegeben. Das leopoldinische Stadtrecht war die erste nachweisbare Grundlage, in der die Ausübung der Polizeigewalt (Markt-, Straßen-, Reinlichkeits-, Bau- und Feuerpolizei) geregelt und dem Stadtrat übertragen wurde, der sich aus 24 der »weisesten Bürger« zusammensetzte. Diesem war eine von den Zünften der »Bogner und Pfeilschnitzer« gestellte Stadtwache beigegeben.

Im Jahr 1361 wurde die »Wiener Bürgerwehr« aufgestellt, die bis in das 17. Jahrhundert bestand. Die Tore und Mauern der Stadt Wien wurden von der 1531 geschaffenen Stadtguardia bewacht. Diesen Wachkörper löste man 1722 auf. Noch während des Bestehens der Stadtguardia wurde im Jahr 1646 die Rumorwache gegründet. Dieser zweite Wachkörper war langfristig gesehen nicht vorteilhaft und es kam zu unüberwindlichen Gegensätzen zwischen den beiden.

Unter Kaiserin Maria Theresia wurden alle Wachen aufgelöst und eine Militär-Polizeiwache aufgestellt. In dieser Zeit wurden erstmals auch deren Angehörige zum Dienst in Zivilkleidung für kriminalpolizeiliche Aufgaben herangezogen.

## Die Zeit der Reform der Polizei

Bedingt durch die Revolution von 1848 wurde der unbeschränkten Polizeigewalt »widersprochen«. Die wesentliche Kritik am absolutistischen Staat bezog sich vorrangig auf den Polizeiapparat, mit dem ein erstarrtes politisches System aufrechterhalten wurde. Anstelle des Konzeptes des Wohlfahrtsstaates und der »absolutistischen wohlfahrtsstaatlichen Polizei« trat das Konzept der »Sicherheitspolizei«. Im Jahr 1849 wurde für den ländlichen Bereich die Gendarmerie als zuständiges Sicherheitsorgan eingerichtet, für den städtischen Bereich etablierte sich im Jahr 1860 die Polizei. Nach diesem Konzept wurde die Hauptaufgabe der Polizei im »Abwenden von Gefahr« gesehen. Die Polizeigewalt war damit beschränkt. Nach der Revolution von 1848 regelte man im Jahr 1862 die Grundrechte der persönlichen Freiheit und das Hausrecht und im Jahr 1867 die generellen Grundrechte der Staatsbürger.

Der große Reformer der Wiener Polizei war aber Anton Ritter von Le Monnier, ein Mann mit hervorragenden Sprachkenntnissen und Fähigkeiten. Le Monnier löste den letzten Polizeidirektor Strohbach, der an den Methoden einer vergangenen Polizei festhielt, ab. Le Monnier gelang es, eine Art Bündnis mit dem Liberalismus herzustellen und die Polizei mit der neuen Zeit zu versöhnen. Zu den wichtigsten Reformen gehörte die im Jahr 1872 vorgenommene Sektionseinteilung: Die Polizeidirektion wurde in eine Staatspolizeiliche Abteilung, Kriminalpolizeiliche Abteilung und in eine Administrativpolizeiliche Abteilung gegliedert. Die Einteilung besteht im Grunde noch heute. Le Monnier hatte einen Mann zur Seite, der ebenfalls durch seine Reformfreudigkeit hervorstach: Polizei-Oberdirektor Beer. Beer gab der Einrichtung der kriminalpolizeilichen Ausforschungsorgane die Fahrtrichtung an, Le Monnier führte sie in den »Hafen«. Was der Erste begann, vollendete der Zweite. Diese beiden Männer zählten in der damaligen Zeit zu den bedeutendsten Köpfen der Polizeidirektion Wien. 1869 wurden durch das »Institut der k.k. Sicherheitswache« vor allem die Ausbildung und die Dienstkleidung der Sicherheitswache reformiert. Man bildete die

Polizei nach den damals modernsten Erkenntnissen nach englischem und französischem Vorbild aus. Die Kriminalpolizei wurde 1870 durch das »Institut der k.k. Polizeiagenten in Wien« geregelt.

Die Polizeiorganisation wurde nach dem Zusammenbruch der Monarchie im Jahr 1918 nahezu unverändert in die Erste Republik übernommen. Die Polizei stellte in der unmittelbaren Nachkriegszeit die einzige Ordnungsmacht dar, die wesentlich zu einem reibungslosen Übergang von der alten zur neuen Staatsautorität beitrug. In dieser Zwischenkriegszeit war die österreichische Polizei weltberühmt. Österreichische Polizisten wurden nach Chicago gesandt, um die dortige Polizei auszubilden. Unter dem Polizeipräsidenten Johann Schober wurde die INTERPOL im Jahr 1923 in Wien gegründet und war bis zum Ausbruch des Zweiten Weltkrieges auch in Wien etabliert.

## Die Zweite Republik und das Sicherheitspolizeigesetz

Die Organisation der Sicherheitsexekutive in der Zweiten Republik (seit 1945) knüpfte an jene der Zwischenkriegszeit und damit auch an die der Monarchie an. Dementsprechend finden sich auch noch in der heutigen Polizeibürokratie Elemente aus der vordemokratischen Zeit. So gaben bei einer internen Befragung 1989 etliche Wiener Beamte an, die Polizeibürokratie »erinnere noch immer sehr stark an Metternich«, der österreichischer Staatskanzler von 1821 bis 1848 und Symbolfigur einer strengen Polizeiherrschaft war. Wesentlich sind in diesem Zusammenhang die ausgeprägte polizeiliche Hierarchie und die starke Zentralisation. Die Besonderheit besteht darin, dass die Polizeigewalt, das Gewaltmonopol, ausschließlich beim Staat liegt. Durch die Zentralisierung der Entscheidungsvorgänge und die hierarchische Organisation wird innerhalb des Polizeisystems ein deutlicher sozialer Druck nach unten weitergegeben und es kommt zu einer Überreglementierung polizeilichen Handelns. Alle einschlägigen Untersuchungen der letzten Jahre kommen zu dem Ergebnis, dass bei den Beamten eine erhebliche Unzufriedenheit mit der Organisation besteht und das hierarchische Gefälle zu stark ausgeprägt ist. Ferner wird den Vorgesetzten oft vorgeworfen, unflexibel zu sein und »unsinnige« Planungsvorhaben der Politik schlicht nach unten weiterzugeben, ohne zu prüfen, ob diese Vorhaben überhaupt realistisch sind und was diese für die betreffenden Beamten bedeuten.

Es besteht jedenfalls ein ausgeprägter Gegensatz zwischen den von Reuss-Iunni (1984) so bezeichneten »Street Cops« und den »Management Cops«. Dazu kommen noch Führungsprobleme, weil viele Juristen in Führungspositionen gehievt wurden. Österreich zeigt eine hohe Polizeidichte. Weltweit besteht eine Polizeidichte von 1 zu 700 Einwohnern, in Westeuropa von 1 zu 500 und in Österreich von 1 zu 300. Der Frauenanteil der österreichischen Polizei liegt derzeit bei sieben Prozent.

Im Jahr 1993 trat ein wesentlicher Wandel im Polizeiverständnis und im Polizeiwesen ein. Am 1. Mai 1993 wurde das Sicherheitspolizeigesetz geschaffen, welches die Rechte und Pflichten der Polizei fundamental neu regelt. Das Gesetz besteht aus neun Teilen. Laut Legaldefinition Paragraph 2 Absatz 2 SPG besteht die Sicherheitsverwaltung aus der Sicherheitspolizei, dem Pass- und Meldewesen, der Fremdenpolizei, der Überwachung des Eintrittes in das Bundesgebiet und des Austrittes aus ihm, dem Waffen-, Munitions-, Schieß- und Sprengmittelwesen sowie aus dem Pressewesen und den Vereins- und Versammlungsangelegenheiten. Die Aufgaben der Sicherheitspolizei ergeben sich aus Paragraph 3 SPG, die Aufrechterhaltung der öffentlichen Ruhe, Ordnung, Sicherheit und der ersten allgemeinen Hilfeleistungspflicht.

Neu ist auch die Definition der beratenden Präventionstätigkeit, die im Paragraph 25 SPG dargestellt wird. Das Leitbild der Polizei orientiert sich an folgenden Aufgabenprioritäten:

- Hilfeleistung und Streitschlichtung sowie intelligente Präsenz (neues Dienstsystem), Gefahrenabwehr und Prävention
- Verkehrssicherheit
- Kriminalitätsbekämpfung und Opferbetreuung
- Zusammenarbeit/Vernetzung mit anderen Institutionen

Im Sicherheitspolizeigesetz wird der tatsächlichen Arbeitsverteilung der Exekutive Rechnung getragen. Auch der österreichische Bürger sieht die Sicherheitsexekutive vor allem in einer sozial helfenden Rolle. Für ihn ist die Polizei eine wichtige, unspezifische Hilfsinstitution, an die er sich mit den verschiedensten Problemen wenden kann, eine Dienstleistungsagentur, die für alle Arten von Störungen, Konflikten und Abweichungen von der Norm zuständig ist. Dies zeigt auch eine Notrufanalyse, die 1995 in Deutschland und in Österreich erstellt wurde.

Auf internationalen Kongressen, die 1994 in Genf und 1995 in Boston und Onati abgehalten wurden, stellte man fest, dass die Menschen weltweit vor der Wanderbewegung, der Entwicklung der Kriminalität, der Gewalt, den Drogen, dem Terrorismus und Extremismus, vor Fremden, der Verletzung der Menschenrechte, Polizeigewalt und Korruption Angst haben.

## Objektive Sicherheit

Die Veränderungen im Ausmaß, in der Struktur, Qualität und Quantität der Kriminalität sind durchaus mit denen anderer europäischer Länder vergleichbar. Europa ist längst zu einer kriminalgeografischen Einheit zusammengewachsen und bildet einen nahezu einheitlichen Markt für kriminelle Geschäfte international agierender Verbrecher und Organisationen, auf dem Österreich seinen Platz behauptet. Bis jetzt sind extreme Kriminalitätsbelastungen einzelner Bevölkerungsgruppen oder Regionen nicht bekannt. Die Jahre 1975 bis 2007 weisen aber mehr als eine Verdoppelung der statistisch ausgewiesenen Gesamtkriminalität aus:

1975: 245 374
1985: 377 517
1994: 504 568
1995: 490 539
2000: 516 929
2005: 605 272
2006: 589 495
2007: 594 240

Gleichzeitig zeigt sich, dass die Aufklärungsquoten langfristig rückläufig sind. Die Aufklärungsquote beträgt bezogen auf alle registrierten Straftaten ohne fahrlässige Körperverletzungen im Jahr 1994 etwa 42 Prozent. Im Jahr 1975 hat die Quote noch 47,5 Prozent betragen. Noch deutlicher zeigt sich das Sinken der Aufklärungsquote bei einem Vergleich der Klärung von Verbrechen: Im Jahr 1994 wurden 28,7 Prozent, im Jahr 1975 32,2 Prozent und im Jahr 2007 weniger als 27 Prozent aufgeklärt.

Die politischen, wirtschaftlichen und gesellschaftlichen Veränderungen in Europa, insbesondere in unseren östlichen und südöstlichen Nachbarländern, haben nicht nur die Quantität und die Struktur der Kriminalität verändert, sondern auch ihre Qualität. Neue Kriminalitätsformen gewinnen an Bedeutung, so etwa die Wirtschafts-, Computer-, Scheck- und Kreditkartenkriminalität oder die Umweltkriminalität. Täterschaften und Organisationen wirken zunehmend professioneller und nutzen intellektuelle Fähigkeiten, moderne Technologien und Kommunikationsmittel. In einzelnen Deliktssparten sind fast ausschließlich ausländische Tatverdächtige am Werk, etwa bei Drogen- und Einbruchskriminalität und Menschenhandel. Darüber hinaus hat eine Internationalisierung und Mobilisierung stattgefunden, die zum größten Teil auf das Wachsen der organisierten Kriminalität zurückzuführen ist. Diese Entwicklung trifft auf die Bevölkerung in Wien beziehungsweise in ganz Österreich zu. Es ist bekannt, dass Österreich im Vergleich zu anderen Staaten Europas oder der Welt, was die Bedrohungslage durch Kriminalität betrifft, insgesamt noch immer ein verhältnismäßig sicheres Land ist. Österreich ist das zehntreichste Land der Welt und gehört mit der Schweiz zu den sichersten Ländern Europas.

## Subjektive Sicherheit

Die subjektive Sicherheitslage stellt sich dagegen schlecht dar. Viele Menschen fürchten sich, besonders ältere Bürger leben in Angst, viele Menschen fordern mehr Polizei oder den Einsatz privater Wachdienste und manche verlangen sogar Bürgerwehren.

Das subjektive Sicherheitsgefühl sinkt und die Kriminalitätsfurcht wächst in der Bevölkerung, wie verschiedene Umfragen belegen. Dabei entspricht diese Entwicklung nicht jener der statistisch ausgewiesenen Kriminalität. Die Zunahme der Kriminalitätsfurcht hat vor dem Hintergrund der Kriminalitätsentwicklung nur teilweise ihre Berechtigung. In einigen Fällen ist sie der skandalorientierten Berichterstattung in den Massenmedien zuzuschreiben. Aber nicht nur die Medien, auch manche Politiker schüren Angst in der Hoffnung auf Wählerstimmen. Trotz einer zu erwartenden Zunahme der Kriminalitätsfurcht fühlt sich die Bevölkerung insgesamt noch relativ sicher.

In Untersuchungen zum Unsicherheitsgefühl und zur Sicherheitspolitik in europäischen Kommunen, die unter dem Buchtitel »Großstadtängste – Anxious Cities« von Klaus Sessar, Wolfgang Stangl und René van Swaaningen 2007 veröffentlicht wurden, stellte man fest, dass bei einem Städtevergleich von Amsterdam, Budapest, Hamburg, Krakau und Wien die Kriminalitätsfurcht in Wien am geringsten ausgeprägt ist. Die Ursachen dafür sind mannigfaltig, vor allem die Sauberkeit in einer Stadt spielt eine wichtige Rolle.

## Methoden der sozialen Kontrolle

Einerseits hat Österreich seit dem Kriegsende im Jahr 1945 eine ständige wirtschaftliche Aufwärtsentwicklung erlebt. Der soziale Frieden zwischen Arbeitgeber und Arbeitnehmer ist ein Markenzeichen der österreichischen Gesellschaft, die Anzahl der Streiktage ist hier europaweit am niedrigsten. Österreich hat sich in der Ära Kreisky zu einem Modellsozialstaat entwickelt.
Politische, wirtschaftliche und soziale Ziele waren immer:

- Aufrechterhaltung des Wirtschaftswachstums
- Ausgewogene Beschäftigungspolitik
- Ausgewogene Wohnbaupolitik
- Schaffung und Aufrechterhaltung eines engmaschigen sozialen Netzes gegen Unfall, Krankheit und zur Altersvorsorge, ausreichende medizinische Versorgung
- Sozial gerechtes Bildungswesen; Schul- und Studienplätze für alle Lernwilligen, keine Diskriminierung

## Der Wertewandel in unserer Gesellschaft

Andererseits haben sich aber auch dramatische Bruchlinien in unserer Gesellschaft trotz des offensichtlichen Wohlstandes entwickelt. Es darf an die Worte des Generaldirektors für die öffentliche Sicherheit anlässlich der Tagung des Kuratoriums Sicheres Österreich im Jahr 1993 erinnert werden: »Die Eckpfeiler unseres Abwehrsystems sind Familie und Schule – diese haben stark Schaden gelitten. Es ist vieles aus den Fugen geraten in den letzten Jahrzehnten, in denen wir es zum Wohlstand gebracht haben! Das macht uns angreifbar!«

In jeder Gesellschaft, egal, ob sie nach ihrem zugrunde liegenden Wertesystem, ihrer Herrschaftskultur und ihren Verteilungsmechanismen als mehr oder minder »gerecht« bezeichnet werden kann, gibt es das Phänomen der »Abweichung«. Das Verbrechen als abweichendes Verhalten von Menschen ist ebenso wenig wie der Mensch selbst mittels einer einheitlichen Methode erforschbar. Das gilt sowohl für die Straftat als individuelles Vorkommnis als auch für die staatliche und private Reaktion auf strafbares Verhalten und auf Kriminalität als Massenproblem und damit auch für die Kriminalprävention.

## Die geschichtliche Entwicklung der Prävention

Da sich das Ausmaß der Kriminalität in den letzten zwanzig Jahren verdoppelt hat, gleichzeitig aber die Aufklärungsquote gesunken ist, zeigte sich, dass der Weg der Repression nicht der Einzige sein kann, um dem Bürger Sicherheit zu vermitteln.

Ein neues Feld der Betätigung für die Exekutive eröffnete sich durch die Prävention. Wer Kriminalprävention umfassend und wirksam betreiben will, muss sich bildlich gesprochen wie jemand vorkommen, der sich allein im Dschungel verirrt hat. Das lateinische Wort »praevenire« meint »zuvorkommen, verhindern, vorbeugen«. Ziel der Kriminalvorbeugung ist sowohl die primäre Verhütung der Verbrechensentstehungsgründe als auch die sekundäre Vorsorge gegen Weiterungen und Wiederholungen, wenn trotz allem ein Verbrechen geschehen ist.

Die geschichtliche Entwicklung der Prävention in Österreich zeigt, dass sich der Präventionsgedanke von der *kriminalpolizeilichen Vorbeugung* nach englischem Vorbild über das *Community Crime Prevention Model* bis zum *Community Policing* weiterentwickelte.

Am 8. Mai 1974 wurde der »Kriminalpolizeiliche Beratungsdienst« seitens des Bundesministeriums für Inneres mit Erlass an die Bundespolizeibehörden, Landesgendarmeriekommanden und Sicherheitsdirektionen gegründet. Ein Besuch der Wiener Polizeiführung bei der englischen Polizei anlässlich einer Sicherheitsmesse im Jahr 1977 bewirkte, dass der Beratungsdienst nach dem englischen Modell gestaltet wurde, dessen Grundgedanken lautet: »*To serve the community*«.

In der Folge wurden 1977 die »Kontaktbeamten«, 1983 verstärkte Fußpatrouillen und 1984 die Jugendkontaktbeamten bei der Bundespolizeidirektion Wien eingeführt.

## Die neue Rolle der Polizei

Die neue Rolle der Polizei wurde durch Paragraph 25 SPG geschaffen. Den Sicherheitsbehörden obliegt es, gefährlichen Angriffen gegen Leben, Gesundheit und Vermögen von Menschen durch die Förderung der Bereitschaft und Fähigkeit des Einzelnen, sich über eine Bedrohung seiner Rechtsgüter Kenntnis zu verschaffen, entsprechend vorzubeugen. Darüber hinaus obliegt es den Sicherheitsbehörden, Vorhaben, die der Vorbeugung gefährlicher Angriffe auf Leben, Gesundheit und Vermögen von Menschen dienen, zu fördern. Auf dieser Grundlage wurde der Kriminalpolizeiliche Beratungsdienst neu organisiert:

*Büro des Kriminalpolizeilichen Beratungsdienstes*
*Gruppe Prävention Eigentumsdelikte*
*Gruppe Gewaltprävention Kinder, Jugend, Familie*
*Gruppe Prävention Sexualdelikte*
*Gruppe Suchtprävention*

Kriminalprävention im kriminologischen Sinne stellt die Gesamtheit aller staatlichen und privaten Bemühungen zur Verhütung von Straftaten dar. Man kann zwischen primärer, sekundärer und tertiärer Prävention unterscheiden. Primäre Prävention bekämpft Kriminalität an den Wurzeln, sekundäre Prävention bekämpft Kriminalität an der Oberfläche, tertiäre Prävention bedeutet täterorientiertes Handeln, zum Beispiel Täter-Opfer-Ausgleich, soziale Trainingskurse, Maßnahmen der Resozialisierung.

## Community Policing

Ausgelöst durch die Eigendynamik lokaler Projekte entschloss man sich bei der BPD Wien Anfang 1994 zu einer »Community-Policing-Strategie«. Deren Chancen liegen in der Kriminalitätsbekämpfung an der Wurzel. Statt der ausschließlichen Forderung nach mehr Polizei und Bürgerwehr soll der Bürger in die Beantwortung von Sicherheitsfragen eingebunden werden. Die Übernahme von Verantwortung durch den Bürger und das Erkennbarmachen der tatsächlichen Kriminalitätsbelastung soll das subjektive Sicherheitsgefühl verbessern.

Die neue Form »gelebter« Zusammenarbeit zwischen Bürger und Polizei lässt ein fundiertes Vertrauensverhältnis entstehen. Die Polizeiarbeit beschränkt sich nicht nur auf die »Feuerwehrfunktion« (»sie kommt nur, wenn schon etwas geschehen ist«), sondern wird umfassender und professioneller. Diese umfassende Polizeiarbeit hat die Chance zur Definition eines neuen Berufsbildes der Polizei geboten und damit auch die Chance zur Zufriedenheit im Beruf. Das neue Leitbild der Bundespolizeidirektion Wien wurde im Jahr 1997 vorgestellt und lautet: »*Sicherheit und Hilfe*«.

Das neue Leitbild wurde in einer fast einjährigen Arbeit erstellt und soll das alte Leitbild »*Die Polizei – dein Freund und Helfer*« ersetzen.

Die fünf Säulen kommunaler Polizeiarbeit:
- Gemeinsames Sicherheitskonzept mit dem Bürger
- Partnerschaft ohne Anonymität
- Verknüpfung mit anderen Institutionen
- Dezentralisierung, interner Dialog
- Übersicht in der kleinen Einheit

Die Risiken der CP-Strategie:
- Die politische Vereinnahmung
- Der Hang zur Zentralisierung
- Die schwierige Erfolgskontrolle wegen fehlender Erfolgskriterien
- Fehlende Motivation durch mangelnde Schulung und Aufarbeitung
- Die Polizei übernimmt das Kommando, der Bürger bleibt Zuschauer

Seit der Teilung des Sicherheitsmonopols sind primär die Exekutive und die Sicherheitsindustrie aufgerufen, Motor der Sensibilisierung der

Bevölkerung zu sein. Die Vernetzung des Sicherheitsdenkens muss alle Bürger und Schichten erfassen, um unsere Sicherheit zu erhalten.

## Die Zukunftsperspektive in einem gemeinsamen Europa

Österreich ist seit Jänner 1995 Mitglied der Europäischen Gemeinschaft. Dadurch ist es verpflichtet, das Schengener Abkommen von 1985 und den Vertrag von Maastricht von 1992 einzuhalten und zu erfüllen. Hauptpunkte des Vertrages von Maastricht sind die gemeinsame Asylpolitik, der Außengrenzschutz, die Harmonisierung der Einwanderungspolitik, die Bekämpfung des Drogenhandels und Drogenmissbrauches, die Bekämpfung internationaler Betrügereien, die Bekämpfung des Terrorismus und der organisierten Kriminalität. Die Gewährung des Außengrenzschutzes ist sicher die schwierigste Aufgabe für Österreich, passieren doch jährlich über zweihundert Millionen Menschen unsere Grenzen. Allein in Wien werden jährlich an die achtzig Millionen Gäste gezählt. Nach der Lagedarstellung der Kriminalitätsentwicklung in Österreich und Wien stellt sich die Frage:

*Wie soll die Exekutive auf diese Entwicklung antworten?*

Um das subjektive und objektive Sicherheitsgefühl nicht in ein Unsicherheitsgefühl abgleiten zu lassen, ist es erforderlich, dass die Kriminalitätsentwicklung sensibel beobachtet und verfolgt wird. Die in den Vorjahren investierte Sicherheitsmilliarde bedeutete mehr Personal, bessere Ausstattung und bessere Schulung der Exekutive. In Wien gelang beispielsweise 2007 die Senkung der Verbrechen um 1,2 Prozent. Insgesamt stieg aber in Österreich die Kriminalität um etwa 2 Prozent. Viele befürchten, dass die Erweiterung der Europäischen Gemeinschaft im Jahr 2008 eine nochmalige Steigerung der Kriminalität verursachen wird.

Die Gegenstrategien beziehen sich hauptsächlich auf:

- den »Tatort Straße« (Trick- und Taschendiebstähle, Kraftfahrzeugdiebstähle, Kraftfahrzeugeinbruchsdiebstähle, Geschäftseinbrüche, Verkehr)
- die Bekämpfung der organisierten Kriminalität

Der Tatort Straße wird normalerweise durch die erhöhte Präsenz der uniformierten Polizei bekämpft. Die Außendienstpräsenz sollte de facto verdoppelt werden, die Betreuung der Rayone stellt die Grundlage von Community Policing dar.

Der organisierten Kriminalität wurde die Arbeitsgemeinschaft zur Bekämpfung des organisierten Verbrechens (ARBOV) entgegengestellt. Es handelt sich um eine gemeinsame Plattform von Gericht, Staatsanwaltschaft, Finanz und Polizei, um effizientere Maßnahmen gegen die Schwerkriminalität zu schaffen. Einige Erfolge konnten bereits gegen die »Gürtelmafia« erzielt werden.

Die Polizei muss zwei wichtigen Anforderungen gerecht werden: Einerseits soll die Polizei Alltagsprobleme bewältigen wie Hilfeleistung, Regelung des Verkehrs, Aufklärung der »Kleinkriminalität«. Um das Verständnis zwischen Polizei und Bevölkerung zu verbessern, wurden der Kriminalpolizeiliche Beratungsdienst, verschiedene Projekte des Community Policing und des »Neighbourhood Watching« in einigen Bezirken eingerichtet. Darüber hinaus gibt es schon seit Jahrzehnten die Einrichtung der Kontaktbeamten, die besonders Alte und Junge betreut.

Andererseits muss die Schwerkriminalität wie die Bekämpfung des organisierten Verbrechens, der Ostmafia, der Geldwäsche, des Extremismus und der Wirtschaftskriminalität bewältigt werden. Dazu benötigt man einen besonders hohen Ausbildungsstand, Schlagkraft, internationale Zusammenarbeit mit INTERPOL, EUROPOL und CEPOL sowie anderen internationalen Einrichtungen wie etwa der Mitteleuropäischen Polizeiakademie, die in den Neunzigerjahren gegründet wurde.

Seit dem Angriff des internationalen Terrorismus auf die USA, seit 9/11 und seit den Anschlägen in London und Madrid sind die Bedrohungsbilder des Terrorismus für alle Demokratien ein dauerhaft gefährliches Szenario. Je stärker sich die reicheren Länder von den ärmeren unterscheiden, desto wahrscheinlicher ist die Gefahr eines Anschlages.

Der Weg zu einem gemeinsamen Europa wird noch lange und mühsam zu gehen sein. Zu gravierend stellen sich die Differenzen und unterschiedlichen Interessen der einzelnen Mitglieder dar. War es schon schwer, eine Gemeinsamkeit der zuletzt fünfzehn Mitglieder zu erreichen, so wird es noch schwieriger sein, die Osterweiterung, die Herausforderung von Armut und Reichtum, die Migrationsbewegung und die neuen Formen der Kriminalität in den Griff zu bekommen. Hoffnung gibt nur die Erinnerung und das Besinnen auf unsere gemeinsame Geschichte, die kulturelle Entwicklung des europäischen Raumes, die Achtung demokratischer Werte und Respektierung der Menschenrechte, die jedem Individuum Raum zur Selbstverwirklichung schaffen.

## *Das Sicherheitsbüro*

Auslöser für die Gründung des Sicherheitsbüros waren die Nachwirkungen des Jahres 1848. Infolge der Revolutionsereignisse wurde eine Reform der Polizei geplant, es sollte eine bürgernahe uniformierte Polizei sowie eine effiziente Kriminalpolizei geschaffen werden. Das Kaiserhaus beauftragte Ritter Le Monnier mit dieser Aufgabe. Er brachte das Modell der Kriminalpolizei aus Paris nach Wien und so wurde schließlich im Jänner 1858 nach dem Vorbild der Sûreté (Sicherheit) das Sicherheitsbüro in Wien eingerichtet.

Bald sollte sich diese Einrichtung zur vollen Blüte entwickeln. Sie wurde in Österreich und auch weltweit eine anerkannte Einrichtung, die bis in die Dreißigerjahre sensationelle Erfolge vorweisen konnte, die die Polizeieinrichtungen in den Vereinigten Staaten wie auch in China maßgeblich beeinflussten. Besonders die »Wiener Schule der Gerichtlichen Medizin« und die »Wiener Schule der Kriminalistik« trugen zu diesem Erfolg bei.

Das folgende Zitat stammt aus dem Artikel von Kornek im »Kriminalwalzer«: »Wien war Mitte des 19. Jahrhunderts die Hauptstadt eines Imperiums und hatte über zwei Millionen Einwohner. Die Hauptstadt der Monarchie Österreich-Ungarn war aber auch der Schmelztiegel dieses Vielvölkerstaates, wo Menschen unterschiedlichster Abstammung zusammenkamen, ebenso unterschiedliche Interessen verfolgten und auch aneinandergerieten. Die hohe Mobilität der damals in Wien lebenden Menschen bewirkte den Ruf nach einer effizienten Kriminalpolizei. Am 11. Jänner 1858 wurde daher aufgrund eines Erlasses das sogenannte Büro für öffentliche Sicherheit, bald kurz Sicherheitsbüro genannt, bei der Polizeidirektion Wien errichtet. Dieses Büro ging aus dem früheren Evidenzbüro hervor. Mit der Neubenennung sollte offenbar zum Ausdruck gebracht werden, dass der öffentlichen Sicherheit mehr Augenmerk zugewendet werden sollte.«

Das Sicherheitsbüro wäre am 13. April 2008 hundertfünfzig Jahre alt geworden. Es ist in Zeiten der Unsicherheit in der österreichisch-ungarischen Monarchie gegründet worden, um die Schwerkriminalität effizienter zu bekämpfen. Zur Zeit der Gründung lebten in der Monarchie über fünfzig Millionen Menschen und in Wien über zwei Millionen. Wien war schon immer ein Zentrum multikultureller Begegnung. Zwischen 1902 und 1904 wurde das Haus in Wien, Alsergrund, Roßauer Lände Ecke Berggasse gebaut. Es war bis vor kurzem die Heimstätte des Sicherheitsbüros. Der Alsergrund war ja früher die Brutstätte der Kriminalität, wo die »Strizzis« und »Mitzis« jenseits des Alserbaches zu Hause waren. Wahrscheinlich hat man gerade deshalb die Zentralstelle der Kriminalitätsbekämpfung in den Alsergrund platziert. In den Jahren 1923 bis 1938 war auch die INTERPOL, die vom damaligen Polizeipräsidenten und Bundeskanzler Schober gegründet worden war, in diesem Haus untergebracht.

Am 30. Oktober 2002 wurde das Sicherheitsbüro abgeschafft. Es begann damit, dass Ernst Strasser im Jahr 2000 als Innenminister bestellt wurde. Er trat sein Amt als großer Reformer an. Zuerst wurde das Innenministerium reorganisiert, im Jahr 2001 das Bundesamt für Verfassungsschutz und Terrorismusbekämpfung, 2003 wurde das Bundeskriminalamt Österreich geschaffen. Dies war die größte Reform der Zweiten Republik im Innenministerium und in der Bundespolizeidirektion Wien. Die Veränderungen im Innenministerium hatten zur Folge, dass die Observationsgruppen des Sicherheitsbüros, große Teile der Wirtschaftspolizei und des Büros für Erkennungsdienst und Kriminaltechnik der Bundespolizeidirektion Wien weggenommen und dem Bundesministerium für Inneres eingegliedert wurden. Damit huldigte man einem Zentralismus, der aus polizeitheoretischer Sicht massive Kritik auslöste.

Ein weiterer Schritt war die Umstrukturierung des Kriminaldienstes in Wien. Organisatorisch trennte man die Kriminalpolizei von der uniformierten Polizei. Man gründete das Kriminalamt, gliederte dieses in drei Kriminaldirektionen und fünf Kriminalkommissariate. Das Sicherheitsbüro, das es nach den ursprünglichen Plänen überhaupt nicht mehr geben sollte, lebte in gewisser Weise in der neu geschaffenen Kriminaldirektion 1 weiter. Die Kriminaldirektion 2 entsprach in der hierarchischen Struktur der Aufsicht über die Kriminalkommissariate. Die Kriminaldirektion 3 wurde die Nachfolgeorganisation des früheren Büros für Erkennungsdienst und Kriminaltechnik. Damit schaffte man gezielt den Markennamen »Sicherheitsbüro« ab, der international große Bedeutung und Anerkennung gefunden hatte. Eine solche Sinnlosigkeit hätte man sich in der Privatwirtschaft sicher nicht erlaubt. Noch heute kennen viele Kollegen aus dem Ausland den Namen Sicherheitsbüro. Die Bezeichnung »Kriminaldirektion 1« hingegen ist so einfallslos, dass es einem als geeichten Kriminalisten den Magen aushebt. Allein die Einfallslosigkeit bei der Namensgebung zeigte schon den Geist der Reform.

Bei gesellschaftlichen Anlässen im Sicherheitsbüro wurde immer gern über »alte Zeiten« gesprochen. Das hatte insofern seine Berechtigung, da die Menschen, die damals in diesem Haus tätig waren, echte Originale waren. Noch heute spricht man von diesen Wiener Kriminalisten mit Hochachtung und Stolz.

Die alten Zeiten der Monarchie werden wieder lebendig, denkt man an die Öffnung der Ostgrenzen, die geografische Lage Wiens, die Erweiterung Europas, an die Mobilität der Menschen und an deren Sehnsucht nach Wohlstand und Luxus. Das hat im europäischen Raum die Kriminalität rapide steigen lassen und so wäre eine Dienststelle wie das Sicherheitsbüro notwendiger denn je. Zurzeit leben in Wien fast zwei Millionen Menschen, also sind die Verhältnisse ähnlich denen in der Monarchie. Der Anteil der Ausländer beträgt in Österreich knapp eine Million Menschen. Die Mobilität der Menschen hat sich durch den Gebrauch der modernen Verkehrsmittel zu Luft, Wasser, Schiene und Straße wie nie zuvor gesteigert.

Österreich, als Land des Tourismus bekannt, verzeichnet eine steigende Zahl von Grenzübertritten, die zweihundert Millionen überschritt. Die Erweiterung der Europäischen Gemeinschaft und die Verschiebung der Außengrenzen bringt viel Positives, aber auch Probleme in Form der importierten Kriminalität nach Wien. Die klassische Aufgabenstellung wie Aufklärung von Kapitalverbrechen, Einbruchskriminalität und Betrugskriminalität sowie Bekämpfung des Glücksspiels und der Prostitution ist aktueller denn je. Der Kriminaltourismus aus der Süd-Nord- und Ost-West-Wanderbewegung, die organisierte Kriminalität der »russischen Mafia«, der »chinesischen Mafia« und der bereits alteingesessenen »jugoslawischen Mafia« wurden neue Herausforderungen, ebenso wie die steigende Wirtschaftskriminalität, Computerkriminalität, Suchtgiftkriminalität und die Umweltdelikte.

Im Sicherheitsbüro wurden jährlich an die fünfundzwanzigtausend Akten, darunter an die tausend Haftsachen bearbeitet. Diese Arbeit wurde von elf Polizeijuristen, neununddreißig Verwaltungsbediensteten, acht Offizieren des Kriminaldienstes und einhundertachtzig Exekutivbeamten des Kriminal- und Sicherheitswachdienstes verrichtet. Die Arbeitsbelastung stieg sowohl quantitativ als auch qualitativ. Die Kriminalstatistik zeigt seit dem Jahr 1988 eine stete Aufwärtsentwicklung. In Österreich wurden 1992 fünfhundertzweitausend Straftaten begangen, davon knapp vierzig Prozent in Wien. Dieses hohe Niveau blieb uns bis zum heutigen Tag erhalten. Die Arbeitssituation verschlechterte sich aus folgenden Gründen:

- Die Kriminalitätsrate stieg.
- Es etablierten sich neue Formen der Kriminalität.
- Die Täter wurden mobiler.
- Die geografischen Räume wurden größer.
- Strafgesetze und Strafvollzug wurden liberalisiert.

Bereits im Jahr 2001 wurde wegen der befürchteten Verschlechterung der Arbeitssituation ein internes Papier verfasst, das als Diskussionsgrundlage dienen sollte. Über bis heute unbekannte Kanäle wurde dieses Papier, das nur vier Personen bekannt war, dem Kabinett des damaligen Innenministers zugespielt, was eine »Strafversetzung« und die spätere Abberufung des Vorstandes des Sicherheitsbüros zur Folge hatte.

Dieses Papier kann jedoch weiterhin zitiert werden, denn heute muss festgestellt werden, dass sich alle Punkte der Kritik mehr als bewahrheitet haben. Österreich hat eine so hohe Kriminalitätsbelastung wie nie zuvor. Die Kriminalstatistik des Jahres 2007, die noch detaillierter veröffentlicht werden wird, lässt eine Deliktsbelastung von etwa 600 000 Straftaten erwarten. Bei den bisher bekannten Zahlen kann man vermuten, dass eine kräftige Kosmetik der Statistik betrieben werden wird.

Die Aufklärungsquote ist so niedrig wie noch nie, sie liegt bei weit unter 30 Prozent. Auch die Motivation der Mitarbeiter und Mitarbeiterinnen ist ziemlich niedrig. Die Kollegenschaft sollte mehr denn je gestärkt werden, personell wie auch organisatorisch und materiell. Die

Polizeireform wird auf jeden Fall zu evaluieren sein. Viele Reformschritte wird man zurücknehmen oder verbessern müssen, um wieder ein einigermaßen funktionierendes System langfristig aufbauen zu können. Die Zukunft der Polizeiarbeit liegt in der verstärkten internationalen Zusammenarbeit und einer globalen Sichtweise. INTERPOL, EUROPOL, EUROJUST und ähnliche Einrichtungen werden immer wichtiger.

## *Die Wiener Schule der Kriminalistik*

Mitte des 19. Jahrhunderts hatte Wien nur ansatzweise eine für damalige Verhältnisse moderne Polizei. Mit der Revolution von 1848 brach der von Metternich geschaffene Staat zusammen. Zur damaligen Zeit hatten in Europa Großbritannien und Frankreich die führenden Polizeieinrichtungen geschaffen. Da man die Ordnung nicht aufrechterhalten konnte und insbesondere mit der Kriminalitätsentwicklung nicht fertig wurde, hat man mit Paragraph 15 die Grundzüge des Wirkungskreises der österreichischen Polizeibehörden vom 10. Dezember 1850 »die Evidenzhaltung der entlassenen Strafhäftlinge, ihrer Verbindungen und Aufenthaltsorte, der Abgeschobenen und Abgeschafften, der Hehler und der Hehlerei verdächtigen Gewerbsleute« und »die Verbreitung der von den Gerichten erlassenen Steckbriefe« angeordnet. Die Wiener Schule der Kriminalistik fußt einerseits auf den internationalen klassischen Grundlagen der Kriminologie und Kriminalistik und andererseits auf den Erkenntnissen des Strafrechtsgelehrten Hans Gross aus Graz, der mit seinem »Handbuch für den Untersuchungsrichter« die Entwicklung der Kriminalpolizei in Wien maßgeblich beeinflusste.

### Kriminalistik und Kriminaltechnik

Um das Wiedererkennen ehemaliger Strafhäftlinge und solcher, die aus dem Gefängnis entwichen waren, zu erleichtern, hatte man früher »Brandmarken« verwendet. Aus dem sogenannten Evidenzbüro wurde mit »Normale« vom 11. Jänner 1858 das »Büro für öffentliche Sicherheit« geschaffen, das eine Zentralstelle über den örtlichen Sicherheitsdienststellen sein sollte. Die Gründung dieser Zentralstelle brachte aber noch lange nicht die Akzeptanz der lokalen Sicherheitsdienststellen. So mussten diese Dienststellen mit weiteren »Normalen«, zuletzt 1872, zur Ordnung gerufen werden, damit spektakuläre Kriminalfälle an die Zentrale gemeldet wurden. Der Mann, der Wien nach englischem Vorbild eine moderne Polizei gab, war Anton Ritter von Le Monnier. Auf seine Anregung wurde mit 1. November 1853 das »Central-Polizeiblatt« herausgegeben. Bald nach der Gründung des Büros für öffentliche Sicherheit wurde in immer stärkerem Ausmaß die Wissenschaft Partner bei der Arbeit der Polizei. Anthropometrische Verfahren, Anatomie, Fotografie, Chemie, Daktyloskopie, also die Entwicklung der Kriminaltechnik, wurden die Grundlage der »Wiener Schule der Kriminalistik«.

Der Begriff der »Kriminaltechnik« ist bis heute nicht eindeutig geklärt. Zunächst versteht man darunter »die Verwertung technischer Hilfsmittel im Dienste der Verbrechensaufklärung«. Nach Franz Kößler ist Kriminaltechnik andererseits »der Inbegriff all der Erfahrungen, Regeln, Grundsätze und Handfertigkeiten, die zur fachgemäßen Ausübung praktisch-kriminalistischer Tätigkeiten erforderlich sind«.

Die Anfänge der Kriminalpolizei finden sich in Frankreich. Dort wurde im Jahre 1810 die Sûreté gegründet: Paris drohte durch die Unruhen der Französischen Revolution und die Auswirkungen der Napoleonischen Kriege in einer Welle des Verbrechens zu ertrinken. Eugène François Vidocq begab sich im Alter von fünfunddreißig Jahren in die Polizeipräfektur von Paris und machte dort das Angebot, sein in der Verbrecherwelt erworbenes Wissen zur Verfügung zu stellen. Dieses Angebot wurde angenommen und Vidocq richtete in der Nähe der Polizeipräfektur an der Petite Rue Sainte Anne sein Hauptquartier ein. Nach kurzer Zeit erhielt diese Organisation den Namen Sûreté (Sicherheit) und entwickelte sich im Laufe von zwanzig Jahren zur Urzelle der französischen Kriminalpolizei. Ein weiterer wichtiger Schritt in der Entwicklung der Kriminalistik war neben der »Bespitzelung« und Anfertigung von Karteikarten verdächtiger Personen die Fotografie. 1840 konnte die damals erfundene Fotografie in Frankreich erstmals eingesetzt werden. So sammelten sich zu den fünf Millionen Karteikarten bald an die achtzigtausend Verbrecherfotos an. Aufgrund der vorhandenen Menge des Materials musste eine neue Methode zur Verbrechenskatalogisierung gefunden werden.

1879 gelang es Alphonse Bertillon, eine Methode der genaueren Personsbeschreibung einzuführen. Bertillon war in der Registratur der Karteikarten tätig, als er 1879 auf die Idee kam, die Häftlingsfotografien zu vergleichen. Die Kartei war das Hauptmittel zur Identifizierung von Kriminellen. Die Einordnung nach Namen war aber sinnlos geworden, da die Diebe, Einbrecher, Fälscher, Betrüger und Mörder oft ihre Namen wechselten. Die Unterteilung nach Alter, Art und Methode der Kriminellen reichte für einen Überblick nicht mehr aus. Bertillon führte eine Körperbeschreibungsmethode ein, indem er Ohren, Nase, Körpergröße, Länge und Umfang des Kopfes, Länge der Arme, Finger und Füße maß und so individualisierbare Merkmale erfasste, die nur auf eine Person zutreffen konnten. Das Verfahren von Bertillon war unter dem Namen Anthropometrie bekannt geworden und wurde als genialste Erfindung des 19. Jahrhunderts auf dem Gebiet des Polizeiwesens anerkannt.

Einen weiteren Versuch der Identifizierung unternahm 1876 Cesare Lombroso in seinem Buch »L'uomo delinquente«. Von ihm stammt die Theorie des geborenen Verbrechers, die besagt, dass der Kopf jedes Kriminellen ganz bestimmte Abweichungen gegenüber dem eines Nichtkriminellen aufweist. Dies versuchte Lombroso durch Schädelvermessungen in Gefängnissen und Irrenanstalten zu beweisen.

## Die Daktyloskopie

Die entscheidendste Weiterentwicklung in der Verbrechensbekämpfung fand durch die Einführung der Daktyloskopie statt. Das Wort »Daktyloskopie« stammt aus dem Griechischen und bedeutet »Fingerschau« (daktylos = Finger, skopein = schauen). Die Identifizierung von Personen war die Grundlage jeglicher kriminalistischer Arbeit. Im 19. Jahrhundert stellte die wachsende Kriminalität die Polizei vor schwere Aufgaben. Die erste Entlastung hatte die Einführung des Bertillon'schen Messverfahrens gebracht. Der entscheidende »Quantensprung« war aber die Entdeckung der Fingerabdrücke. Die Tatsache, dass jeder Mensch einmalige unverwechselbare Merkmale aufwies, ermöglichte die Identifizierung von Tätern und Opfern.

Die ersten Berichte über das Wesen der Papillarlinien finden sich in Ostasien. Aus alten Urkunden wurde festgestellt, dass bereits während der Tang-Dynastie (618 bis 906 nach Christus) Fingerabdrücke zu Identifizierungszwecken verwendet wurden. Mitteilungen über die Verwendung der Fingerabdrücke im chinesischen Strafprozess stammen aus dem 11. und 12. Jahrhundert. Als erster Europäer, der den Papillarlinien der Fingerbeeren wissenschaftliche Beachtung widmete, ist der Mediziner Marcellus Malpighius zu nennen, der als Begründer der mikroskopischen Anatomie gilt und 1686 auf die verschiedenen Papillarlinienmuster aufmerksam machte. Die ersten Europäer, die die Fingerabdrücke polizeilichen Zwecken dienstbar machen wollten, waren der in Japan lebende englische Arzt Henry Faulds und der Engländer William J. Herschel, der von 1853 bis 1873 im Dienst der angloindischen Zivilverwaltung stand. Herschel bediente sich der Fingerabdrücke zunächst, um die Identitätsschwindeleien bei der Auszahlung von Pensionen zu verhüten, später auch in den Gefängnissen seines Distrikts, in denen von jedem Neuzugang Fingerabdrücke zur Feststellung der Identität abgenommen wurden.

All diese Erkenntnisse zur Grundlage moderner Kriminalistik im neunzehnten Jahrhundert wurden auch in Wien für den polizeilichen Erkennungsdienst nutzbar gemacht. Hier war es der Polizeioberkommissär Camillo Windt, der bald nach der Jahrhundertwende die Einführung der Daktyloskopie beim Erkennungsdienst der Polizeidirektion in Wien durchsetzte. Er hatte seinerzeit – um die Mitte der Neunzigerjahre des 19. Jahrhunderts – von einer Studienreise nach Paris, auf der ihn der spätere Kriminalbeamtenoberkommissär Johann Rupp begleitet hatte, zunächst die Anthropometrie nach Wien gebracht. Nachdem er aber die Daktyloskopie kennen gelernt hatte, zögerte er in seiner energischen Art nicht, den Erkennungsdienst umzustellen und dem besseren Verfahren den Vorzug zu geben.

## Ballistik

Ebenso entscheidend für die Entwicklung der Kriminaltechnik war die Wissenschaft der forensischen Ballistik. Im Jahr 1835 überführte Calvin H. Goddard (1891–1955), einer der letzten und berühmtesten

»Bow Street Runners« aus der Aufstiegszeit der Londoner Kriminalpolizei, einen Mörder. An einer der Kugeln, die den Ermordeten getroffen hatten, bemerkte Goddard einen merkwürdigen »Auswuchs« und mit der so gekennzeichneten Kugel in der Hand begann er die Suche nach dem Täter. Tatsächlich fand er bei einem Verdächtigen eine Gussform für Bleikugeln, die einen Fehler enthielt, der die Ursache für die besondere Verformung war. Trotz vieler europäischer Vorläufer wurden die Vereinigten Staaten zum Geburtsland der forensischen Schusswaffenkunde. Goddard war ihr bedeutendster Pionier. Er entwickelte ein Vergleichsmikroskop, das zum wichtigsten Instrument der forensischen Ballistik wurde.

Wie wenig man noch kurz vor der Jahrhundertwende die wissenschaftlichen Möglichkeiten der Geschossuntersuchung erkannt hatte, lehren die ersten Ausgaben aus dem »Handbuch für Untersuchungsrichter« des österreichischen Strafrechtslehrers Hans Gross (1847–1915). Ein ganzer Abschnitt war den Faustfeuerwaffen gewidmet. Gross empfahl den Untersuchungsrichtern, sich selbst Schusswaffenkenntnisse anzueignen. Wer diese beherrsche, werde mehr leisten als die »sogenannten Sachverständigen im Schießfach«. Er spöttelte über die häufigen Vermerke in Gerichtsakten: »Das Gewehr wird dem Sachverständigen zur Entladung übergeben, welcher konstatiert, dass es mit ziemlich viel Schrot geladen war.« Aber Gross selbst beschränkte sich auf mehr oder weniger genaue Beschreibungen der in seinem Bereich bekannten Waffentypen, auf die Möglichkeit der Inspektion von Waffenläufen mithilfe eines »Spiegels« aus weißem Papier, auf die Feststellung der Schussrichtung sowie der Güte und Wirksamkeit des Pulvers. Schließlich betonte er die Notwendigkeit, jede gefundene Waffe aufs sorgfältigste zu behandeln, um keine Spuren zu verwischen.

## Hans Gross und die Grazer Schule der Kriminalistik

Hans Gross gilt als der Begründer der wissenschaftlichen Kriminalistik und einer der ersten Förderer der Kriminalpsychologie. Sein fundamentales Werk ist das bereits erwähnte Handbuch für Untersuchungsrichter als System der Kriminalistik (zwei Bände von 1893, wiederveröffentlicht 1954). Gross stellt dar, was die »Wiener Schule der Kriminalistik«

oder auch die »Österreichische Schule der Kriminalistik« ausmacht. Die Schule ist vor allem durch Persönlichkeiten der praktischen Kriminalistik und der forensischen Wissenschaften, besonders im Bereich der Gerichtsmedizin, geprägt worden.

Eine dieser Persönlichkeiten war Regierungsrat Josef Appel, Wiens erfolgreichster Kriminalist in der zweiten Hälfte des 19. Jahrhunderts. Josef Appel gehörte der Polizeidirektion von 1846 bis 1887 an und nahm die Stellung ein, die vor ihm Köpp von Felsenthal innehatte. Wie dieser war er Spezialist bei der Entlarvung von Banknotenfälschern. Während seiner dienstlichen Tätigkeit konnte er zahlreiche Fälscher- und Einbrecherbanden und auch Mörder ausforschen und deren Straftaten klären. Josef Appel hatte würdig ein dienstliches Erbe angetreten, das sein Vorgänger Köpp von Felsenthal begründet hatte. Diesem gelang es 1845, den Fall Peter Ritter von Bohr zu klären. Er verfasste eine minutiöse kriminalistische Darstellung, die er »Praxis eines österreichischen Polizeibeamten« nannte.

Österreichische Beamte dieses Schlages haben die Wiener Schule der Kriminalistik gelebt, indem sie fachliche Kompetenz mit Ausdauer, Fleiß, Akribie und Einfallsreichtum paarten, wodurch erst die Klärung aussichtslos scheinender Fälle möglich war. Ein solcher Beamter war schon 1786 Polizeikommissär Fiebrich, dem es durch seine Ermittlungen gelang, den Adeligen Franz von Zahlheim des Mordes an Josefa Ambrok zu überführen.

## Der Polizeireformer Anton Ritter von Le Monnier

Anton Ritter von Le Monnier (1819–1873) war zwischen 1870 und 1873 Polizeidirektor in Wien. Le Monnier war ein Reformer großen Stils. Was aber damals ein herausragender Einzelfall schien, war in Zeiten der Reformen, für die Le Monnier stand, die logische Folge einer Modernisierung der Wiener Polizei. Le Monnier löste den letzten Polizeidirektor Strohbach (von 1860 bis 1870) ab, der an den Methoden einer vergangenen Polizei festhielt. Er schaffte es, durch internationale Kontakte erfahrene Polizisten aus den führenden Staaten nach Wien einzuladen, und brachte auch alle damals als modern bekannten Einrichtungen nach Österreich. Er bemühte sich aber vor allem auch darum, den Hass, der gegen die Polizei aus der Zeit des Absolutismus bestand, abzubauen und das Vertrauen der Bevölkerung für die von ihm geleitete Behörde zu gewinnen. Dazu trug die Auflösung der Militär-Polizeiwache, noch mehr aber die Verabschiedung der Konfidenten bei. Le Monnier konnte durch seine liebenswürdige Art vorhandene Gegensätze ausgleichen. Er verlangte folgende Eigenschaften von seinen Polizeibeamten: »Ungewöhnliche Geisteskraft, momentane Auffassungsgabe, Freisinnigkeit gepaart mit innigem Pflichtgefühl, Anständigkeit im Privatleben und urbane Zuvorkommenheit, ja selbst ein höherer Grad der Eleganz im ämterlichen Verkehre.«

Le Monnier gelang es, eine Art Bündnis mit dem Liberalismus herzustellen und die Polizei mit der neuen Zeit zu versöhnen. Er hatte viele Fähigkeiten und sehr viel Talent. Er sprach Französisch, Italienisch, Schwedisch, Englisch und Spanisch. Zu den wichtigsten Reformen gehörte die Sektionseinteilung, die 1872 von ihm eingeführt wurde. Er gliederte die Polizeidirektion in eine staatspolizeiliche, eine kriminalpolizeiliche (damals sicherheits- und gerichtspolizeiliche Abteilung genannt) und eine administrativpolizeiliche Abteilung. Letztere besteht im Grunde auch heute noch.

Anton Ritter von Le Monnier wurde 1819 in Frankfurt am Main geboren, war wahrscheinlich ein Sohn des in österreichischen Diensten stehenden Geheimagenten gleichen Namens, wurde am 15. Dezember 1869 in den Ritterstand erhoben und starb am 17. Juni 1873. Der Statthalter von Niederösterreich meinte nach dem Tode Le Monniers, dass niemand vorhanden sei, der den Verstorbenen ersetzen könne. Le Monnier hatte einen Mann zur Seite, der ebenso durch seine Reformfreudigkeit hervorstach, nämlich den Polizei-Oberdirektor Beer. Was der Erste begann, vollendete der Zweite. Diese beiden Männer zählten für die damalige Zeit zu den bedeutendsten Köpfen unter den Leitern der Polizeidirektion Wien. Zu seinem Nachfolger wurde der Prager Polizeidirektor Wilhelm Marx, dessen Andenken durch den Ringtheaterbrand geprägt wurde.

Sehr wesentlich für die Reform des Kriminaldienstes war das Polizeiagenten-Institut aus dem Jahr 1872. Die 1852 reorganisierte Zivilpolizeiwache hatte ursprünglich den kriminalpolizeilichen Geheimdienst zu besorgen. Erst 1872 wurde eine Trennung herbeigeführt. Das Polizeiagenten-Institut war nicht die erste kriminalpolizeiliche Ausforschungsgruppe, aber die erste, die ganz auf diese Art des Dienstes eingestellt war. Beer war der »Sämann«, Le Monnier der »Schnitter«. Die Reform des Kriminaldienstes fällt auch mit der organisatorischen Einrichtung des Büros für öffentliche Sicherheit zusammen.

Es waren damit die Grundlagen für die künftige international anerkannte Wiener Schule der Kriminalistik gelegt worden. Einer, der die Wiener Schule als bedeutender Kriminalist prägte, war der damalige Vorstand des Sicherheitsbüros, Polizeirat Moritz Stukart. Die Weltgeltung der Kriminalistik begann sich anzubahnen. Den Höhepunkt erreichte die Wiener Kriminalistik aber zweifellos in der Zeit des Polizeipräsidenten Johann Schober.

## Johann Schober

Johann Schober war zwischen 1918 und 1932 Polizeipräsident in Wien. Nach Viktor Bibl wurde dank der Einsicht der obersten Leiter, der Präsidenten Brzesowsky, Gayer und Schober, erreicht, dass die Polizei heute wirklich dem allgemeinen Wohl dient. Die Polizei wurde aus einer Zwangsinstitution eine Wohlfahrtsinstitution, welche bestrebt ist, die Sicherheit der Personen und des Eigentums der Stadtbewohner zu gewährleisten und ihre Wohlfahrt durch Erhaltung der Ruhe und Ordnung zu fördern. Ein Zitat von Hermann Oberhummer beschreibt das folgendermaßen: »Die Polizei blieb in den schweren Zeiten der internen Auseinandersetzungen in Österreich unter der Führung fest und unentwegt, die Korrektheit der Polizei bot keine tauglichen Angriffsflächen.«

Die schwerste Belastungsprobe für die Wiener Polizei stellte die Auseinandersetzung mit dem Kampf der Sozialdemokratischen Partei dar. Der Brand des Justizpalastes 1927 und der Gegensatz zwischen dem Rathaus und der Polizeidirektion wuchs sich zu einem Polizeikonflikt aus. Schober nahm sowohl auf die Bundesverfassungsnovelle 1929 als auch auf die Polizeireform entscheidenden Einfluss. Es wurde der Aufbau der zentralen Ämter nach dem Grundriss der Le Monnier'schen Sektionseinteilung (Staatspolizei, Kriminalpolizei und Administrativpolizei) forciert. So schreibt Hermann Oberhummer: »Die kriminalpolizeiliche Approbationsgruppe (früher Sektion 2) umfasst alle jene Dienststellen, deren Tätigkeit der Kriminalpolizei dient. Den Kristallisationspunkt dieser Gruppe bildet das Sicherheitsbüro. Der örtliche Wirkungskreis des Sicherheitsbüros umfasst den ganzen Polizeirayon. Sachlich sind ihm alle großen Verbrechensfälle, insbesondere jene Blutverbrechen, die von – vorläufig – unbekannten Tätern verübt wurden und daher das Einsetzen der gesamten Kraft der Kriminalpolizei, die sogenannte ›kombinierte Tätigkeit‹ erfordern, dann alle schweren Eigentumsdelikte mit unbekannten Tätern wie Kasseneinbrüche, Diebstähle in Ämtern, Banken usw., Raubüberfälle, die Bekämpfung der Taschendiebstähle, die Aufdeckung von Post- und Eisenbahndiebstählen, Münz- und Kreditpapierfälschungen zugewiesen.«

Für die Arbeitsweise der österreichischen Kriminalpolizei ist die besondere Stellung der Kriminalbeamten bestimmend. Die österreichischen Kriminalbeamten sind ausschließlich Exekutivorgane, deren Tätigkeitsbereich außerhalb des Amtes gelegen ist. Ihre Aufgabe ist der gesamte kriminalpolizeiliche Außendienst wie Erhebungen und Beobachtungen, das eigentliche exekutive Einschreiten wie die Vornahme von Verhaftungen und Hausdurchsuchungen. Dabei ist diesen Kriminalbeamten keineswegs die Initiative genommen. Die beiden Wege, die der Kriminalpolizist bei der Bekämpfung des Verbrechens zu gehen hat, die Detektion (Aufdeckung bekannt gewordener Verbrechen) und die Indagation (Aufspürung unbekannter Verbrecher), erfordern in allen Fällen die freie Tätigkeit des kriminalpolizeilichen Exekutivorganes auch ohne spezielle Aufträge. Das gilt insbesondere für die Bekämpfung der Taschendiebe, Ladendiebe, Rockdiebe und Wagendiebe, aber auch für den Kampf gegen Einbrecher aller Art. Die Leitung der kriminalpolizeilichen Amtshandlung einschließlich der Vernehmung, der Korrespondenzen und der endgültigen Verfügungen liegen in den Händen von Beamten des höheren Polizeidienstes, die neben ihrer Qualifikation als Juristen auch eine Ausbildung als Kriminalpolizisten haben. Ihre Tätigkeit ist zwar nicht formalrechtlich, aber inhaltlich ähnlich wie die der Untersuchungsrichter vor der Strafprozessreform 2008. Dabei muss aber beachtet werden, dass der Polizeibehörde bei notwendiger Haft nur die verfassungsmäßige Zeitspanne von 48 Stunden zur Verfügung steht. Durch diese Organisation wurde eine intensive Ausarbeitung des einzelnen Kriminalfalles im Stadium der polizeilichen Vorerhebung gewährleistet, das ein ganz spezifisches Charakteristikum der österreichischen Bundespolizeibehörden darstellt.

Das Geschriebene beweist die Weitsichtigkeit der damaligen Zeit. Das Sicherheitsbüro besorgte bereits damals die Wahrnehmung aller Belange der vorbeugenden Sicherheitspolizei. Es war seit 1924 als Zentralamt zur Bekämpfung der Geldfälschung und zur Bekämpfung des internationalen Verbrechertums und seit 1930 als österreichische Zentralstelle zur Bekämpfung von Passfälschungen zuständig. Polizeipräsident Schober gehörte als Vizepräsident der gemischten Kommission für die Vorarbeiten zum Abschluss der in Aussicht genommenen Konvention zur Schaffung einer »Internationalen Zentrale zur Bekämpfung der Geldzeichen-, Scheck- und Wertpapierfälschungen« an und es gelang aufgrund seines Einflusses, dass Wien 1930 am III. Polizeikongress in Antwerpen die Führung dieser Zentralstelle zugesprochen wurde. Die Krönung der internationalen Bedeutung von Polizeipräsident Schober kam am 15. November 1929: Der internationale Polizeifunkverkehr zwischen dem Deutschen Reich, Polen, Österreich und der Tschechoslowakischen Republik konnte aufgenommen werden. Präsident Schober, damals Bundeskanzler, eröffnete den Verkehr mit einem internationalen Funkspruch.

## Die Gründung der INTERPOL

Damit konnte die Gründung der »International Criminal Police Organization«, der INTERPOL, vollzogen werden. Wien, die Wiege der Internationalen Kriminalpolizeilichen Kommission, war zum Mittelpunkt kriminalpolizeilichen Schaffens in der Welt geworden. Die Wiener Polizei trug auf diesem Weg den Namen Österreichs ehrenvoll in die Welt. Wien blieb von 1929 bis 1938 die INTERPOL-Zentrale. Erst die Ereignisse im Zuge der Machtergreifung Hitlers haben diese internationale Vorbildfunktion zerstört.

Die fruchtbare Entwicklung und das Zusammenwirken vieler tüchtiger Kräfte wird durch das Wirken eines Mannes wie Polizeipräsident Schober bedeutend. Auch die Ausstattung der Kriminalpolizei mit einem neuen Haus, welches zwischen 1902 und 1904 in Wien, Roßauer Lände Berggasse, gebaut wurde, hat zu einer Atmosphäre beigetragen, in der sich alle Fähigkeiten der damals tätigen Kriminalisten entfalten konnten. Die Schule der Wiener Kriminaltechnik war in dieser Zeit europaweit Vorbild. Sogar aus den Vereinigten Staaten und aus China kamen Fachbeamte, die hier in die »Lehre« gingen. Die Einvernahmetechnik der Wiener Kriminalbeamten, eine Mischung aus Erfahrung, Genauigkeit und »Wiener Schmäh«, bildete die Grundlage der »Wiener Schule«.

In dieser Zeit wirkten im Bereich der Abteilung 11 und des Sicherheitsbüros Alexander Wahl und Bruno Barber. Auch sie haben sich einen legendären Ruf als Vertreter der Wiener Schule der Kriminalistik erworben. Alexander Wahl etwa wirkte bei der Aufklärung des Falles Matuska entscheidend mit – jener Täter, der Züge in die Luft sprengte – und wird in dem Roman »Die Dämonen« von Heimito von Doderer als ausgezeichneter Kriminalist beschrieben. Kurt Frischler und Peter Zehrer schreiben im »Kriminalwalzer«: »Sie sind keine Sherlock Holmes' und schon gar nicht James Bonds. Sie sind nicht besonders gut bezahlt und haben im Gegensatz zu ihren Kollegen in den Kommissariaten keine geregelte Freizeit. Aber sie sind Idealisten, Fanatiker, Verbissene, besessen von der fixen Idee, Verbrechen aufzuklären. Die Kriminalbeamten des Sicherheitsbüros müssen vielseitig sein. Die psychologisch geschulten Verhörspezialisten gibt es in der Berggasse 41 ebenso wie die eiskalten Rechercheure. Beide Typen aber hängen mitunter ganz von ihren Kollegen ab, die zumeist in aller Stille am Schreibtisch oder im Labor arbeiten: die Detektive mit dem Mikroskop, die Männer vom Erkennungsamt, genannt EKF, dem Büro für Erkennungsdienst, Kriminaltechnik und Fahndung. Auch dort trug der Ideenreichtum immer wieder seine Früchte und die dort tätigen Beamten entwickelten eigenständige Verbesserungen zur Steigerung der technischen Qualität ihrer Arbeit.«

## Die Zeit nach dem Zweiten Weltkrieg

Die Wirrungen des Zweiten Weltkrieges ließen die Leistungen der »Wiener Schule der Kriminalistik« verblassen. Mit dem Neubeginn im Jahre 1945 musste die Wiener Polizei und somit auch die Wiener Kriminalpolizei wieder Boden unter den Füßen gewinnen. Dies gelang teilweise durch hervorragende kriminalistische Leistungen bei der Aufklärung spektakulärer Verbrechen der Nachkriegszeit. Aber erst durch den Wiederaufbau und die Inbetriebnahme der alten Gebäude gelang es, wieder zu einer gewissen Qualität zurückzufinden.

Arthur Klausner wurde 1946 Polizeipräsident und blieb es bis 1947. Der Jurist hatte bereits 1934 als Oberpolizeirat einen fachlich hervorragenden Ruf und war damals Leiter der »Internationalen Zentrale zur Bekämpfung von Geldfälschungen«. 1938 musste er aus politischen Gründen den Polizeidienst quittieren. Er war einer der wenigen Präsidenten, die aus dem Kriminalpolizeidienst kamen.

Entscheidende Bedeutung für das Wiederaufleben der Schule der Wiener Kriminalistik hatten in der Zweiten Republik mehrere hochbegabte Kriminalisten, die sich in der Ära des Polizeipräsidenten Josef Holaubek bewähren und entwickeln konnten. Allen voran die heute schon legendären Kriminalisten Slancar und Heger. Als es im Jahre 1949 gelang, unter Leitung von Slancar, damals Vorstand des Sicherheitsbüros, und seinem Stellvertreter Oberpolizeirat Heger einer Fälscherbande das Handwerk zu legen, die Banknotenfälschungen hergestellt hatte, soll Heger erleichtert geseufzt haben: »Gott sei Dank, wir werden wieder normaler, sie fälschen schon wieder Geld und keine Brotkarten.«

In der Nachkriegszeit war es besonders schwierig, die Verbrechensbekämpfungszentrale wieder zu aktivieren. Mit der tatkräftigsten Unterstützung durch den Polizeipräsidenten Josef Holaubek gelang es, sowohl einen geeigneten Mitarbeiterstab aufzubauen als auch Verbrechen aufzuklären, ohne dass die daran arbeitenden Kriminalbeamten gefährdet wurden. Einer der spektakulärsten Fälle der Nachkriegszeit war die Aufklärung der Morde, Raubüberfälle und Einbrüche der sogenannten »Simon-Platte«. Der Chef, Gustav Simon, wird bei der Verfolgung gestellt und bei einem Feuergefecht schwer getroffen. Er stirbt im Keller eines zerbombten Hauses. Einige Tage zuvor hatte Gustav Simon einen Kriminalbeamten niedergeschossen, der in der darauffolgenden Nacht verstarb. Bei der Gerichtsverhandlung am Straflandesgericht Wien waren siebzig Verbrecher wegen zwanzig Morden und Mordversuchen, achtundvierzig Einbrüchen und zwanzig Autodiebstählen angeklagt.

Wie die Aufklärung der Mordfälle Rudolf Lutz, Adrienne Eckhardt, Hermann Spätauf oder Johann Bergmann zeigen, wurde von den Kriminalisten des Sicherheitsbüros ausgezeichnete Arbeit geleistet. Aber auch die Arbeit am Mordfall Ilona Faber zeigt die Kapazität der Beamten, die auf diesen Fall angesetzt waren.

Es machte sich jedoch ein Nachlassen in der Tatortarbeit bemerkbar, verglichen mit den wissenschaftlichen Möglichkeiten, die es weltweit gab und die in den Vereinigten Staaten starke Fortschritte machten. Jahrzehnte hindurch konnte dieses Manko durch die ausgezeichneten Individualleistungen der Kriminalbeamten ausgeglichen werden. Hervorragende Kriminalisten wie Friedrich Kuso, zuerst Vorstand des Sicherheitsbüros, danach Leiter der Kriminalpolizeilichen Abteilung der Bundespolizeidirektion Wien, Otto Kornek, Franz Priehsnitz oder Matthäus Tuschl haben in ihren Führungsfunktionen großartige Arbeit geleistet und viele heute schon historische Kriminalfälle geklärt oder entscheidend an ihrer Aufklärung mitgewirkt. Sie wurden durch ebenso ausgezeichnete Kriminalbeamte des Sicherheitsbüros, der Wirtschaftspolizei und der Büros für Erkennungsdienst und Kriminaltechnik kongenial ergänzt. Oberst Franz Hammer etwa wurde von Generationen von Kriminellen gefürchtet. Die Namen vieler Gruppenführer aus der früheren Vergangenheit werden noch heute von Kriminellen und Kollegen mit Ehrfurcht ausgesprochen. Herausragende Köpfe des Konzeptsbeamtenstandes waren auch Heinrich Tintner, Vorstand der Wirtschaftspolizei oder Paul Herrnstadt, der sich bei der Bekämpfung des Versicherungsbetruges einen über die Grenzen Österreichs hinausreichenden Ruf geschaffen hat. Immer war vor allem die personelle Durchmischung von Individualisten und hervorragenden »Psychologen« der Einvernahmetechnik die Stärke der sogenannten Wiener Schule der Kriminalistik. Wenn man Zeitzeuge der praktischen Arbeit dieser Kollegen sein durfte, lernte man, was Kriminalistik sein soll. Dieses Wissen wird von Generation zu Generation von Juristen und Kriminalbeamten weitergegeben.

Durch das Zusammenrücken Europas sind wesentlich höhere Anforderungen als bisher an die Exekutive gestellt. Unter dem Innenminister Franz Löschnak begann die Erneuerung der Exekutive. Man hat den neuen Herausforderungen Rechnung getragen und enorm in die technische Aufrüstung der Exekutive investiert. Die Fingerabdrucksammlung wurde automatisiert. Das AVIS-System erlangte internationale Anerkennung. Es wurde vor allem das Schwergewicht auf die Entwicklung und Verbesserung der Kriminaltechnik gelegt. Die Schaffung der professionellen Tatortgruppen, der Observationseinheiten, die Einführung des Profilings und einer DNA-Datenbank verbesserten die Arbeitsqualität der Exekutive enorm.

## Wissenschaft und Praxis – Moderne Polizeiarbeit des 20. Jahrhunderts

Die Entwicklung der Polizeiarbeit zeigt, dass immer wieder wissenschaftliche Erkenntnisse in unsere Arbeitswelt einfließen. Der Siegeszug der Wissenschaft gerade in der Kriminalistik ist längst bekannt, aber neue Erkenntnisse verändern immer wieder unsere Arbeit. Die Dynamik des Tagesgeschehens der Kriminalistik lässt uns heute den Einsatz elektronischer Hilfsmittel wie Telekommunikation, Kryptologie, Internet, Rasterfahndung, GPS (Global Personal Security System), »Lauschangriff«, AVIS, Analysis Notebook, VICLAS oder wissenschaftlicher Disziplinen wie Profiling oder der DNA-Datenbank selbstverständlich erscheinen. Die Bearbeitung vieler Fälle wäre ohne dieses Wissen nicht mehr denkbar.

Der beste Lehrmeister ist allerdings immer das Leben. Als ich 1988 mit der Führung des Sicherheitsbüros betraut wurde, war ich bald mit etlichen Problemen konfrontiert. Die Bewältigung dieser Probleme wäre mit einer geeigneten Managementausbildung sicher möglich gewesen. Damals verfügte ich aber nicht über dieses Wissen und folglich lavierte ich mich manchmal mehr schlecht als recht durch die schwierigen Aufgabenstellungen hindurch. Erst im Jahr 1990 hatte ich die Chance auf eine Führungsausbildung, die damals die Wirtschaftsuniversität Wien anbot.

## Kooperation mit der Universität Wien

Traditionell gibt es im Bereich der Kriminologie eine jahrzehntelange Kooperation zwischen der Universität Wien und der Exekutive in Österreich. Wir, die älteren Polizeiführungskräfte, die im Bundesministerium für Inneres oder bei der Bundespolizeidirektion Wien tätig sind, haben noch Professor Grassberger erlebt, der den Studenten in der Vorlesung praktische Beispiele aus dem polizeilichen Alltag nahe brachte. Im Institut für Strafrecht und Kriminologie finden regelmäßig Veranstaltungen statt, die Themen aus der Polizeipraxis ansprechen. Es werden auch regelmäßig Vertreter der Exekutive als Vortragende eingeladen. Themen wie zum Beispiel die Reform des Vorverfahrens in der Strafprozessordnung oder die Handhabung der Gefahren bei sexuell abartigen Tatverdächtigen und Straftätern sind nur zwei Themen, die besonderes Interesse hervorgerufen haben. Professor Burgstaller besuchte bis zuletzt mit seinen Studenten und Studentinnen Polizeidienststellen und Strafanstalten, um diesen einen Einblick in die Praxis zu verschaffen.

## Kooperation mit dem Institut für Rechtssoziologie und dem Institut für Soziologie

Das Institut für Rechtssoziologie kooperiert primär mit dem Bundesministerium für Justiz. Die Themenauswahl der wissenschaftlichen Arbeiten richtet sich daher vorwiegend nach justiziellen Interessen. Teilweise werden aber auch polizeiliche Themen angesprochen wie die Sicherheitslage in Österreich oder das Sicherheitsempfinden der Bevölkerung in bestimmten Bezirken. Gerade im Bereich der Soziologie zeigt sich für das Bundesministerium für Inneres ein Bedarf nach mehr wissenschaftlicher Forschung, der derzeit nicht gedeckt werden kann. Versuche von Kooperationen wurden wegen Arbeitsüberlastung vom Institut für Rechtssoziologie abgelehnt. Eine Alternative könnte eine engere Kooperation mit dem Institut für Soziologie der Universität Wien darstellen. So wurde mit Gilbert Norden eine Arbeit zum Thema »Innere Sicherheit und Lebensqualität« erstellt, bei der Ergebnisse einschlägiger Studien und die Sicht höherer und höchstrangiger Polizeiführungskräfte Österreichs berücksichtigt wurden. Diese Arbeit sowie eine Studie über »Prävention von Gewalt in Schulen« wurden bei der Academy of Criminal Justice Sciences präsentiert.

## Kooperation mit dem Institut für Gerichtliche Medizin

Seit der Blüte der Wiener Kriminalistik und der Wiener Schule der Gerichtsmedizin besteht eine traditionelle Kooperation zwischen der

Bundespolizeidirektion Wien, Sicherheitsbüro, und dem Institut für Gerichtliche Medizin. Die Aufklärung von Tötungsdelikten bedarf ständig der neuesten Erkenntnisse der forensischen Medizin. Die Kollegen des Sicherheitsbüros trafen bei jedem Tatort mit den Gerichtsmedizinern zusammen und man saß bei der Lösung eines Falles im gleichen Boot. Besonders intensiv erlebten wir dies in den Fällen Lainz und Unterweger.

Es ist mir noch in guter Erinnerung, wie der damalige Vorstand des Gerichtsmedizinischen Institutes Professor Holzabek seine Kollegen und Kolleginnen versammelte, als die ersten Mordgeständnisse der Krankenschwestern vorlagen und man beriet, wie man wissenschaftlich die Beweislage erhärten konnte. Die von den Krankenschwestern eingestandenen Modi Operandi stellten die Wissenschaftler vor die Frage der Beweisbarkeit, da etwa der Erzeuger von Rohypnol, die Firma Hoffmann la Roche, sofort erklärte, dass Rohypnol keine tödliche Wirkung haben könne. Es musste sämtliche verfügbare Literatur aus der ganzen Welt angefordert werden, um anhand bereits vorhandener Fallstudien wissenschaftliche Erkenntnisse für die Causa Lainz ableiten zu können.

Eine ähnliche Herausforderung stellte die Causa Unterweger dar. Besonders die DNA-Analyse war damals in Wien noch nicht so weit entwickelt wie in Boston, London oder Zürich.

## Erfahrungen mit der Wirtschaftsuniversität Wien

Im Jahr 1990 wurde vom damaligen Leiter für Ausbildung Schimek die ersten Kontakte des Bundesministeriums für Inneres zur Wirtschaftsuniversität Wien geknüpft. Es fanden Schulungen im Rahmen der Führungsausbildung in Mödling und für Führungskräfte des BMfI statt. Im Bereich der Kriminalistik bieten sich natürliche Anknüpfungspunkte bei der Bekämpfung der Wirtschaftskriminalität an. Diesbezügliche Kontakte ergaben sich über die Versicherungswirtschaft. Zuerst zeigte sich die Johann-Kepler-Universität in Linz, dann die Wirtschaftsuniversität Wien am Thema »Bekämpfung der Versicherungskriminalität« interessiert. Heute finden Vorlesungen dazu statt. Gerade die Bereiche Wirtschaftskriminalität oder Internationaler Finanzbetrug bieten aber noch viele weitere Einstiegsmöglichkeiten.

Da Wirtschaftskriminalität eine besonders gefährliche Form des organisierten Verbrechens darstellt, sollten weitere Kooperationen angestrebt werden.

## Führungsarbeit

In der Polizeiführungsarbeit haben nunmehr wirtschaftswissenschaftliche Erkenntnisse Eingang gefunden. Die moderne Führungsarbeit in der Exekutive wird von Managementmethoden geprägt. In die neuen Ausbildungsmethoden wird viel investiert. Alle Führungskräfte der Polizei, Juristen, Offiziere und Gruppenführer werden in Kommunikation, Mitarbeitermotivation, Konfliktregelung, Projektmanagement, strategischem Management, Cultural Theory, Rede- und Gesprächstechnik oder Präsentationstechnik geschult.

## Moderne Kriminalistik nach dem Vorbild des FBI

Während die bestehenden Formen der Kooperation zwischen der Universität Wien und der Exekutive nur in bescheidenem Ausmaß Ergebnisse erbringen, kann die Kooperation zwischen dem Federal Bureau of Investigation und der Universität Virginia als vorbildhaft bezeichnet werden. Die Verantwortlichen des FBI arbeiten seit mehr als vier Jahrzehnten mit der Virginia Universität und führenden Unternehmen der Vereinigten Staaten zusammen (»Use of best practice«) und erzielten im Bereich der wissenschaftlichen Forschung wichtige Ergebnisse.

### *DNA*

Desoxyribonukleinsäure (DNA) ist, wie wir wissen, eine überaus wichtige chemische Substanz: Sie ist das Molekül des Lebens. Die in ihr verpackte Erbinformation liegt in den Kernfäden (Chromosonen) jedes Zellkerns in Form eines fadenförmigen Moleküls vor. Auf diesem ist in einer Abfolge von mehr als drei Milliarden hintereinander aufgereihter chemischer Bausteine unsere gesamte Erbinformation festgelegt.

Das DNA-Profiling ist das modernste und zugleich aussagekräftigste naturwissenschaftliche Verfahren zur Untersuchung forensisch bedeutender biologischer Spuren. Bestimmte von Person zu Person unterschiedliche genetische Merkmale werden mithilfe molekularbiologischer Verfahren auf einem Röntgenfilm als Banden dargestellt. Die Gesamtheit dieser Banden wird als DNA-Profil bezeichnet. Das DNA-Profil eines Menschen ist (analog seinem Fingerabdruck) einmalig, weshalb das Verfahren auch als »DNA-Fingerprinting« bekannt geworden ist. Aufgrund der Analyse von Spermaspuren, Blutspuren, Speichelspuren, Haaren, Weichteilgewebe, Knochen und Zähnen kann das DNA-Profil eines Menschen bestimmt werden. Das Federal Bureau of Investigation hat gemeinsam mit dem Medical Center in Boston die besten Erfahrungen im Bereich der DNA-Analyse gemacht und sie erstellen weltweit die hochwertigsten Gutachten.

## *Profiling*

Da sich in den USA jährlich 18 000 bis 23 000 Tötungsdelikte ereignen und davon an die 800 von Serientätern verübt werden, hat sich aus den kriminalistischen und gerichtsmedizinischen Bereichen der Untersuchung eine Spezialisierung in Form des »Profilings« ergeben. Diese zunächst unselbstständige Disziplin, die im Jahr 1979 begonnen wurde, wurde im Jahr 1986 als selbstständiges wissenschaftliches Fachgebiet anerkannt. Das FBI hat bei der Erstellung von Täterprofilen aufgezeigt, dass es nicht nur aus theoretischen Gründen, sondern insbesondere für die polizeiliche Praxis wichtig ist, keine starren Kategorien (zum Beispiel psychiatrische Klassifikationen wie »Psychopathen«) bei der Unterscheidung von Straftätern zu verwenden. Stattdessen erweist es sich für den ermittelnden Beamten als unerlässlich, die gedanklichen Vorgänge eines Täters zu kennen, da erst dadurch die wahren Ursachen scheinbar »motivloser« Taten verständlich werden. So fand das FBI bei Morden häufig Machtmotivation, den Wunsch nach Erhöhung des Aktivierungsniveaus (»Thrill«) oder den Wunsch, eine Situation, das eigene Schicksal oder andere Menschen unter Kontrolle zu haben.

## VICLAS

Das Violent Crime Linkage Analysis System (VICLAS) wurde von der Royal Canadian Mounted Police entwickelt, um bestimmte Tötungsdelikte und Sexualverbrechen zu erfassen. Um die Vielzahl der Sexualdelikte analytisch auswerten zu können, müssen Gewaltverbrechen nach einem Prioritätenkatalog aufgearbeitet werden. Im Zuge der Datenerhebungen in den Fällen Schriefl, Beranek, Strau und Unterweger konnte festgestellt werden, dass Stammakte bei Gewaltverbrechen von den zuständigen Dienststellen unterschiedlich bearbeitet wurden. Das VICLAS-System stellt eine einheitliche Vorgangsweise dar, wobei entsprechende Checklisten entwickelt wurden, um eine einheitliche nationale und internationale Bearbeitung von Gewaltdelikten, insbesondere Sexualdelikten zu ermöglichen. So werden Opferdaten nach Namen, Geschlecht, Rasse, Größe, Gewicht, Körperbau, Haarlänge, Haarfarbe, Frisur, Sehvermögen (Brille, Kontaktlinsen), Hörvermögen, psychischem Zustand, Behinderung, Tätowierungen, Missbrauch von Alkohol/Drogen, Intelligenzgrad, Beschäftigung, finanziellem Status, bevorzugter Art der Bekleidung, allgemeiner Erscheinung, Religion, Mitgliedschaft in Organisationen, Bildung, Ausbildung, bevorzugtem Lesematerial, Hobbys, Sportaktivitäten, Interessen, Familienstand, häuslicher Lebenseinrichtung, sexuellen Gewohnheiten, bevorzugten Stammlokalen, Freunden, täglicher Routine, emotionaler Reife, sozialer Kompetenz, Vorstrafen und kriminellen Aktivitäten aufgelistet. In Österreich arbeitete der Kriminalpsychologische Dienst die sexuellen Tötungsdelikte seit dem Jahr 1975 auf.

## Regionale und internationale Zusammenarbeit

Zwei Projekte haben besondere Bedeutung: 1990 wurde vom damaligen Polizeipräsidenten in Wien Bögl, gemeinsam mit dem Gesandten Fontani aus Ungarn, die Polizeipräsidentenkonferenzen und die Österreichisch-Ungarische Polizeiakademie eingerichtet, die sich zur Mitteleuropäischen Polizeiakademie weiter entwickelte. Es handelt sich dabei um eine regionale Schulungseinrichtung, an der höhere Führungskräfte aus Tschechien, Slowakei, Polen, Ungarn, Bundesrepublik Deutschland, Schweiz und Österreich teilnehmen.

## *Berühmte Kriminalisten*

Wissenswertes über die berühmten österreichischen Polizisten und Kriminalisten findet man in verschiedenen Museen. Im Wiener Kriminalmuseum kann man die Geschichte des legendären Gründers der INTERPOL, Johannes Schober, studieren, der zweimal Bundeskanzler Österreichs und langjähriger Polizeipräsident in Wien war. Die Geschichte dieses Mannes ist mit keiner anderen eines Polizisten weltweit vergleichbar. Legendär ist auch der Name des Polizeireformers Anton Ritter von Le Monnier, der von 1870 bis 1873 Polizeidirektor in Wien war.

Zahlreiche andere Namen von Juristen und Kriminalisten wie Polizeirat Breitenfels, Polizeirat Moritz Stukart, der Hofräte Slancar, Heger, Kuso, Kornek, der leitenden Kriminalbeamten Oberst Franz Hammer, Oberst Friedrich Maringer, Oberst Hermann Schweiger und vielen anderen würden ein eigenes Buch füllen. Stellvertretend seien einige Beispiele für die Kriminalisten der Wiener Schule angeführt. Sie sollen für alle hervorragenden Menschen, die im Dienste der Sicherheit Großartiges geleistet haben, stehen.

Polizeipräsidenten in Wien:

Ignaz Pammer:
23. Mai 1945
bis 19. Juli 1946

Arthur Klausner:
20. Juli 1946 bis
1. September 1947

Josef Holaubek:
2. September 1947 bis
31. Dezember 1972

Karl Reidinger:
1. Jänner 1973 bis
31. Dezember 1987

Günther Bögl:
1. Jänner 1988
bis 30. Juni 1995

Peter Stiedl:
1. Juli 1995 bis
31. Dezember 2007

Gerhard Pürstl:
seit 1. Januar 2008

## Otto Kornek, Leiter der Kriminalpolizei Matthäus Tuschl, Vorstand des Sicherheitsbüros

An meiner Karriere waren diese beiden Herren nicht unwesentlich beteiligt. Die erste Begegnung mit Otto Kornek hatte ich anlässlich meines ersten Mordfalles 1972. Ich hatte Dienst im Zentraljournal, als bekannt wurde, dass eine Frau ihren Mann erschossen hatte. Pflichtgemäß verständigte ich das Sicherheitsbüro und der damalige Polizeioberrat Kornek, Leiter der Mordkommission, erschien am Tatort. Das war schon ein beeindruckendes Erlebnis, ihn, den großen Chef der »Mordpartie« bei der Arbeit zu sehen. Bei all meiner Bewunderung für »den Kornek« war es sehr angenehm wahrzunehmen, dass er äußerst menschlich mit mir, einem damals kleinen provisorischen Polizeikommissär, umging. Die Amtshandlung verblieb richtigerweise am Polizeikommissariat, ich hatte die Arbeit, aber nach dieser Begegnung arbeitete ich mit Freude und Energie, führte die Einvernahme mit der Verdächtigen durch, verfasste die Anzeige und kam am Morgen müde in den Zentraljournaldienst zurück.

Meine Begegnung mit Matthäus Tuschl hatte ich Jahre später. Im Jahr 1975 war ich bereits Sicherheitsreferent in der Inneren Stadt. Damals waren die Mittagseinbrüche ein großes Problem. Wir strukturierten eine Bekämpfungsstrategie, schickten Zivilstreifen aus und konnten nach einigen Wochen tatsächlich Serieneinbrecher auf frischer Tat festnehmen. Tuschl, damals Einbruchsreferent im Sicherheitsbüro, nahm uns die Amtshandlung »weg« – so schnell konnte ich gar nicht schauen. Wir fühlten uns um unseren Erfolg »betrogen« und bei einer Besprechung im Sicherheitsbüro regte ich mich fürchterlich darüber auf. Genutzt hat das freilich wenig, aber man wurde auf mich aufmerksam. Ob durch das Konzept oder durch die Beschwerde, man wusste nun Bescheid.

Im Februar 1976 rief Otto Kornek an und eröffnete mir die Möglichkeit, ins Sicherheitsbüro zu wechseln. Mein damaliger Chef Triska, Stadthauptmann der Inneren Stadt, riet mir zu wechseln und so begann ich im März, im Sicherheitsbüro zu arbeiten. Wo? Natürlich im Diebstahlsreferat, wo Tuschl nun mein unmittelbarer Chef wurde. Das bringt wieder zwei Erinnerungen hervor: Als ich mich kundig machte, wie man im Sicherheitsbüro den Journaldienst versieht, setzte ich mich in das Parterre, wo die Juristen Dienst verrichteten. Wer hatte Dienst? Tuschl. Was machte er? Er vernahm eine geheime Prostituierte. Köstlich war die Art und Weise seiner Einvernahme. Als die nicht mehr junge Dame log, hob er kurz seine linke buschige Augenbraue und alles war klar. Die Dame war zu einem vollen, reumütigen Geständnis bereit.

Von den »Vorderen«, Otto Kornek, Matthäus Tuschl, Franz Priehsnitz oder Gerhard Herrnstadt lernten wir junge Referenten, wie man mit den »Kieberern« im Sicherheitsbüro umzugehen hatte, wie man Einvernahmen durchführte und wie man Amtshandlungen leitete. Das Arbeitsklima war ausgezeichnet. Es gab Teamgeist, Verlässlichkeit und Zusammenhalt. Besonders die Chefs zeichneten sich dadurch aus. Man mag hin und wieder Fehler begangen haben. Dafür wurde man von den Vorständen entsprechend gerügt, aber nach außen hin gab es volle

Deckung. Kein böses Wort, kein Fallenlassen. So etwas kam nur vor, wenn man selbst unehrlich, feig oder hinterhältig war.

Ich erinnere mich an die heikle Amtshandlung der Seriendiebstähle beim Österreichischen Fernsehen. Das Sicherheitsbüro, Otto Kornek persönlich, nahm mit dem damaligen Generalintendanten Oberhammer Kontakt auf. Die dabei getroffene Vereinbarung wurde von Oberhammer gebrochen. Das Sicherheitsbüro und ich mit meinen Kriminalbeamten wurden vom »profil« verrissen, weil wir nicht den Erfolg brachten, den man erwartet hatte. Und wie reagierte Kornek? Auf die Frage, ob ich gehen müsse, sagte er gegenüber einem Journalisten: »Wenn der Edelbacher gehen muss, dann gehe ich auch.« Einen solchen Satz hört man heute sicher von keinem Vorgesetzten mehr.

Solche Charaktere und Vorbilder findet man nur selten. In einer Zeit, in der Erfolg und Flexibilität ohne Rücksicht auf Menschenschicksale Priorität haben, zählt diese Treue und Fürsorge nicht. Jeder ist sich selbst der Nächste. Leider hat sich diese Untugend von der Spitze weg nach unten rasch verbreitet. Zwietracht ist eher anzutreffen als Harmonie und Teamgeist. Mit dem Tod von Kornek und Tuschl ist wahrscheinlich eine Ära zu Ende gegangen, die unwiederbringlich sein wird. Daher erinnere ich mich an diese Menschen besonders gern.

## Franz Priehsnitz

Der legendäre und letzte wahre Leiter der Kriminalpolizeilichen Abteilung Wiens

Franz Priehsnitz wurde am 26. Mai 1928 in Wien geboren und wuchs in gutbürgerlichen Verhältnissen in Neubau auf, sein Vater war Branddirektor in Wien. Nach der Matura am Realgymnasium Albertgasse studierte Priehsnitz Rechtswissenschaften an der Universität Wien und promovierte im Jahr 1950 zum Doktor jur. Nach dem Gerichtsjahr trat er in den Polizeidienst unter dem damaligen Polizeipräsidenten Josef Holaubek ein. Nach Dienstverrichtung an verschiedenen Polizeikommissariaten wurde Priehsnitz am 26. November 1956 als Hauptreferent in das Sicherheitsbüro berufen. Dort erwarb er sich einen hervorragenden Ruf in den Bereichen Betrugsbekämpfung und vor allem im Drogenreferat, das er viele Jahre lang führte. Im Jänner 1971 übernahm er die Leitung der Jugendpolizei. Jugend- und Drogenkriminalität konnten damals noch von einem Referenten allein abgedeckt werden, obwohl sich die Drogenszene bereits dramatisch entwickelte.

Unvergesslich bleibt der Kriminalfall »Opernmord«. Priehsnitz hatte Theaterdienst in der Wiener Staatsoper, als die Ballettschülerin Dagmar Fuhrich am 12. März 1963 tot in der Dusche der Staatsoper aufgefunden wurde.

Mit 1. August 1976 wurde Franz Priehsnitz Vorstandstellvertreter im Sicherheitsbüro, der gleichzeitig auch als Leiter der Mordkommission fungierte. Diese Zeit steht für die schwersten Kriminalfälle, die man in der Zweiten Republik erlebte. Im November 1977 wurde der Industrielle Walter Palmers, im Dezember 1977 die Gattin des Industriellen Böhm entführt. Die Jahre zwischen 1976 und 1981 waren sehr ereignisreich, da sich der Terrorismus in Europa ausbreitete. Internationale Autoschieberbanden schlugen auch in Österreich zu und stahlen vor allem hochwertige Fahrzeuge. Ein Bombenleger war in Wien aktiv, der die Stadt in Angst und Schrecken versetzte. Im Jahr 1977 gab es die höchste Rate an Bankraubüberfällen, wobei sich besonders die »MP-Bande« hervortat. Die Geiselnahmen, Bankraubüberfälle und Kraftfahrzeugdiebstähle bedeuteten zusätzliche Belastungen für das Sicherheitsbüro. Die kriminalpolizeiliche Führungsmannschaft Friedrich Kuso, Otto Kornek, Franz Priehsnitz, Oberst Franz Hammer und die etwa 130 Mitarbeiter und Mitarbeiterinnen wurden maximal gefordert.

Hofrat Franz Priehsnitz übernahm mit Jänner 1982 die Leitung des Sicherheitsbüros und wurde zum Vorstand bestellt. Im März 1986 verstarb der damalige Leiter der Kriminalpolizeilichen Abteilung Otto Kornek unerwartet in seinem Büro und Franz Priehsnitz wurde am 4. April 1986 zum Leiter der Kriminalpolizeilichen Abteilung bestellt. Das war der höchste Posten im Bereich der Kriminalpolizei, den man bei der Bundespolizeidirektion Wien erreichen konnte. Diese Position behielt er bis zu seinem Pensionsabschied im Dezember 1993.

In dieser Arbeitsperiode wurden von ihm viele Neuerungen durchgeführt. Der damalige Polizeipräsident Günther Bögl bezeichnete Franz Priehsnitz einmal bei einer Ansprache als »Weichensteller in rebus criminalibus«. Im Büro für Erkennungsdienst und Kriminaltechnik wurde das weltweit anerkannte Computersystem »AVIS« eingeführt, das die automationsunterstützte Abgleichung von Fingerabdruckspuren ermöglichte und bis heute einen Quantensprung in der Kriminaltechnik bedeutet. Ganz wichtig war die Einrichtung von Tatortgruppen, also eine Entwicklung in Richtung professioneller Aufarbeitung der Tatorte, die heute noch wesentliche Früchte trägt, da der Weg vom Personen- zum Sachbeweis bereits in den Neunzigerjahren eingeschlagen wurde. Wichtig war auch die Modernisierung der Polizei durch die Aufstellung der Observationseinheiten, die dann später, im Jahr 2002, das Bundeskriminalamt Österreich übernommen hat.

Ein besonderes Problem stellte die Bekämpfung der organisierten Kriminalität dar. Seit der Öffnung der Ostgrenzen wurde Österreich zunehmend von kriminellen Gruppierungen aus den früheren kommunistischen Regionen infiltriert. Es wurde in Wien auch eine Einheit zur Bekämpfung dieses Phänomens eingerichtet.

Priehsnitz hatte an allen wesentlichen Aktivitäten der Polizeidirektion Wien großen Anteil. Bei den Polizeipräsidentenkonferenzen war er immer ein wichtiger Partner unseres Präsidenten. Auf ein so erfülltes und erfolgreiches dienstliches Leben können wenige Kriminalisten zurückblicken. Im Jahr 2008 wird Franz Priehsnitz achtzig Jahre alt und feiert dieses Fest im Rahmen seiner großartigen Familie. Einer seiner Kernsätze war: »Wenn es an der Front stürmisch ist, muss das Hinterland ruhig bleiben« – das war immer seine Familie.

## Gerhard Herrnstadt

Gründer des Büros zur Bekämpfung des Versicherungsbetruges

Rückblickend kann man es als eine besondere Gnade betrachten, Gerhard Herrnstadt kennen gelernt zu haben. Besonders glücklich konnte man sich schätzen, ihn, den wir alle »Paul« nannten, als Lehrmeister im Sicherheitsbüro erleben zu dürfen. So eigenwillig dieser Mann agierte, so offen, ehrlich und inspirierend wirkte er auf seine Mitarbeiter.

Im Juni 1916 wurde Gerhard Herrnstadt als Sohn jüdischer Eltern in Wien geboren. Bei einer Klettertour am 9. November 1983 verunglückte er tödlich. Marianne Enigl schrieb im »profil« am 21. November 1983: »Ein spektakuläres Ende für ein spektakuläres Leben.« Herrnstadts Eltern hatten ein schlimmes Schicksal erlitten: Sein Vater starb im Konzentrationslager Theresienstadt, seine Mutter wahrscheinlich in Auschwitz. Er selbst war zunächst im Exil in Belgien, agierte als »wahrer Offizier des belgischen Widerstands« und kam im Jahr 1945 mit dem dritten österreichischen Freiheitsbataillon aus Jugoslawien nach Österreich zurück. Neben seinem intensiven politischen Engagement erwarb er zwei Doktorate an der Universität Wien in Rechts- und Politikwissenschaften. Noch im Jahr 1945 trat er bei der Polizei in Wien ein, war Stadthauptmann am Bezirkspolizeikommissariat Wieden, wurde 1955 Hauptreferent im Sicherheitsbüro, wo er vor allem den Bereich Versicherungsbetrug abdeckte, und ging im Jahr 1981 als Titularhofrat in Pension. Herrnstadt hätte das Zeug dazu gehabt, Vorstand des Sicherheitsbüros zu werden, was ihm aber aufgrund seiner politischen Einstellung verwehrt blieb.

Gerhard Herrnstadt war für diejenigen, die ihn erleben durften, eine herausragende Persönlichkeit. Ich habe ihn erst im Sicherheitsbüro kennen gelernt und war von seiner Vielseitigkeit fasziniert. Mit ihm konnte man nicht nur den »Small Talk«, den Polizisten gerne über ihre Arbeit führen, erörtern, sondern sein Horizont war so umfassend, dass man einfach zu jedem Thema, sei es Politik, bildende Kunst, Sprachen, Musik, Literatur, Menschen oder Geschichte, philosophische Ansichten und persönliche Haltungen, diskutieren konnte.

Herrnstadt war von 1931 bis 1968 überzeugter Kommunist. Wahrscheinlich war er es zeit seines Lebens – formal ist er als Mitglied der kommunistischen Partei nach den Ereignissen in der Tschechoslowakei im Jahr 1968 ausgetreten. Ich kann mich noch an eine meiner Fragen an ihn sehr gut erinnern; die Antwort charakterisierte seine Ehrlichkeit und Persönlichkeit überzeugend. Ich fragte ihn: »Paul, wie lässt sich das vereinen, dass du als Mitglied der kommunistischen Partei, also als mit einer sehr sozialen Gesinnung ausgestatteter Mensch, es ethisch, moralisch akzeptieren kannst, gleichzeitig das Gehalt eines Polizeijuristen und das Gehalt als Konsulent des Verbandes der Österreichischen Versicherungen zu beziehen?« Pauls Antwort war einfach und überzeugend und vor allem ehrlich. Er antwortete: »Ich bin einfach besser als der Durchschnitt, ich leiste mehr, daher steht mir auch diese materielle Entlohnung zu.« Paul hatte also mit dem Grundsatz, dass alle Kommunisten gleich seien und keine Unterschiede existieren dürften, sicher nichts am Hut. Er war für Differenzierung und lebte diese Differenzierung. Nichts war ihm verhasster als Falschheit, Dummheit und Eintönigkeit. Auf der anderen Seite war er auch enorm hilfsbereit, setzte sich mehr als hundertprozentig für eine Sache oder einen Menschen ein, wenn er der Überzeugung war, dass dies notwendig sei. Ich habe ihn immer unheimlich präsent, stark und direkt erlebt, Halbheiten gab es da keine.

Das Lebenswerk von Herrnstadt war die Schaffung des Büros zur Bekämpfung des Versicherungsbetruges, welches er mit den Herren Prugger und Schwarz von der Ersten Allgemeinen Versicherung und der Bundesländerversicherung beim Verband der Österreichischen Versicherungen 1968 gründete. Die Spezialisierung bei der Bekämpfung des Versicherungsbetruges wurde von manchen als der wesentliche Beitrag dafür gesehen, dass unsere demokratischen Einrichtungen nicht dem Zynismus, der ungestraften Korruption, dem Nepotismus und der »Freunderlwirtschaft« anheimfielen. Es war immer seine Überzeugung, dass das Versicherungswesen nur dann funktionieren kann, wenn die Grundsatzphilosophie »Einer für alle, alle für einen«, also der Solidaritätsgedanke und das »uberimae fidei« aufrechterhalten werden können. In diesem Sinne war es für mich eine große Ehre, dass ich mich als seinen Schüler und Nachfolger bezeichnen durfte. Würde Gerhard Herrnstadt heute erleben, was aus seinen Ideen im Versicherungsbereich geworden ist, er wäre tief bestürzt. Der visionäre Geist seiner Zeit ging weitgehend verloren.

## Oberst Franz Hammer

Der »Hammerlange« bleibt unvergessen

Mit der Arbeit von Otto Kornek im Sicherheitsbüro ist unweigerlich das Phänomen des Obersten Franz Hammer verbunden. Beide gemeinsam waren ein Synonym für das Sicherheitsbüro, sie standen für eine Epoche der legendären Erfolge dieses Hauses und haben Kriminalgeschichte geschrieben. Es war beeindruckend, beide Persönlichkeiten hautnah zu erleben. Die beiden Männer wären höchst überrascht, müssten sie erleben, was sich heute in »rebus criminalibus« abspielt. Das Schicksal hat ihnen das vielleicht zu Recht erspart. Sie würden sich, wie man so schön sagt, im Grab umdrehen.

Otto Kornek und Franz Hammer waren kongeniale Partner. Sie verstanden einander ausgezeichnet, waren beide im Gewaltreferat bei der Bearbeitung von Morden, Geiselnahmen, Erpressungen, Entführungen und Raubüberfällen erfolgreich und wurden bekannt, ja geradezu berühmt. Aber beide haben auch quasi ihr Leben für den Job im weiteren Sinne geopfert.

Durch Otto Kornek kam ich wie bereits erwähnt in das Sicherheitsbüro. Bald ergab sich auch die Gelegenheit, im Referat »Gewalt« einzuspringen. Es waren für dieses Referat erstklassige Referenten wie Mastalier, Demel oder Werderits zuständig. Aber wenn Not am Mann war, wurde auch ein anderer Referent des Hauses mit dieser Arbeit betraut. Mein Einstieg waren Raubakten. Da ich mich nicht ungeschickt anstellte, kam der »Hammerlange« gut mir aus und ich hätte sogar die Option gehabt, in die »Gewalt« einzusteigen. Hätte ich damals nicht gerade Herrnstadt kennen gelernt, wäre ich wahrscheinlich weich geworden. So aber lehnte ich ab und wandte mich dem Betrugsreferat zu. Das trug mir natürlich von Kornek und Hammer heftige Kritik ein. Die Entscheidung war für mich aber klar. Hammer war eine so starke Persönlichkeit, der ich mich damals nicht gewachsen fühlte. Ich wollte ein besserer Kriminalist werden, wollte Einvernahmen selbstständig durchführen und das wäre neben Hammer schwer möglich gewesen. Hammer respektierte mittelfristig meine Entscheidung, ebenso Kornek. Im Sicherheitsbüro kam man ja am Gewaltreferat sowieso nicht vorbei.

Das Sicherheitsbüro hatte zwischen 1976 und 1980 besonders spektakuläre Amtshandlungen wegen Gewaltverbrechen durchzuführen. Ich erinnere mich an Franz Hammer, wie er bei der Palmers- und der Böhm-Entführung die Ermittlungsarbeit mit seinen Kriminalbeamten beherrschte. Das waren keine leichten Kriminalfälle. Dazu kamen noch etliche schwere Bankraubüberfälle – mit einem Wort, das Sicherheitsbüro »rotierte« und mit ihm die Führung.

Hammer war ein groß gewachsener Mann, trainierte Boxen und ging in die Pratersauna, wo auch viele Kriminelle verkehrten. Hammer wurde in der Wiener Unterwelt geachtet. Wenn er ausfuhr, weil er etwas wissen wollte, meldeten sich die Bosse der Unterwelt sehr rasch, weil sie ihn einerseits fürchteten, andererseits aber auch respektierten. Hammer war aber nicht nur konsequent und zielorientiert, er agierte schlau, hatte etliche Tricks auf Lager und schätzte gute »Kiebererarbeit«. Problematisch war es, wenn man sich ihn zum Feind machte und wenn er gegen jemanden voreingenommen war. Da konnte er »vernichtend« werden und viele haben auch darunter gelitten. Aber grundsätzlich war er für das Sicherheitsbüro Herz und Kopf.

Hammer traute man bisweilen Menschlichkeit nicht recht zu. Ich erlebte ihn aber in der Poliklinik, als er selbst krank Bett an Bett neben meinem kranken Vater lag. Da erfuhr man, dass er trotz seines schweren Schicksals – er verlor seinen sportlichen Sohn im Alter von 19 Jahren und seine Frau wegen eines Krebsleidens – Humor und Lebenswitz zeigte. Hammer war ein Polizist und Kriminalist vom Scheitel bis zur Sohle.

Für mich beeindruckend war seine Aussage: »Es gibt dumme und kluge Polizisten. Das können Hofräte, leitende Beamte oder einfache Polizisten sein. Arbeit gibt es genug, wir brauchen uns um die Arbeit nicht zu streiten, es ist genügend vorhanden.« Eine Aussage, die sich viele Führungskräfte von heute hinter die Ohren schreiben sollten. Was dieser Mann in seiner Zeit geleistet hat, schafft heute niemand, weil es an Einsatz, Idealismus, Wissen und Professionalität fehlt. Würde Hammer noch leben, es wäre ihm ein Leichtes, viele der »Blender«, die sich nur gut verkaufen können, aber von der Arbeit grundsätzlich wenig Ahnung haben, in die Tasche zu stecken.

## Josef Leeb

Die Vaterfigur des Sicherheitsbüros

Für die Arbeitsweise der österreichischen Kriminalpolizei war besonders der Aufgabenbereich des Kriminalbeamten wichtig. Die österreichischen Kriminalbeamten sind ausschließlich Exekutivorgane, deren Tätigkeitsbereich außerhalb des Amtes gelegen ist. Ihre Aufgabe war von Anbeginn an der gesamte kriminalpolizeiliche Außendienst, also Erhebungen und Beobachtungen, exekutives Einschreiten oder die Vornahme von Verhaftungen und Hausdurchsuchungen. Immer mehr sind aber mit der Zeit auch innerdienstliche Arbeiten wie die Einvernahme von Zeugen und Verdächtigen dazugekommen. Da den Polizeibehörden für die Anhaltung einer Person nur die verfassungsmäßige Zeitspanne von 48 Stunden zur Verfügung steht, musste eine sehr intensive Ausarbeitung des einzelnen Kriminalfalles bereits im Stadium der polizeilichen Vorerhebung erzielt werden – ein ganz spezifisches Charakteristikum der österreichischen Bundespolizeibehörden. Gruppeninspektor Josef Leeb war ein Kriminalbeamter, der in der Blütezeit der Wiener Schule der Kriminalistik wirkte. Er war lange der älteste lebende Zeitzeuge dieser spannenden Epoche.

Josef Leeb wurde am 25. Februar 1907 in Wien geboren. Nach dem Schulbesuch lernte er den Beruf des Zimmermanns und brachte es zum Meister. Im Jahr 1929, als die große Arbeitslosigkeit ausbrach, wechselte er zum Österreichischen Bundesheer. 1932 trat er zur Gendarmerie über. Nach der Ausbildung begann er den Dienst im Rayon Neulengbach. 1938 wechselte Josef Leeb von der Gendarmerie zur Kriminalpolizei in Wien Floridsdorf. Dort war er mehrere Monate tätig und wurde bald in die kriminalpolizeiliche Leitstelle an der Roßauer Lände versetzt. Zwischen 1938 und 1945 nannte man das Sicherheitsbüro »Kriminalpolizeiliche Leitstelle«. Sie war für Wien und Niederösterreich zuständig. Daher ermittelten die Kriminalbeamten aus Wien auch in Niederösterreich. Zu dieser Zeit arbeiteten dort etwa 150 Kriminalbeamte und vier Juristen. Chef dieser Dienststelle war Kriminaldirektor Kaphengst. Er war wie 60 Prozent der Kriminalbeamten aus Deutschland nach Wien versetzt worden. Als Referenten waren Slancar und Heger in Wien tätig.

Während des Zweiten Weltkrieges wurde Josef Leeb in die kriminalpolizeiliche Leitstelle Metz, Elsass-Lothringen, versetzt. Dort arbeitete er im Diebstahlsreferat. Im Februar 1945 verließ er Metz und wurde auf der Flucht von den Amerikanern gefangen genommen. Er wurde in das Gefangenenlager Mauerkirchen in Oberösterreich gebracht. Dort gelang ihm nach zehn Tagen neuerlich die Flucht. In der Zweiten Republik, im Jahr 1946, wurde Josef Leeb wieder eingestellt. Nach einer kurzen Dienstzeit im Bezirkspolizeikommissariat Floridsdorf begann er, in seiner alten Dienststelle als Kriminalbeamter zu arbeiten. Nunmehr hieß die Kriminalpolizeiliche Leitstelle wieder Sicherheitsbüro. In den Jahren 1947/1948 besuchte Josef Leeb den Dienstführerkurs. Im Jahr 1948 wurde er zum Revierinspektor und gleichzeitig zum Gruppenführer ernannt.

Seine erste Amtshandlung im Jahr 1946 war die Arbeit an der gefürchteten »Simon-Platte«. Es handelte sich um die größte kriminelle Organisation, die sich bereits in Nazi-Deutschland gebildet hatte. Die Simon-Platte wurde während des Krieges, im Jahr 1944, von August Simon und drei anderen Verbrechern gegründet, die damals dem Wehrmachtsgefängnis entsprungen waren. Während der nationalsozialistischen Gewaltherrschaft hatte man Verbrechen grundsätzlich nicht öffentlich kundgemacht, außer es wurden Verurteilungen ausgesprochen. Was es nicht geben sollte, durfte es nicht geben. Im Dezember 1947 kam es gegen siebzig Mitglieder der Simon-Platte zu gerichtlichen Verfahren. Aufgrund der Ermittlungen der Kriminalbeamten der Bezirke Meidling, Penzing, Ottakring und des Sicherheitsbüros konnten zwanzig Morde und Mordversuche, achtundvierzig Einbrüche und zwanzig Autodiebstähle aufgeklärt werden. Dem Kriminalrevierinspektor Josef Leeb wurde vom damaligen Polizeipräsidenten Josef Holaubek am 24. Mai 1949 Dank ausgesprochen, da er sich bei der Amtshandlung gegen Alois Weghofer und Thomas Maural von der ehemaligen »Simon-Platte«, denen ein Mord, die Wegschaffung und Verscharrung der Leiche der Herta Baumgartner nachgewiesen werden konnte, durch besondere Sachkenntnisse anerkennenswerte Verdienste erworben hatte. Die Belohnung waren 20 Schilling!

Eine der spektakulärsten Amtshandlungen war die Fahndung nach den sogenannten »Porscheräubern«, die im Dezember 1963 die Bevölkerung in Wien und Niederösterreich verunsicherten. Vier Täter agierten äußerst brutal, begingen Diebstähle und Raubüberfälle und konnten erst nach einer wilden Verfolgungsjagd, wobei die Täter mit 310 km/h flüchteten, gestellt werden.

Wenn man Leeb die Frage stellte, was denn seine »schönsten Amtshandlungen« waren, an die er sich noch gerne erinnerte, so nannte er die Aufklärung von Autodiebstählen. Als ich im Sicherheitsbüro mit der Aufklärung von Kraftfahrzeugdiebstählen befasst war, erzählte der Kriminalbeamte Josef Schrott gern folgende Anekdote: Es war den Kriminalbeamten der Autodiebstahlsgruppe Josef Leeb im Jahr 1965 gelungen, eine Autodiebesbande, die Diebstähle von fünfzig teuren Personenkraftwagen im Gesamtwert von zwei Millionen Schilling verübt hatten, in Belgrad auszuforschen und die Täter festzunehmen. Bei einer weiteren Amtshandlung wurden zwanzig gestohlene Fahrzeuge aus Ungarn in die Schweiz zurückgebracht, wo sie gestohlen worden waren. Bei diesen ersten Amtshandlungen in der Zweiten Republik arbeitete man mit Kollegen in Jugoslawien, der Schweiz und Ungarn zusammen. Das war damals nicht so leicht, da es sich bei Jugoslawien und Ungarn um kommunistische Länder handelte. Besonders Ungarn zeigte sich nach der Revolte 1956 nicht sehr kooperativ. Dennoch konnten bei dieser Zusammenarbeit fast alle gestohlenen Kraftfahrzeuge sichergestellt werden. Josef Schrott erzählte stolz, wie die Kriminalbeamten des Sicherheitsbüros dreizehn Autos aus Ungarn, die in der Schweiz gestohlen worden waren, persönlich durch Österreich zur Schweizer Grenze zurückführten.

Josef Leeb und seine Kollegen der Autodiebstahlsgruppe, von denen noch heute viele Namen in guter Erinnerung sind wie Walter Amon, Helmut Anger, Hans Harrer, Otto Kellner, Peter Kern, Walter Oppenheim, Hans Ranseder, Erich Schindler, Franz Werth und Josef Wunsch, haben viele weitere große Kriminalfälle geklärt wie die Mordcausa Krismanek, die Hans-Peitner-Bande, genannt Riederbergbande, und die Zcakovitsbande.

Bemerkenswert ist, dass in der damaligen Zeit eine ganz andere Arbeitsmoral geherrscht hat. Ordnete der Gruppenführer an, dass die Gruppe um 4 Uhr früh Dienstantritt hatte, so waren die Gruppenmitglieder gestellt. Überstunden gab es nicht, das Erscheinen zeitig am Morgen oder das Bleiben bis spät in die Nacht war selbstverständlich. Die Arbeit und die Gruppenzusammengehörigkeit gingen voran.

Chefinspektor Josef Leeb erhielt das Goldene Verdienstzeichen der Republik Österreich und in seiner 34-jährigen Dienstzeit insgesamt 49 Dekrete. Nach 27 Jahren Dienst als Gruppenführer ging er im Jahr 1972 in Pension und verstarb im Mai 2003 in Wien. Er war der älteste Zeitzeuge einer Epoche großer Kriminalisten, die zum Wohl der Sicherheit in unserem Land gewirkt haben. Josef Leeb war und bleibt für mich auch heute noch die leibhaftige Versinnbildlichung des Unterschiedes zwischen »Alter Polizei« und »Neuer Polizei«.

## *Die Wiener Schule der Gerichtsmedizin*

Von den Altvorderen lernten wir jüngeren Mitarbeiter des Sicherheitsbüros, dass die Wiener Schule der Kriminalistik sich unter anderem deshalb besonders profilierte, weil es eine stete Kooperation mit dem Institut für Gerichtliche Medizin gab. Es war daher nicht weiter verwunderlich, dass der jeweilige Leiter der kriminalpolizeilichen Abteilung beziehungsweise der Vorstand des Sicherheitsbüros sehr oft mit dem Vorstand des Wiener Instituts für Gerichtliche Medizin in enger Verbindung stand. So waren Karl Slancar und Franz Heger mit Leopold Breitenecker befreundet, Friedrich Kuso, Otto Kornek und Franz Priehsnitz standen mit Wilhelm Holzabek in guter Beziehung. Die gemeinsame Arbeit war oft der Grundstein für persönliche Freundschaften. Auch ich habe das Glück, mit Universitätsprofessor Georg Bauer, dem langjährigen Vorstand des Institutes für Gerichtliche Medizin, in meiner Zeit als Vorstand des Sicherheitsbüros nicht nur eng zusammengearbeitet zu haben, sondern es hat sich dabei auch eine Freundschaft ergeben. Die Arbeit war der Ausgangspunkt für häufige Begegnungen und so habe ich auch noch heute Kontakte zu den Universitätsprofessoren Gottfried Machata oder Manfred Hochmeister.

Wenn man ein Buch über die Wiener Polizei schreibt, dann muss das Institut für Gerichtliche Medizin als wichtigster Partner hervorgehoben werden. Um so unverständlicher ist es, dass man die Schließung dieser berühmten Institution seitens des Innenministeriums, des Justizministeriums, des Wissenschaftsministeriums und der Stadt Wien einfach hingenommen hat. Das kann nur auf einen hohen Grad an Unwissenheit zurückzuführen sein. Weiter will ich gar nicht denken.

Im Sommer 2004 wurde von Professor Burkhard Madea vom Institut für Rechtsmedizin der Universität Bonn das Buch »Hundert Jahre Deutsche Gesellschaft für Gerichtliche Medizin – Vom Gründungsbeschluss 1904 zur Rechtsmedizin des 21. Jahrhunderts« herausgegeben. Im Vorwort wird ein kluger Satz angeführt: »Die Zukunft, so sagt eine alte Spruchweisheit, kann man nur erfolgreich gestalten, wenn man sich der Vergangenheit bewusst ist.« Diese Weisheit wurde in Österreich bei der Reform der Polizei komplett über Bord geworfen, weil eine Gruppe »Junger, Cooler, Innovativer – JCI« einfach daraufhin reformiert hat, ohne sich der Tragweite ihrer Handlungen bewusst zu sein. Nun sind die »Wiener Schule der Kriminalistik« und die »Wiener Schule der Gerichtlichen Medizin« zu Grabe getragen worden und keinen scheint es zu kümmern, was dabei tatsächlich zerstört wurde.

Das Sicherheitsbüro wäre hundertfünfzig Jahre alt geworden, das Institut für Gerichtliche Medizin schaffte immerhin zweihundert Jahre, bevor es geschlossen wurde. Georg Bauer hat zu diesem Anlass zwei schöne Beiträge verfasst und es ist mir ein großes Bedürfnis, einige Gedanken daraus zu zitieren: »In Wien hatte van Swieten unter der Kaiserin Maria Theresia den Grundstein für die Staatsarzneikunde und später die Gerichtliche Medizin gelegt. Gegen Ende des 18. Jahrhunderts wurde, entsprechend der von van Swieten ausgearbeiteten Verfassung der Wiener Medizinischen Fakultät, der Professor der Chirurgie beauftragt, den Ärzten und Wundärzten soviel von der Gerichtlichen Medizin beizubringen, dass sie die Totenbeschau, die nur noch von Ärzten durchzuführen war, absolvieren konnten. Im Jahr 1795 wurde Johann Peter Frank, der bereits seit 1785 in Pavia auch Vorlesungen über Gerichtliche Medizin und Medizinische Polizei abgehalten hatte, nach Wien berufen. Sein berühmtes Werk »System einer vollständigen medicinischen Polizey« enthielt im vierten Band eine Darstellung der Gerichtlichen Medizin in Verbindung mit persönlichen Erfahrungen. Im Jahr 1804 wurde von Kaiser Franz II. ein eigenes Lehramt für Gerichtliche Arzneikunde und Medizinische Polizeiwissenschaften errichtet. Diese Lehrkanzel wurde in Wien mit Beschluss vom 24. Februar 1805 zunächst an Bernhard Vietz verliehen. Damit waren die Gerichtliche Medizin und die Hygiene im Fach der Staatsarzneikunde vorerst vereinigt, erst später erfolgte eine Trennung.

Bereits im Jahr 1822 sollen über die Lehrkanzel 121 Untersuchungen, darunter auch solche an Lebenden, durchgeführt worden sein. Die Leichenuntersuchungen unterlagen damals dem Stadtmagistrat in seiner Funktion als Kriminalbehörde erster Instanz, eine Kompetenz, die bis zum 28. Januar 1988 fortbestanden hat, als die sogenannten Patronanzgerichtshöfe abgeschafft und eine Trennung der gerichtlichen von den sanitätspolizeilichen Obduktionen verfügt wurde. Erst ab diesem Zeitpunkt wurden die gerichtlichen Obduktionen vom Straflandesgericht über den Untersuchungsrichter angeordnet, während die Zuständigkeit für die sanitätspolizeilichen Obduktionen beim Stadtmagistrat verblieb. Daran hat sich bis heute nichts geändert.

Die damaligen Fortschritte der Gerichtlichen Medizin wurden von Rokitansky und seinem Kreis sehr geprägt. Mit Eduard Ritter von Hofmann trat eine Änderung ein. Als dieser am 16. September 1875 zum Professor in Wien ernannt wurde, spaltete sich die Lehrkanzel für Staatsarzneikunde in eine Lehrkanzel für Gerichtliche Medizin und eine Lehrkanzel für Hygiene. Dadurch kamen die gerichtlichen und sanitätspolizeilichen Obduktionen wieder an die Gerichtsmedizin, da von Hofmann nicht nur zum Landesgerichtsanatom und Professor an der Universität Wien, sondern auch zum Prosektor der Gemeinde Wien bestellt worden war. Das 22-jährige Wirken von Eduard von Hofmann in Wien wird allgemein als das goldene Zeitalter der Gerichtlichen Medizin bezeichnet. Bauer schreibt dazu:

»Hofmann hat ein umfassendes wissenschaftliches Werk hinterlassen. Weltberühmt wurde sein klassisches Lehrbuch der Gerichtlichen Medizin, das 1878 erstmals erschien und zuletzt von seinem Nachfolger Kolisko im Jahr 1903 in 9. Auflage herausgegeben wurde. Zwei Gutachten Hofmanns sind besonders in die Kriminalgeschichte eingegangen: die Untersuchung der Opfer des Ringtheaterbrandes und die Untersuchung des Todes des Kronprinzen Rudolf 1898.

Eine weitere große Periode der Gerichtlichen Medizin war die Zeit von Ordinarius Albin Haberda, der die Lehrkanzel im Jahr 1917 übernahm und bis 1933 inne hatte. In seiner Zeit zog am 12. Dezember 1922 das Institut für Gerichtliche Medizin in die Sensengasse im neunten Wiener Bezirk. Haberda sorgte auch für die Ausbreitung der von Hofmann begründeten Wiener Schule der Gerichtlichen Medizin nach Graz und Innsbruck.«

Unter den jüngeren Assistenten von Haberda fiel vor allem Leopold Breitenecker auf, der am 1. Jänner 1930 in das Institut für Gerichtliche Medizin eintrat. Breitenecker wurde 1959 von der Fakultät »primo et unico loco« als Nachfolger Schwarzachers vorgeschlagen und übernahm die Lehrkanzel. Er sorgte dafür, dass das Institut für Gerichtliche Medizin auf den damals modernsten Stand erweitert wurde. Die Wiener Schule wurde damals als Hochburg der Gerichtsmedizin anerkannt, Breitenecker und Hoczabek haben als Ordinarien diese Zeit geprägt. Dr. Gottfried Machata entwickelte 1964 die Methode der Blutalkoholbestimmung mittels Gaschromatographie, die heute weltweit angewandt wird. Werner Boltz trug den Großteil der Routinearbeit am Wiener Institut und war einer der führenden Wiener Gerichtsmediziner und ein Sir vom Scheitel bis zur Sohle. Wien erlebte eine Hochblüte der Wissenschaft, elitäre Namen der medizinischen Forschung und Lehre wie Werner Boltz, Josef Herbich, Oskar Skala, Irmtraud Obiditsch-Mayer, Wolfgang Stradal, Johann Szilvassy, Gottfried Machata, Georg Bauer, Stefan Pollak, Johann Missliwetz, Christian Reiter und Wilhelm Holczabek haben diese Zeit geprägt.

Wilhelm Holczabek leitete von 1973 bis 1988 das Institut für Gerichtliche Medizin. Aufbauend auf dem Ruhm dieses Instituts war er zweimal Dekan der Medizinischen Fakultät und zweimal Rektor der Universität Wien. Die Aura der Wiener Schule der Gerichtlichen Medizin erlebte ich hautnah bei einer historischen Besprechung in den Räumlichkeiten des Vorstandes, als es um die Frage des wissenschaftlichen Nachweises der Mordgeständnisse der Krankenschwestern aus Lainz ging. Wilhelm Holczabek stand im Kreis seines wissenschaftlichen Stabes und erörterte mit diesem die Vorgangsweise in der Causa Lainz. Man hätte eine Stecknadel fallen gehört, so sehr spürte man die Aufmerksamkeit und Konzentration aller anwesenden Wissenschaftler.

Georg Bauer übernahm im Jahr 1989 die provisorische Leitung und wurde in der Folge, nachdem das UOG 93 im Jahr 2000 in Kraft getreten war, zweimal zum Institutsvorstand gewählt. Die zweite Periode endete am 31. Dezember 2003.

Georg Bauer schreibt: »Im Mai 2001 konnte die Wiener Medizinische Fakultät aufatmen. Nach 12-jähriger Odyssee konnte die Professorenstelle nach Wilhelm Holczabek wieder besetzt werden. Universitätsprofessor Manfred Hochmeister aus Wien wurde mit dieser Stelle betraut. Ab 2004 sollte er als neuer Vorstand des Institutes für Gerichtliche Medizin für eine Neugestaltung und wissenschaftliche Schwerpunkte sorgen.«

Manfred Hochmeister wollte die Wiener Gerichtsmedizin nach dem Vorbild gerichtsmedizinischer Institute in den USA neu aufbauen und gestalten. Es kam leider völlig anders. Hochmeister war es aufgrund der Widerstände im eigenen Institut – nach Holczabeks Emeritierung im Jahr 1988 war das Institut 16 Jahre ohne berufenen Professor gewesen – nicht möglich, seine Vorstellungen durchzusetzen. Die Sachverständigen hatten sich weitgehend verselbstständigt und führen heute – ganz im Gegensatz zu Hofmanns Zentralisierung des Fallmaterials als Grundlage der Forschung und Lehre – Obduktionen in Prosekturen der Stadt Wien auf eigene Rechnung und Verantwortung durch. Lehre und Forschung sind damit vernachlässigt worden, die Gerichtsmedizin wurde zur »Erledigung von Einzelfällen« und Gutachten benutzt. Hochmeister wurde nach einer anonymen Anzeige einer ehemaligen Mitarbeiterin und Gutachterin vom Rektor der medizinischen Universität Wien abgesetzt. Die Anschuldigungen stellten sich später als haltlos heraus.

Heute sind drei Angestellte des ehemaligen Instituts als Sachverständige karenziert und betreiben eine »private« Gerichtsmedizin in Wien. Die Chemie ist praktisch nicht mehr existent, Analysen werden von einem karenzierten Chemiker, der ebenfalls ein Privatlabor betreibt, oder in München vorgenommen. Die am Institut verbliebenen vier Gerichtsmediziner – mit Ausnahme von Professor Hochmeister – fahren in Wien und Niederösterreich umher und obduzieren in Spitalsprosekturen. Die Ausbildung für Fachärzte, Studierende und die Polizei ist nicht mehr gewährleistet. Die Gerichtsmedizin wurde als Arbeitsstätte geschlossen. Ein trauriges Ende einer großen Institution.

Gibt es Hoffnung für einen Neubeginn? Viele meinen, weil keine Einigung zwischen Bund und Stadt Wien erreicht worden sei, wäre es zur Schließung des Instituts für Gerichtliche Medizin gekommen. Andere meinen, Geldgier hätte zum Ende der Gerichtsmedizin geführt. Wie auch immer, es stellt sich die Frage, ob es einen Neubeginn geben kann. Hoffnung besteht, dass mit einer neuen Konstruktion eines Rechtsmedizinischen Institutes im Rahmen der Juridischen Fakultät ein Neubeginn gestartet werden könne. Damit könnte man wieder in Eduard von Hofmanns Spuren treten und eine international anerkannte Rechtsmedizin in Wien aufbauen. Eine Chance, aber es wird Jahre dauern, um wieder an das Niveau anzuschließen, für das Wien bekannt war. Wie im polizeilichen Bereich wurde auch im gerichtsmedizinischen Bereich großer Schaden angerichtet.

## *Die große Reform im Innenministerium*

Noch vor der Neugestaltung des Polizeiwesens in Wien wurde bereits im Jahr 2000 im Innenministerium eine umfassende Reform durchgeführt. Es wurde eine Sektion abgeschafft, sodass nur noch vier Sektionen bestehen blieben; dafür wurden das Bundesamt für Verfassungsschutz und Terrorismusbekämpfung (BVT) und das Bundeskriminalamt Österreich (BK) geschaffen.

Danach wurde im Auftrag des Bundesministers für Inneres im Jahr 2001 mit der Polizeireform in Wien begonnen. Ziel der Reform war es, Personal abzubauen, die Verwaltung schlank zu gestalten und insgesamt durch eine Zentralisierung eine höhere Effizienz zu erreichen. Die bestehenden dreiundzwanzig Bezirkspolizeikommissariate wurden auf vierzehn und die Kriminaldienststellen von dreiundzwanzig auf sechs Standorte reduziert.

BUNDESPOLIZEIDIREKTION WIEN

| | |
|---|---|
| Sicherheitsdirektion | Büro des Polizeipräsidenten |

Polizeipräsident<br>Polizeivizepräsidentin

| | | | |
|---|---|---|---|
| Landesamt für Verfassungsschutz | Kriminalamt KD1, KD2, KD3 | Verwaltungspolizeiliche Abteilung | Sicherheits- und Verkehrspolizeiliche Abteilung |

| | |
|---|---|
| 14 Polizeikommissariate | 5 Kriminalkommissariate |

Durch die Reform wurden zunächst Verwaltung und Exekutive zusammengeführt, was bedeutete, dass die Dienst- und Fachaufsicht von den Polizeijuristen wahrgenommen wurde. Für den Kriminaldienst schaffte man das Amt des Kriminaldirektors, der nun Herr über alle Verwaltungs- und Exekutivdienstangehörigen war. Vorher waren Dienst- und Fachaufsicht getrennt und die Dienstaufsicht wurde vom Kriminalbeamteninspektorat wahrgenommen. Aber auch die Struktur der Polizeireform 2001/2002 hielt sich nicht lange und wurde 2005 wieder gravierend verändert.

## Zusammenlegung von Polizei und Gendarmerie 2005

Ab 1. Juli 2005 gab es keine Gendarmerie mehr in Österreich. Die unter Bundesminister Strasser begonnene Reform im Innenministerium wurde von Ministerin Liese Prokop logisch fortgesetzt. Am Sonntag den 3. April 2005 wurden die neuen Führungskräfte, die neun Landespolizeikommandanten der Bundesländer der Öffentlichkeit vorgestellt. Als Landeskommandanten wurden im Burgenland Nikolaus Koch, in Kärnten Wolfgang Rauchegger, in Niederösterreich Artur Reis, in Oberösterreich Ernst Holzinger, der frühere Generalinspektor der Wiener Sicherheitswache, in Salzburg Ernst Kröll, in der Steiermark Peter Klöbl, in Tirol Oskar Gallop, in Vorarlberg Manfred Bliem und in Wien der Leiter des Kriminalamtes Wien Roland Horngacher bestellt. Ihre Aufgabe

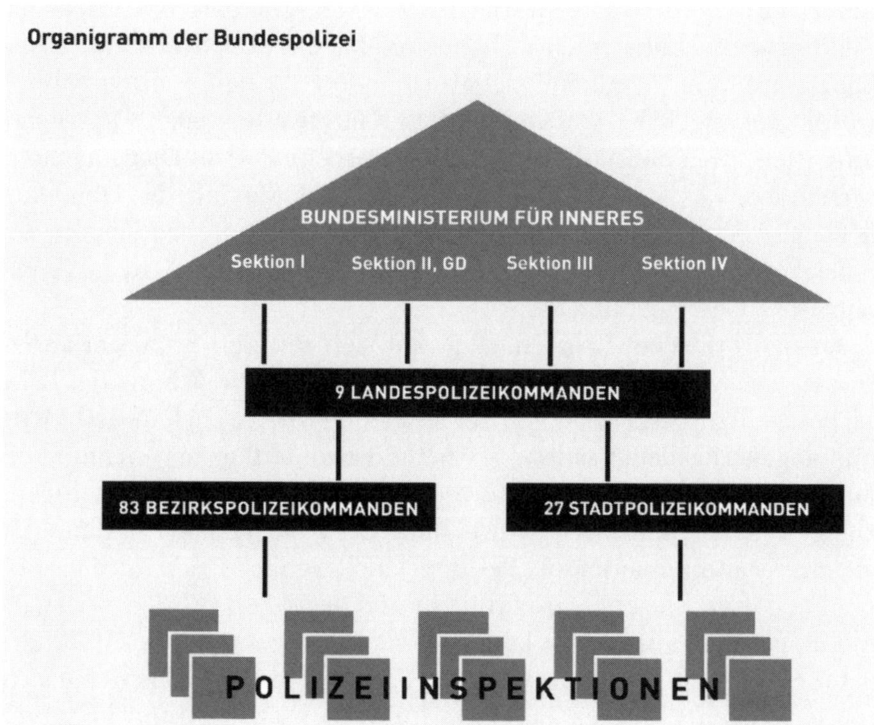


*Dieses Organigramm stammt aus einer Broschüre des Bundesministeriums für Inneres, die anlässlich der Polizeireform erstellt wurde.*

ist es, die Strukturen der Landespolizei aufzubauen und mit Leben zu füllen. Ein historischer Moment in der Geschichte der österreichischen Exekutive.

## Polizeireform im Licht internationaler Erfahrungen

Von einer Reform erwartet man etwas Positives. Man geht an eine Reform heran, wenn sich das Alte nicht mehr bewährt und man sich vom Neuen Effizienz und Verbesserung verspricht. Polizeireformen hat es gegeben und wird es immer wieder geben. Nach dem traditionellen Verständnis diente die Polizei bis in das auslaufende zweite Jahrtausend in Österreich vor allem den Herrschenden. Die Aufrechterhaltung der öffentlichen Ruhe und Ordnung war die primäre Aufgabe der Exekutive. Nach dem Zweiten Weltkrieg hat sich viel verändert. Besonders der Einfluss aus dem angelsächsischen Raum hat das Rollenverständnis der Polizei auf dem Kontinent massiv verändert. In den Siebzigerjahren wurde das englische Verständnis des Polizeiwesens nach Österreich importiert. Die Polizeiarbeit wird seither zunehmend als Dienstleistung verstanden. »*To serve the Community*« stellt die Maxime des Handelns der angloamerikanischen Länder dar. Bei der Gestaltung des Sicherheitspolizeigesetzes am 1. Mai 1993 floss dieser Grundsatz auch in die österreichische Gesetzgebung ein.

An den britischen Universitäten hat sich seit den Sechzigerjahren eine eigene Wissenschaft und Literatur entwickelt, die sich mit der Polizei beschäftigt. Was vorher von der Strafrechtswissenschaft und den Kriminologen abgedeckt wurde, ist heute besonders in den Vereinigten Staaten Sache von Spezialisten, die sich mit »Policing« beschäftigen. Dieser Wissenschaftszweig wurde Mitte der Siebzigerjahre in den USA als eigenständig anerkannt. Bei den Jahrestagungen der Academy of Criminal Justice Sciences im Frühjahr und der American Society of Criminology im Winter jeden Jahres werden die neuesten Forschungsergebnisse präsentiert. Die Academy of Criminal Justice Sciences hat sich mittlerweile zur größten Plattform für Wissenschaftler und Praktiker weltweit entwickelt. Die American Society of Criminology beschäftigt sich ausschließlich mit den wissenschaftstheoretischen Themen der Kriminologie und räumt der Praxis weniger Raum ein.

Was sind die Anforderungen an die Polizeieinrichtungen in modernen Demokratien? Mit dieser Frage beschäftigten sich zuletzt anfangs November 2001 das Geneva Centre for the Democratic Control of Armed Forces. Diese Institution wird von staatlichen Einrichtungen der Schweiz finanziert und erhalten. Das Zentrum arbeitet eng mit den Vereinten Nationen zusammen. Konfliktzonen in der Welt wie Ost-Timor oder der Balkan haben zu internationalen Militär- und Polizeieinsätzen im Auftrag der Vereinten Nationen geführt. Das Militär hat die Aufgabe, die Krisensituation zu stabilisieren. Danach sind die Polizeikräfte gefordert, für die Sicherheit in diesen Regionen zu sorgen. In Staaten und Regionen, in denen das Demokratieverständnis mangelhaft entwickelt ist, fällt es schwer, eine Polizei mit demokratischen Aufgaben einzurichten. Einer der führenden Wissenschaftler auf dem Gebiet der Polizeiwissenschaften ist David H. Bayley von der Universität in Albany im Staat New York. Er arbeitete im Auftrag des U.S. Department of Justice Empfehlungen zur Errichtung von Polizeibehörden aus. Zunächst sind nach Bayley die Grundsätze für Polizeireformen festzulegen.

Grundsätze demokratischer Polizeieinrichtungen:
- ✦ Die Polizei soll den Bürgern dienen.
- ✦ Die Polizei ist dem Recht mehr verantwortlich als den Machthabern.
- ✦ Die Polizei muss die Menschenrechte schützen.
- ✦ Die Polizei soll in ihren Aktivitäten transparent sein.

In »Democratizing the Police Abroad: What to Do and How to Do It«, das im Juni 2001 in Washington veröffentlicht wurde, werden ferner siebzehn Punkte aufgelistet, die bei Polizeireformen zu berücksichtigen sind.

Was bei einer Polizeireform zu berücksichtigen ist:
1. Jedes Reformvorhaben muss auf klaren Zielvorstellungen gegründet sein.
2. Die Reform muss von den höchsten Verantwortlichen und dem Top-Management getragen werden.
3. Polizeireform kann nur über das Management verwirklicht werden:
   - ✦ Organisatorische Änderungen können nicht durch Personalveränderungen erreicht werden.
   - ✦ Das System und die Kultur einer Organisation müssen verändert werden.

- ✦ Polizeioffiziere sind grundsätzlich skeptisch gegenüber neuen Programmen.
- ✦ Polizei und Polizisten sind eher durch direkte Kontakte als durch statistische Veränderungen von neuen Programmen zu überzeugen.

4. Polizeiliches Verhalten kann durch formale Reorganisation nicht von der Basis her verändert werden.
   - ✦ Organisatorische Veränderungen sind sinnvoll, wenn sie das Signal für neue Programme darstellen.
   - ✦ Eine Reform um der Reform willen produziert nur Konfusion, Ineffizienz und demoralisiert die Mitarbeiter.
5. Materielle Ressourcen sind zur Durchführung von Reformen unbedingt erforderlich:
   - ✦ Eine Verschiebung von Ressourcen verändert nichts zum Positiven.
   - ✦ Ressourcen verstärken aber auch nicht die demokratische Gesinnung.
6. Entscheidende Reformen können nur bei umfassender Akzeptanz durch alle Hierarchieebenen einer Polizeieinrichtung erreicht werden:
   - ✦ Jede Reform erfordert viel Zeit.
   - ✦ Jede Reform erfordert Intelligenz, Verantwortung, die Einbindung aller.
   - ✦ Veränderungen können nur dann positiv umgesetzt werden, wenn die Betroffenen dazu beitragen, Probleme zu lösen.
   - ✦ Reformen können nur von unten nach oben und von oben nach unten verwirklicht werden.
   - ✦ Reform kann nicht sein: »Wir gegen die.«
   - ✦ Alle Hierarchieebenen müssen bei einer Reform eingebunden werden.
7. Pilotprojekte müssen mit verantwortlichen Managern durchgeführt werden, die nicht ständig für andere Zwecke abgezogen werden.
8. Polizisten verändern ihr Verhalten nur, wenn es in ihrem persönlichen Interesse gelegen ist.
9. Reformvorhaben soll weder nach innen noch nach außen die Motivation, das Wissen, die Tüchtigkeit von Mitarbeitern zerstören.
10. Reformprogramme müssen auf den Output, nicht auf das Outcome ausgerichtet sein. Reformen konzentrieren sich sehr oft mehr auf das, was getan wird und nicht auf das, was verbessert werden soll.

11. Reformen sollen evaluiert werden, um eventuell negative Erscheinungen rückgängig machen zu können.
12. Positive Veränderungen kann man nur mit neuen Ressourcen erreichen – die Umverteilung bestehender Ressourcen ist nicht zweckmäßig.
13. Reformen sollen nicht durchgeführt werden, wenn durch Kriminalität die öffentliche Ruhe, Ordnung und Sicherheit gefährdet sind.
14. Die Kontakte zwischen Polizei und Öffentlichkeit sollen durch Reformen gefördert werden, um eine serviceorientierte Polizei zu erreichen.
15. Klare Richtlinien, unterstützt von vernünftigen positiven und negativen Sanktionen sind zu setzen.
16. Reformen sind wirkungsvoller, wenn alle Führungsebenen, regional, national und international zusammenwirken.
17. Die Gewerkschaft soll jedenfalls in die Entwicklung und Planung von Reformen eingebunden werden.

Wenn man vergleicht, unter welchen Voraussetzungen und Bedingungen die Polizeireformen erfolgen sollen, dann sieht man, was alles versäumt wurde. Die Vorschläge David Bayleys wurden leider nie berücksichtigt und wurden bisher auch nicht Grundlage einer Evaluierung. Eine kritische Beurteilung der getroffenen Maßnahmen wäre dringend geboten. Reformen sind grundsätzlich zu begrüßen, die Reform in Wien und die nachfolgende Reform der gesamten Exekutive weisen jedoch viele Defizite auf, die dringend behoben werden müssen.

## *Was führte zum Niedergang der Polizei?*

Hinterfragt man, wer schuld am Niedergang der Polizei ist, so könnte man es sich leicht machen und antworten: Strasser. Aber so einfach ist es nicht, obwohl sich die Frage stellt, ob für solches Handeln nicht auch Verantwortlichkeit und Rechenschaft gefordert werden sollten. Schließlich wurde mutwillig und grob fahrlässig ein funktionierendes System auf lange Zeit außer Funktion gesetzt.

## Die Jahrhundertreform

Das Anliegen, Polizei und Gendarmerie zusammenzuführen, bestand schon lange. Bereits Innenminister Franz Olah wollte dieses Vorhaben umsetzen. Er hätte das notwendige Charisma dazu gehabt, aber die Zeit war noch nicht reif dafür. Die Geschichte lehrt, dass für große Vorhaben auch große Führungspersönlichkeiten gefragt sind. Von einer Persönlichkeit, die ein solches Projekt umsetzen soll, erwarten sich die betroffenen Menschen eine hohe Visionsfähigkeit, eine enorme Fürsorgekomponente, ethische und moralische Kompetenz, Integrität, Sachverstand und überdurchschnittlichen Einsatz. Ritter Le Monnier oder Schober, die wesentliche Veränderungen im Polizeibereich in weit größeren Dimensionen durchgeführt haben, waren solche Persönlichkeiten, ganz anders als die Teams, die mit den Polizeireformen der Jahre 2001 bis 2005 befasst waren. Bei Gelegenheiten, bei denen er dieses Jahrhundertprojekt vertreten sollte, hatte man nicht den Eindruck, dass all die Eigenschaften gegeben waren, die zur Umsetzung eines solchen Vorhabens wünschenswert gewesen wären. Man hatte bei solchen Projektbesprechungen eher den Eindruck, dass Unsicherheit, Scheu vor einer offenen Diskussion, aber ein unbedingter Durchsetzungswille ohne Rücksichtnahme auf menschliche oder sachliche Aspekte vorlagen.

Durch den politischen Machtwechsel, der sich im Jahr 2000 in Österreich vollzog, kam das Innenministerium, welches sich jahrzehntelang in »roten Händen« befunden hatte, unter »schwarze« Kontrolle. Heute stellt man fest, dass alle wesentlichen Entscheidungen ausschließlich von konservativen Kräften getroffen werden. Man hält sich ein paar »Vorzeige-Rote«, aber das ist auch schon alles. Die wahre Macht liegt ausschließlich bei der ÖVP. Finden heute Besprechungen internationaler Dimensionen statt, so findet man nur ÖVP-nahe Vertreter, die das »Sagen« haben. Ist das so schlimm? Ja und Nein. Natürlich bricht die Welt nicht zusammen, wenn ein eingefleischtes ehemaliges »rotes Ministerium« nunmehr »schwarz« geführt wird. Aber in Österreich hatte man jahrzehntelang auf die Balance der Macht geachtet. Das Innenministerium spielte in der Zweiten Republik immer eine wichtige Rolle. Es geht ja nicht allein um die politische Führung, sondern um den grundsätzlichen Zustand, in dem sich Innenministerium und Polizei befinden.

Die Polizei hat man auf Jahre hinaus mutwillig zerstört und als demokratisches Instrument geschwächt. In Folge der Polizeireform wurde eine »willenlose Führung« geschaffen, der kaum noch selbstständig zu agieren vermag und nicht in der Lage zu sein scheint, große Leistungen zu erbringen. Eine Aufklärung wie die des »Falles Lucona« ist mit so einer Truppe kaum mehr zustande zu bringen. Aber vielleicht wollte man in Wahrheit genau das erreichen – kein Politiker hat Lust, einem effizienten Polizeiapparat gegenüber Rechenschaft ablegen zu müssen. Da ist es schon besser, die Polizei fängt ihre »kleinen Hendeldiebe« und lässt die großen Täter unbehelligt. Die Weisungsgebundenheit und die relativ kurze Vertragsdauer von Führungskräften lassen eine »Wohlgesinntheit« im Anlassfall erwarten.

Dass die Polizeireform ein Flopp war, sieht man schon daran, dass nunmehr nach 2001 und 2005 im Jahr 2008 die dritte Reform in Wien durchgeführt werden muss. Dass bereits die erste Polizeireform mangelhaft war, hatte ich bereits damals kritisiert, wurde zur Ordnung gerufen, habe aber aus heutiger Sicht Recht behalten. Auch die weiteren Reformschritte haben versagt beziehungsweise werden nicht den Erfolg bringen, den man sich erhofft. Das hat mehrere Ursachen, kann aber anhand des Prüfschemas von Professor David H. Bayley wunderbar herausgearbeitet und nachgewiesen werden. Die Voraussetzungen, die bei einer Reform zu beachten sind, habe ich ja im vorangehenden Kapitel geschildert. Die folgende Beweisführung ergibt sich aus dem ersten Prüfschema.

Zunächst sind vier Grundsätze demokratischer Polizeieinrichtungen zu hinterfragen:

Die Polizei soll dem Bürger dienen. Tut sie das in Folge der Reform? NEIN – man hat eine militärisch orientierte Polizei geschaffen, die auf den Grundsätzen der Gendarmerie beruht. Das ist ein System, das alles andere als bürgernah ist. Das Vertrauen der Bürger in die Polizei hat gelitten, was man aus dem Anzeigeverhalten erkennen kann.

Die Polizei ist dem Recht mehr verantwortlich als den Machthabern. Ist das der Fall nach der Reform? NEIN – bei einer Polizei, die so strukturiert wurde, dass die Führungskräfte jederzeit abgelöst werden können, jede Unbotmäßigkeit Konsequenzen für den Ausführenden hat, der nicht im Sinne des Bundesministers handelt, besteht die große

Gefahr, dass Macht mehr als Recht zählt. Da ändert sich auch nichts durch die Strafprozessreform, denn der kontrollierende Staatsanwalt unterliegt ebenso der Weisungsgebundenheit wie der Polizist.

Die Polizei muss die Menschenrechte schützen. Prima vista würde man sagen JA – das funktioniert in Österreich. Aber in Fremdenrechtsangelegenheiten hat man in dieser Richtung nicht immer ein gutes Gefühl. Es gibt dazu genügend nationale und internationale Kritik an Handlungen der Polizei in Österreich.

Die Polizei sollte in ihren Aktivitäten transparent sein. Ist das der Fall? Man ist verlockt, mit einem klaren JA zu antworten, doch die Vorgänge, die sich im Zuge der sogenannten Bekämpfung des Terrorismus in Österreich abspielen, lassen berechtigte Zweifel an der Transparenz des polizeilichen Handelns aufkommen. Ich persönlich sehe keine Garantie für ein JA und beantworte diese Frage mit NEIN.

*Ich komme also zu dem Schluss, dass von vier Grundsätzen demokratischer Polizeieinrichtungen in Österreich drei nicht gegeben sind.*

Im zweiten Prüfschema ist zu prüfen, ob die Grundsätze, die die Durchführung einer Polizeireform betreffen, eingehalten worden sind. David H. Bayley schreibt dazu siebzehn Punkte für Länder traditioneller Demokratien vor. Geht man anhand dieses Prüfschemas die einzelnen Fragen durch, so komme ich zu folgendem Ergebnis:

1. Jedes Reformvorhaben muss auf klaren Zielvorstellungen gegründet sein: Das würde man auch zuerst mit JA beantworten. Überlegt man aber, was das Ziel der Reform war, nämlich Effizienzsteigerung und Einsparungen, so lehrt das Ergebnis, dass man dieses Ziel in keiner Weise erreicht hat. Der Rechnungshofbericht bestätigt das Versagen – also NEIN.
2. Die Reform muss von den höchsten Verantwortlichen und dem Top-Management getragen werden – JA, dem kann man zustimmen.
3. Polizeireform kann nur über das Management verwirklicht werden, organisatorische Änderungen können nicht durch Personalveränderungen erreicht werden: Genau das ist aber passiert. Das System und die Kultur einer Organisation müssen verändert werden: Das passierte nicht, die Subkultur wurde noch schlimmer. Polizeioffiziere sind grundsätzlich skeptisch gegenüber neuen Programmen: Das stimmt teilweise. Polizei und Polizisten sind eher durch direkte Kon-

takte als durch statistische Veränderungen von neuen Programmen zu überzeugen: Direkte Kontakte hat man vermieden, man setzte ausschließlich auf Statistik – also auch hier ein NEIN.

4. Polizeiliches Verhalten kann durch formale Reorganisation nicht von der Basis her verändert werden. Organisatorische Veränderungen sind sinnvoll, wenn sie das Signal für neue Programme darstellen: Das ist nicht geschehen. Eine Reform um der Reform willen produziert nur Konfusion, Ineffizienz und demoralisiert die Mitarbeiter: Genau das war das Ergebnis der Reformen – also NEIN.
5. Materielle Ressourcen sind zur Durchführung von Reformen unbedingt erforderlich, eine Verschiebung von Ressourcen verändert nichts zum Positiven: Es wurde kaum investiert, lediglich umstrukturiert. Ressourcen verstärken aber auch nicht demokratische Gesinnung, die vermisst man auf jeden Fall – daher NEIN.
6. Entscheidende Reformen können nur bei umfassender Akzeptanz durch alle Hierarchieebenen einer Polizeieinrichtung erreicht werden: Das war nicht der Fall. Jede Reform erfordert Zeit: Es wurde aber »gehudelt«, man hat sich keine Zeit genommen. Jede Reform erfordert Intelligenz, Verantwortung, die Einbindung aller: Auch das ist kaum erfüllt worden. Veränderungen können nur dann positiv umgesetzt werden, wenn die Betroffenen dazu beitragen Probleme zu lösen: Man ist über die Menschen »drübergefahren«. Reformen können nur von unten nach oben und von oben nach unten verwirklicht werden: Es wurde ausschließlich von oben nach unten reformiert, mit Zwang. Reform kann nicht sein »Wir gegen die«: Genau das ist aber passiert. Alle Hierarchieebenen müssen bei einer Reform eingebunden werden: Das war nicht der Fall – daher ein klares NEIN.
7. Pilotprojekte müssen mit verantwortlichen Managern durchgeführt werden, die nicht ständig für andere Zwecke abgezogen werden – das war nicht der Fall, also NEIN.
8. Polizisten verändern ihr Verhalten nur, wenn es in ihrem persönlichen Interesse gelegen ist – das war nicht der Fall, daher NEIN.
9. Ein Reformvorhaben soll weder nach innen noch nach außen die Motivation, das Wissen, die Tüchtigkeit von Mitarbeitern zerstören: Genau das ist im Zuge der Reform nicht geschehen – wieder NEIN.
10. Reformprogramme müssen auf den Output nicht auf das Outcome

ausgerichtet sein: Reformen konzentrieren sich leider sehr oft nur mehr auf das, was getan wird, als auf das, was verbessert werden soll – wieder eine klare Verfehlung, also NEIN.

11. Reformen sollen evaluiert werden, um eventuell negative Erscheinungen rückgängig machen zu können – das erfolgt jetzt endlich, demnach JA.
12. Positive Veränderungen kann man nur mit neuen Ressourcen erreichen, die Umverteilung bestehender Ressourcen ist nicht zweckmäßig – das war aber der Fall, daher NEIN.
13. Reformen sollen nicht durchgeführt werden, wenn durch Kriminalität die öffentliche Ruhe, Ordnung und Sicherheit gefährdet sind: Genau dann, als die Kriminalität anstieg, was noch dazu voraussehbar war, hat Strasser die Reform eingeleitet, ein Wahnsinn – daher NEIN.
14. Die Kontakte zwischen Polizei und Öffentlichkeit sollen durch Reformen gefördert werden, um eine serviceorientierte Polizei zu erreichen: Dieses Ziel wurde gänzlich verfehlt, da ja um die dreitausend Mitarbeiter und Mitarbeiterinnen abgebaut wurden – daher NEIN.
15. Klare Richtlinien sind zu setzen, unterstützt von vernünftigen, positiven und negativen Sanktionen – wurde versucht, kann mit JA beantwortet werden.
16. Reformen sind wirkungsvoller, wenn alle Führungsebenen regional, national und international zusammenwirken: Wurde versucht, gelang nur teilweise – aber die Antwort ist JA.
17. Die Gewerkschaft soll jedenfalls in die Entwicklung und Planung von Reformen eingebunden werden: Die wurde übergangen, manipuliert oder isoliert – daher NEIN.

Das Ergebnis des zweiten Prüfverfahrens lautet daher:

*Von siebzehn Voraussetzungen zur Durchführung von Reformen wurden lediglich vier erfüllt. Es ist daher nachweisbar, dass die Reformen in beiden Prüfverfahren negative Ergebnisse zeigen.*

Sämtliche Kritikpunkte, die ich im Papier »Management by Chaos« im Jahr 2001 geäußert habe, haben sich mittlerweile bestätigt. Ich habe also berechtigt kritisiert. Weder die damals politisch Verantwortlichen noch die der Opposition haben diese Kritik hören wollen. Als ich die SPÖ dazu animieren wollte, doch eine internationale Expertenkommission einzuladen, um die schrecklichen Vorgänge im Innenministerium zu prüfen, wurde dieser Vorschlag abgeschmettert.

## Was lief falsch?

Aus der Sicht eines Polizeipraktikers, der ich ja war und als der ich mich nach wie vor fühle, war ein Bündel an Ursachen für den Niedergang der Polizei verantwortlich. Natürlich sind immer Menschen für Geschehen verantwortlich. Die politische Änderung der Machtverhältnisse, die ausgewählten Personen, die die Reform umzusetzen hatten, beginnend bei den jungen machtbesessenen Männern rund um Strasser bis zu den eingesetzten Vollzugsorganen in den Behörden und Exekutivkörpern waren alle Rahmenbedingungen geeignet, das Verderben zu beschleunigen.

Weitere Ursachen des Scheiterns und des Niederganges sind meiner Meinung nach:

1. Die Nichtbeachtung der Bundesverfassung (Vorhaben, wie die Gründung des Bundeskriminalamtes, scheinen verfassungswidrig zu sein).
2. Die Eliminierung der Polizeijuristen aus dem operativen Geschäft (Verlust des Qualitätsmanagements).
3. Die Aufgabe des Rayonsystems (Was wissen heute Kriminalbeamte noch?).
4. Defizite bei den erforderlichen Sprachkenntnissen zur Durchführung von Befragungen und Einvernahmen in einer multikulturellen Gesellschaft (die Polizei entspricht ethnisch-strukturell nicht der Gesellschaft).
5. Erkennbar mangelnde Distanz zu bestimmten Schichten (Rotlichtnähe).
6. Früher hat Arbeit eher verbunden, heute herrscht viel mehr Zwietracht und Streit.
7. Ausgewogenheit der Maßnahmen zum Schutz der individuellen Rechte und Menschenrechte.
8. Der Mensch sollte im Mittelpunkt des Interesses stehen: Bürgernähe,

Servicecharakter, Verständnis für und Motivation der Mitarbeiter. Die gestiegene Selbstmordrate innerhalb der Exekutive mag damit im Zusammenhang stehen. Der bekannt gewordene Postenschacher hat ebenso nicht zur Motivation beigetragen.

Eine Palette voller Ursachen, die eine große Aufgabe darstellt, die es zu lösen gilt. Es wird lange dauern, die angerichteten Schäden zu sanieren. Großer Schaden konnte auch deshalb so leicht verursacht werden, weil niemand der politisch Verantwortlichen Interesse für die wahren Bedürfnisse und Anliegen zeigte. Man begnügte sich durch alle Lager hindurch mit dem »Verkauf potemkinscher Dörfer«.

Im April 2007 versuchten mein Kollege Wolfgang Szymanski und ich, die Gründung einer Plattform oder Interessengemeinschaft zur Evaluierung der Polizeireform im Lichte der kommenden neuen Strafprozessordnung anzuregen. Grundlagen zu dieser Aktion »Kripo in Not« gab es mehrere:

Wir beide sind 1972 bei der Polizei als Polizeijuristen eingetreten. Beide beschäftigten wir uns aus unterschiedlichen Gesichtspunkten mit den Veränderungen bei der Polizei. Szymanski hatte viele Jahrzehnte hindurch als Legist die juristische Dimension der Veränderungen im Innenministerium gestaltet, beeinflusst oder wissenschaftlich betrachtet. Ich selbst war Polizeipraktiker, näherte mich dann über den Wissenschaftszweig »Policing« dem Thema »Polizeimanagement« und war mit dem Ergebnis der Zusammenlegung von Polizei und Gendarmerie nicht glücklich.

Wir kamen zur Übereinstimmung, dass das Team 04 unter dem Titel Polizeireform tatsächlich ein österreichweit geltendes Gendarmeriemodell umgesetzt hat. Ich kritisierte das Team 04 öffentlich am 6. März 2007 in Salzburg anlässlich der Tagung der Landes-SPÖ-Klausur in Salzburg in einem Vortrag zum Thema »Analyse der Sicherheitsstrukturen in Österreich«.

Wolfgang Szymanski hatte am 15. März 2007 am Institut für Strafrecht und Kriminologie einen Vortrag mit dem Titel »Die Polizeireform als Wegbereiterin einer ›Staatsanwaltschaftspolizei‹ gehalten, der auch in der Festschrift für Roland Miklau zum 65. Geburtstag veröffentlicht wurde.

Die Frage war: Können die kritischen Ergebnisse, einerseits aus der juristischen Betrachtung, andererseits aus der organisatorischen Betrachtung der Polizeireform zu einem gemeinsamen Impuls zur Evaluierung und Korrektur der derzeitigen Verhältnisse führen?

Unsere Bemühungen verliefen erfolglos. Wir fanden weder auf akademischem noch auf politischem Boden entsprechendes Gehör, um eine Initialzündung zu setzen. Unsere Bedenken wurden zwar gehört, teilweise geteilt, aber es folgten keine Aktionen.

Ich habe mich bemüht, anhand der angeführten Kriminalfälle aufzuzeigen, dass die Kriminaltechnik ein wesentlicher Bestandteil der polizeilichen Arbeit darstellt, aber die kriminalistischen Erfolge primär nur deshalb möglich sind, weil kluge, erfahrene und oft charismatische Menschen sich in das System einbrachten und die Fähigkeit hatten, mit Tätern und Opfern sprechen und zuhören zu können.

In einem Beruf, der für Menschen von Menschen getragen wird, ist die menschliche Ressource das höchste Gut, das wir haben. Kardinalfehler des Strasser-Systems war der menschenverachtende Umgang. Hundertschaften erfahrener Kollegen und Kolleginnen wurden aus Polizei und Gendarmerie vertrieben, nur um mindestens zehn Prozent an Personal einzusparen, und dies zu einer Zeit, in der die Kriminalität dramatisch anstieg. Man hat mutwillig und fahrlässig funktionierende Institutionen zerstört und durch ein »Billigmodell« ersetzt. Wesentliche Erneuerungen wie ein hochmodernes forensisches Institut, ein exzellentes Institut für Gerichtliche Medizin oder enge Zusammenarbeit von Wissenschaft und Praxis hat man verabsäumt. Weder das Bundeskriminalamt Österreich noch die Sicherheitsakademie erfüllen die Anforderungen, die man von solchen Dienststellen erwartet.

Kurze Zusammenfassung: Was lief falsch bei der Reform?

1. Keine visionäre Gestaltung der Reform
2. Menschenverachtendes Agieren
3. Keine Berücksichtigung von Wissenschaft und Forschung
4. Mangelhafte Beachtung der Menschenrechte

# *Polizei und Ethik*

Ethik ist nach traditioneller Auffassung eine eigenständige philosophische Disziplin. Im weiteren Sinn bedeutet »ethos« Gewohnheit, Sitte, Brauch. Im engeren Sinn beschreibt »Ethik« eine tugendhafte Grundhaltung, bei der charakterliche Eigenschaften im Mittelpunkt stehen. Strikte Gesetzesbefolgung und Rechtstreue gehören zum Kerninhalt des Polizeiethos. Dem ethischen Handeln und Entscheiden kommt zentrale Bedeutung zu.

## Das traditionelle Rollenverständnis der Polizei

Österreich ist ein Land mit historischer Tradition. Dieses Verständnis prägte und prägt bis heute die Einstellung von Polizisten. Über Jahrhunderte war der Polizist darauf konditioniert, dem Staat, dem Monarchen, der Autorität zu dienen. In der Monarchie war das Autoritätsverhältnis eindeutig vom Monarchen geprägt.

Auch in den beiden Republiken hat der Polizist den Herrschenden gedient. Besonders deutlich wurde das im Jahr 1934 empfunden. Die Polizei musste gegen die eigenen Bürger und Bürgerinnen agieren. Die Folge dieser Ereignisse ist das Trauma der Ablehnung der berittenen Polizei.

Die Ära der Nazizeit verkörperte dieses Autoritätsverhältnis noch deutlicher. Polizisten waren nicht nur strikt auf die Staatsmacht ausgerichtet, der Bürger und die Bürgerin wurden auch ständig bespitzelt.

Der Polizeipräsident Josef Holaubek richtete in der Zweiten Republik nach langer Zeit wieder eine Polizei ein, die bürgerfreundlich agierte und von den Menschen akzeptiert wurde. Trotzdem war auch diese Polizei mehr an der Staatsmacht als am Bürger orientiert. Erst in den Siebzigerjahren wurde das angloamerikanische Verständnis von der Polizei nach Österreich importiert. Dieses Rollenbild der Polizei definiert sich aus dem Verständnis: »*To serve the community*«.

Es dauerte aber noch bis zur Schaffung des Sicherheitspolizeigesetzes 1991 mit Wirkung ab Mai 1993, dass das Rollenverständnis des Polizisten neu definiert und dieser nunmehr »ex lege« als Diener des Staatsbürgers erklärt wurde. Es ist interessant zu beobachten, dass die gegenwärtige Polizeireform einen gewissen Rückschritt zum alten Rollenverständnis bedeutet, besonders die neuen Uniformen lassen darauf schließen.

Im Polizeibereich gab es lange Zeit wenig Frauen, die exekutiv tätig waren. Erst relativ spät, etwa Mitte der Sechzigerjahre stieg die Zahl der Frauen bei Polizei und Gendarmerie. Derzeit beträgt der Anteil der Frauen bei der Polizei etwa zehn Prozent. Das ist im Vergleich zu anderen Ländern eher unterer Durchschnitt. Der Frauenanteil hat einen maßgeblichen Anteil an der Kultur einer Polizeieinrichtung. So kann nachgewiesen werden, dass die Beschwerden wegen angeblicher Polizeigewalt entscheidend zurückgehen, wenn mehr Polizistinnen in Polizeieinrichtungen tätig sind.

## Das moderne Rollenverständnis der Polizei

Das moderne Rollenverständnis der Polizei verursacht aber auch Identitätskrisen der einzelnen Polizistinnen und Polizisten. Draußen auf der Straße, wenn es darauf ankommt, dafür Sorge zu tragen, dass die Gesetze eingehalten werden, fällt es nicht immer leicht, das neue Rollenbild zu leben.

Moderne junge Polizistinnen und Polizisten sind natürlich anders geschult als die alten Kollegen. Sie agieren konfliktstabil, bürgernah und freundlich. Aber auch den jungen Kolleginnen und Kollegen hat niemand das Dilemma der Orientierung im Einzelfall abgenommen. Sie haben nach wie vor den Auftrag, für die Aufrechterhaltung der öffentlichen Ruhe und Ordnung und für die Bekämpfung der Kriminalität zu sorgen. Die Kriminalität meint man ja relativ einfach in den Griff zu bekommen, denn da gibt es den »bösen Täter« und das »gute Opfer«. Schwieriger wird es schon bei der Aufrechterhaltung der öffentlichen Ruhe und Ordnung. Wie geht man etwa mit Umweltaktivisten oder militanten Tierschützern um?

Aber auch die Rollenbilder der Polizei bei der Kriminalitätsbekämpfung oder gar bei der Bekämpfung des Terrorismus bergen nicht zu unterschätzende Konflikte in sich. Die Polizei übt die staatliche Gewalt, also das Imperium des Staates aus. Wann darf man nun diese Gewalt anwenden? In welchem Ausmaß darf man Gewalt anwenden? Rechtlich scheint das meist klar geregelt zu sein, aber in der Realität gibt es oft unerwartete Hürden. Hier stoßen wir nicht nur auf das Legalitätsprinzip, sondern auch auf ethisch-moralische Grenzen.

## Rahmenbedingungen polizeilichen Handelns: Die Polizei und das Legalitätsprinzip

Als Polizist tut man sich scheinbar leicht, weil der Rahmen des polizeilichen Handelns durch das Legalitätsprinzip definiert wird. Schon in der Polizeischule, auf der Sicherheitsakademie und natürlich auch auf den Universitäten wird klar und deutlich gelehrt, was ein Polizist darf oder nicht darf. In der Theorie ist das Handeln der Polizei begrenzt. Die Praxis lehrt jedoch sehr bald, dass es nicht ausreicht, die Gesetze und Kompetenzen zu kennen. Im Leben, draußen auf der Straße, gerät man sehr bald in Situationen, die Entscheidungen, Menschlichkeit und Aktion verlangen, die nicht allein aufgrund des Legalitätsprinzips gelöst werden können.

Das Sicherheitspolizeigesetz hat das polizeiliche Handeln wohl flexibler gestaltet, da es entsprechend dem neuen Leitbild von Sicherheit und Hilfe dem einzelnen Exekutivorgan weit mehr Spielraum einräumt als zuvor, aber auch dieses Gesetz erspart dem Beamten nicht, ethische Grundlagen des Handelns einzukalkulieren. Muss etwa ein Polizist gegen einen Unterstandslosen einschreiten, weil dieser die Allgemeinheit irritiert, so muss er sich für »Aufrechterhaltung der öffentlichen Ruhe und Ordnung« einsetzen, vom Wegweiserecht, das im Sicherheitspolizeigesetz als Machtbefugnis des Polizisten vorgesehen ist, Gebrauch machen, sich gegen den Unterstandslosen entscheiden und ihn vom öffentlichen Ort vertreiben. Was aber geht in einem Polizisten vor, wenn ihm Schwache und Hilflose einfach leidtun?

## Polizei und Gewaltmonopol

Polizisten tragen in der Regel Uniform und Waffen, um gegenüber der Öffentlichkeit deutlich zu machen, dass sie rechtmäßig unmittelbar die staatliche Macht repräsentieren. Am Beginn der Neunzigerjahre wurde vom damaligen Innenminister Franz Löschnak das Sicherheitsmonopol geteilt. Das war für Österreich neu. Seither sind nicht nur die Polizei, sondern auch private Sicherheitsdienste für die Sicherheit verantwortlich. Die Ausübung von Gewalt liegt nach wie vor in den Händen des Staates. Private Sicherheitsorgane können Uniformen tragen und haben Waffen, aber sie sind nur im Rahmen der Notwehr und Nothilfe berechtigt, Gewalt anzuwenden. So kann etwa ein Privatdetektiv einen Ladendieb anhalten, ihn zur Herausgabe des Diebesgutes auffordern, er darf aber nicht seine Taschen durchsuchen. Der Detektiv hat unverzüglich die Polizei zu verständigen, die dazu allein berechtigt ist. Private Sicherheitsdienste erleben einen enormen Aufschwung, da das Bedürfnis nach Sicherheit vom Staat und von der Polizei nicht mehr ausreichend befriedigt werden kann. Diese Entwicklung hat sich ebenfalls aus den angloamerikanischen Ländern nach Zentraleuropa ausgebreitet. In den Vereinigten Staaten gibt es beispielsweise viermal so viele private Sicherheitskräfte als staatliche Organe.

## Aktuelle Herausforderungen

Die Menschheit erlebt heute tief greifende Veränderungen in unheimlicher Rasanz. Die Rahmenbedingungen unseres Lebens haben exogene und endogene Faktoren zur Ursache. Es stellen sich daher die Fragen: Warum ist das Bedürfnis nach Sicherheit so groß, was stellen die aktuellen Ängste der Menschen dar und was bedeuten die globalen Herausforderungen für die Arbeit der Polizei?

## Polizeiethische Limitierungen

Polizeiethische Limitierungen gewinnen im Zuge von Polizeireformen oder einer Neuorientierung der Polizei an Bedeutung. Vier Aspekte finden bei der Diskussion von Polizeiethik ihre Berücksichtigung:

1. Polizeiliches Handeln ist an die Grundrechte und Werte der Verfassung gebunden.
2. Alte polizeiliche Tugenden wie Gerechtigkeit, Tapferkeit, Wahrheitsliebe und Unbestechlichkeit haben zentrale Bedeutung.

3. Die Grundsätze der Dialogethik sind zu beachten.
4. Die Qualität der Polizeiarbeit hat Priorität.

Die ethisch-moralische Situation der Polizei stellt sich besonders komplex dar. Berufsethische Vorstellungen von Polizeibeamten und der Gesellschaft scheinen eher auseinanderzudriften. Wegen des Prozesses der Pluralisierung gesellschaftlicher Werte und Lebensstile besteht die Tendenz, dass die Übereinstimmung dieser Vorstellungen komplexer und eine ethische Verständigung zwischen Polizei und Gesellschaft komplizierter geworden ist.

## Die drei Ebenen polizeilichen Handelns

In Bezug auf ethisches Handeln ist zu unterscheiden, ob der einzelne Mensch, die Organisation, die Behörde oder die politische Ebene solche Entscheidungen trifft. Es existieren drei unterschiedliche polizeiliche Handlungsebenen, die sich an bestimmten normativen Regeln orientieren und in charakteristische »moralische Landschaften« eingebettet sind. Es handelt sich dabei um die Makro-, Meso- und Mikroebene.

Auf der *Makroebene* stellt sich die Frage nach den ethisch-moralischen Grundsätzen der jeweiligen Politik, die die innere Sicherheit betreffen. Werden private Sicherheitsunternehmen etwa in die Sicherheitspolitik eingebunden und wenn ja, in welchem Umfang? Derzeit besteht die Tendenz, sie immer stärker mit Aufgaben der Sicherheit zu betrauen. Eine wichtige Bedeutung kommt auch der Sozialarbeit zu. Die Politik hat die Formen der Kooperation von Polizei und Sozialarbeit zu bestimmen. Bei der Makroebene geht es um Entscheidungen, die die gesamtgesellschaftlichen Rahmenbedingungen, die Rechts-, Wirtschafts- und Wissensordnung betreffen. Dabei können Konflikte entstehen, etwa zwischen Freiheit und Gerechtigkeit.

Bei der *Mesoebene* handelt es sich um die polizeiliche Führungsebene. Da die Polizeiorganisation üblicherweise hierarchisch geordnet ist, stellt sich bei Polizeireformen die Frage, ob eine überkommene Polizeihierarchie umgestaltet werden soll. Die jüngsten Entwicklungen in Österreich zeigen, dass sich das militärische Prinzip auch in den Reihen der Polizei durchgesetzt hat. Die Polizei agiert mehr denn je als Instrument der

Herrschaftssicherung. Die Dienstleistungsfunktion, die im Sicherheitspolizeigesetz enthalten ist, wurde zwar beibehalten, hat aber an Bedeutung eingebüßt. Für die Mesoebene ist von Bedeutung, wie die polizeibezogene Wertehierarchie gestaltet ist und wie mit Kritik an der Polizei von außen und innen umgegangen wird.

Die Mesoebene betrifft das Handeln von Organisationen und Behörden, daher steht im Mittelpunkt des institutionellen Handelns die Aufteilung der Verantwortlichkeiten. Um eine Verwässerung der Verantwortlichkeit hintanzuhalten, wäre gemäß den Regeln der defensiven Ethik nach folgendem Postulat zu handeln: »Unterlasse alles, von dem du aufgrund deiner Einschätzung nicht sicher sein kannst, ob du die erwarteten Folgen tragen willst oder nicht. Vor jeder Entscheidung sollte man sich fragen, zu welchem Ergebnis es führen würde, wenn alle der Handlungsmaxime folgen würden, die anzuwenden man im Begriff steht. Erscheint diese Vorstellung untragbar, dann verstößt diese Handlung gegen das Gemeinwohl.«

Die *Mikroebene* betrifft die Tätigkeit des einzelnen Polizisten. Was tut der einzelne Mensch in seiner Funktion als Arbeitnehmer, Bediensteter, Konkurrent oder Kollege, um seine ethische Verantwortung wahrzunehmen? Dabei kommt es vor allem auf das Rollenverständnis der Polizisten an. Wie steht es um das Konfliktlösungs- und das Kommunikationsverhalten? Die spezifische Einstellung von Vollzugsorganen und deren Festigkeit stehen im Vordergrund. Dabei spielt die Frage nach der Motivation eine entscheidende Rolle. Bei der täglichen Arbeit schaffen bestimmte Handlungssituationen immer wieder Probleme bei der Begegnung der Polizei mit bestimmten Gruppierungen der Bevölkerung. Beispiele für solche Konfliktsituationen sind:

- Spannungsfeld Bürger und Polizei (Umgang im Alltag zum Beispiel bei Verkehrskontrollen, Vorwurf der Polizeigewalt)
- Umgang mit Ausländern (Vorwurf der Diskriminierung, Vorwurf des Rassismus)
- Begegnung mit politischen Aktivisten (Radikalen, Umweltaktivisten, Demonstrationen)
- Umgang mit psychisch Kranken
- Terroristen
- Kriminelle (zum Beispiel in der Graffitiszene, internationale Szenediebe, Betrüger)

## Unethisches Polizeiverhalten

Gegen das Polizeiethos wird eklatant verstoßen, wenn Polizisten inner- und außerhalb ihres Dienstes strafbare Handlungen oder Amtsdelikte begehen. Die Anzahl derartigen Fehlverhaltens stellt einen Seismografen für den ethischen Zustand innerhalb der Polizei dar.

Das Ausmaß unethischer Verhaltensweisen der Polizei lässt sich am Aufkommen von Beschwerden und Strafanzeigen ablesen. Polizisten unterliegen nicht nur den strafrechtlichen Bestimmungen, die für alle Staatsbürger gelten, sondern zusätzlich auch einem Disziplinarrecht. Demnach kann auch die Zahl der anhängigen Disziplinarverfahren zur Messung des abweichenden Verhaltens herangezogen werden. Steigt die Anzahl der Disziplinarverfahren, Anzeigen, Anklagen und Verurteilungen von Polizisten, so ist es um die ethische Dimension der Polizei schlecht bestellt. Dabei ist natürlich auch immer die Zahl der beschäftigten Beamten zu Vergleichszwecken heranzuziehen.

Immer wieder stellt sich die Frage, ob es sich bei aufgedeckten Verfehlungen um die sogenannten »schwarzen Schafe« handelt oder ob dadurch Hinweise auf systemimmanente Schwächen erkennbar werden.

Daten über polizeiliches Fehlverhalten sind hilfreich für die:

- ✦ Aufdeckung von Schwachstellen
- ✦ Aufdeckung von Defiziten des polizeilichen Auswahl- und Bildungswesens
- ✦ Prüfung der Effizienz des polizeilichen Kontrollsystems

Internationale Erkenntnisse zeigen, wodurch unethisches polizeiliches Verhalten entsteht:

- ✦ Typische Sozialisationsprozesse innerhalb der Polizei (»subculture of policing«)
- ✦ Spezifische ungeschriebene Polizeicodes
- ✦ Polizeiliche »peer-groups«

Polizeiliche Ausbildungs- und Organisationsdefizite tragen in erheblichem Ausmaß dazu bei, dass unethisches Verhalten bei den einzelnen Polizisten entsteht. Die Entscheidung, unethisch zu handeln, trifft aber letztlich jeder Einzelne selbst.

## Polizei und Korruption

Korruption ist kein wirklich neues Phänomen, weder in Österreich noch weltweit. Latent ist Korruption immer vorhanden, das zeigen bekannt gewordene Fälle. Korruption ist ein System, Korruption hat ein System, daher kann den Erscheinungsformen der Korruption nur mit System begegnet werden. Durch empirische Forschungsergebnisse des Bundeskriminalamtes Wiesbaden ergeben sich zwei Fragestellungen:

1. Wie lässt sich Korruption feststellen?
2. Wie lässt sich das Phänomen insbesondere präventiv in den Griff bekommen?

Feststellung der Korruption bedeutet, nach passenden Indikatoren zu suchen. Es geht dabei um die Wahrnehmung von Gegebenheiten und Verhaltensweisen, die das Vorliegen von Korruption anzeigen können. Zwei Arten von Indikatoren können dabei unterschieden werden: korruptionsneutrale und korruptionsspezifische Indikatoren.

- ✦ Neutrale Indikatoren weisen auf mögliche Unregelmäßigkeiten hin, allerdings ohne spezifische oder gar zwingende Bezüge zur Korruption.
- ✦ Spezifische Indikatoren sind eng mit korruptem Verhalten verbunden.

Indikatoren sind keine Beweise. Sie haben – für sich alleinstehend – deshalb meist auch keine oder nur eine geringe Aussagekraft. Erst wenn sie wiederholt, gehäuft oder in gewissen Konstellationen auftreten, können sie zur Verdachtsverdichtung beitragen. Darüber hinaus setzt der Umgang mit Korruptions-Indikatoren-Rastern eine besondere Sensibilität des Anwenders voraus. Exzessiv oder unbedacht eingesetzt können sie eher zu ungerechtfertigten Verdächtigungen und unzulässigen Schlussfolgerungen führen, als einen positiven Beitrag zur Korruptionsbekämpfung leisten.

Die Korruptionsanfälligkeit österreichischer Beamter, insbesondere im Bundesministerium für Inneres und in der Exekutive, stellt aus der Sicht eines Insiders, aber auch aus der Sicht der externen Beurteilung nicht das »Problem Nummer eins« dar. Trotzdem ist aus dem leichten Ansteigen bekannt gewordener Fälle zu ersehen, dass Korruption merkbarer auftritt als etwa vor dreißig Jahren. Woran liegt das?

Wahrscheinlich ist einerseits die höhere Sensibilität der Bürger ein Grund dafür. Beamte und deren Handeln werden kritischer von der Öffentlichkeit verfolgt und beurteilt. Andererseits hat sich die persönliche Integrität einzelner Kollegen geändert. In einer Zeit des Wertewandels und des steigenden Materialismus ist auch die Anfälligkeit für Korruption eine höhere. Im Folgenden sollen zwei praktische Beispiele von Polizeikorruption geschildert werden.

### *Drogenskandal im Sicherheitsbüro*

Im Mai 1996 kam es zu einem Drogenskandal im Sicherheitsbüro. Vier Kriminalbeamte des Suchtgiftreferates hatten nach der Beendigung einer Suchtgiftstreife gegen 23 Uhr eine türkische Geheimprostituierte in das Sicherheitsbüro eingeladen und versucht, sie dort zum Suchtgiftkonsum zu verleiten. Überdies wurde sie zu sexuellen Handlungen genötigt. Die Kriminalbeamten dürften selbst Drogen konsumiert haben. Einer von ihnen hatte nachweislich die neunfache Menge eines Gemischs aus Heroin und Kokain konsumiert, was zu einer schweren Intoxikation führte. Er musste in die Intensivstation des Allgemeinen Krankenhauses eingeliefert werden.

Was war die Lehre aus diesem Fall? Erschütternd ist, dass die Kriminalbeamten des Suchtgiftreferates damals einen ausgezeichneten leitenden Beamten als Führungskraft hatten. Oberstleutnant Franz E. hatte sich voll für die Kriminalbeamten seines Referates eingesetzt und war sachlich einer der kompetentesten Offiziere. Trotzdem ereignete sich dieser fürchterliche Vorfall. Hinterfragt man die Umstände, unter denen sich dieser Skandal zusammenbraute, so fällt auf, dass die Beamten ununterbrochen Überstunden machten, praktisch nur noch den Dienst kannten und keiner von ihnen ein geregeltes Familienleben führte. Der Beginn dieses Skandals lag vermutlich in der hohen beruflichen Belastung. Die Reduzierung auf den Dienst und die langjährige Tätigkeit im Suchtgiftmilieu ließ das Gesichtsfeld dieser Kriminalbeamten offensichtlich stark einengen. Die lang andauernde Abwesenheit des Gruppenführers, der sich im Krankenstand befand, dürfte den moralischen Verfall beschleunigt haben. Der Haupttäter, der Gruppenführerstellvertreter, hatte unter diesen Bedingungen praktisch keine Kontrolle mehr gefühlt, das Vertrauen des leitenden Kriminalbeamten, aber auch das seiner damaligen Lebensgefährtin schwer missbraucht. So wurde der Bock zum Gärtner gemacht: Derjenige, der selbst für Dienstaufsicht und Kontrolle Sorge tragen hätte sollen, wurde zum Haupttäter. Da nach außen hin die Gruppe scheinbar fleißig und erfolgreich im Bereich der Suchtgiftbekämpfung agierte – diese Kriminalbeamten zählten zu den Leistungsträgern im Sicherheitsbüro – gelang es ihnen, jegliche externe Kontrolle hintanzuhalten. Die interne Kontrolle versagte, weil man diesen Menschen blind vertraute.

Die Analyse des Falles zeigt auch die Schwäche der Trennung von Fach- und Dienstaufsicht auf. Man erkennt das Fehlen von Leitbildern, die fehlende Sensibilisierung und das mangelnde Unrechtsbewusstsein, weil diese Verrohung offensichtlich schleichend von Dienstjahr zu Dienstjahr wuchs. Einerseits fordert der Job als Kriminalbeamter des Suchtgiftreferates milieubedingte Kontakte, andererseits fand man überhaupt nichts mehr dabei, privates Begehren mit dienstlichen Interessen zu vermischen. Allein die Tatsache, dass die Kriminalbeamten nach Ende der Streifentätigkeit nichts Besseres zu tun wussten, als die Frau in das Sicherheitsbüro zu bestellen, zeigt die Verengung der Erlebens- und Sichtweise.

Wesentliches Problem dieses Falles war also, dass der für die Kontrolle Verantwortliche selbst kriminell wurde und der »Code of silence« die anderen zum Schweigen beziehungsweise zum Mitmachen veranlasste. Eine solche Konstellation ist für jeden Dienstgeber die am schlechtesten kontrollierbare Situation. Bewusstseinsbildung, Sensibilisierung oder das Ansprechen der Korruptionsproblematik, gerade im Bereich des Suchtgiftmilieus, hätte hier vielleicht den einen oder anderen Kriminalbeamten von dem strafbaren Verhalten abgehalten. Wichtig wäre es auch, in solchen »High-Risk-Bereichen« eine Jobrotation einzuführen. Kriminalbeamte, die in besonders sensiblen Bereichen tätig sind, sollten nach einigen Jahren von dort abgezogen und einem anderen Bereich zugeteilt werden. Die jahre-, oft jahrzehntelange Tätigkeit in einem bestimmten Bereich erhöht das Korruptionsrisiko ganz wesentlich.

## *Agieren im Auftrag der ukrainischen Mafia? – Die Causa G.*

Im Frühjahr 2001 meldete sich der deutsche Schriftsteller Jürgen Roth bei Kriminalbeamten des Referats für organisierte Kriminalität des

Sicherheitsbüros und teilte mit, dass ein Kriminalbeamter der EDOK namens G. ihm den Vorschlag unterbreitet habe, auf die Veröffentlichung seines Buches »Der Oligarch« zu verzichten und stattdessen Geld von einem Interessenten zu nehmen. Der Schriftsteller sei aufgefordert worden, eine Summe zu nennen, für die er bereit wäre, auf die Veröffentlichung des Buches zu verzichten. Der Schriftsteller stieg daraufhin zum Schein auf das Angebot ein und nannte eine Summe von 600 000 Deutschen Mark als Ablösesumme. Das Treffen zwischen dem Schriftsteller und dem Kriminalbeamten wurde überwacht. Es stellte sich heraus, dass der Kriminalbeamte tatsächlich im Auftrag krimineller Organisationen gehandelt hatte. Bei der Einvernahme gab er an, dass er die Hintermänner nicht nennen könne, da er um sein Leben fürchten müsse.

Es stellt sich in diesem Fall die Frage: Wurde die EDOK schon so massiv von organisierten Kriminellen unterwandert, dass der Kriminalbeamte zu Recht um sein Leben fürchten musste, oder sind die dienstrechtlichen und strafrechtlichen Folgen so schwach, dass der Beamte lieber diese Folgen in Kauf nimmt, bevor er die »korrupte Verbindung« aufgibt? Die Lehre aus diesem Fall: Der Umgang mit dem Milieu der russischen und ukrainischen Kriminellen hat der EDOK nicht gut getan.

Es war nicht nur die Causa G., sondern eine Aktion zweier weiterer Kriminalbeamter, die im »Russenreferat« arbeiteten, die zu dessen Auflösung führte. Hinterfragt man, was falsch gemacht wurde, so scheint das zu freie Agieren der dort tätigen Kriminalbeamten Hauptursache des Scheiterns gewesen zu sein. Infolge der hohen Spezialisierung hatte besonders der Kriminalbeamte G. viel Freiraum. Seine russischen Sprachkenntnisse begünstigten diese Entwicklung. Gerade im Bereich schwerer organisierter Kriminalität muss der Umgang mit Informanten und Kriminellen genau dokumentiert, eine besondere Betreuung der betroffenen Kriminalbeamten aufgebaut und eine Strategie festgelegt werden.

## Polizeiliches Handeln im Blickfeld des »Weltethos«

In Europa war das Polizeiwesen jahrhundertelang von einer rechtlichen Sicht der Tätigkeit geprägt. Erst die angloamerikanische Literatur und lebensnahe Erfahrungen haben diese Perspektive wesentlich erweitert.

Mitte der Siebzigerjahre entstand in den USA ein eigener Wissenschaftszweig, das bereits erwähnte Policing, das sich mit dem Polizeiwesen in verschiedener, breiterer Sicht auseinandersetzte. Policing beschäftigt sich mit dem Thema: »Was erwarten sich die Menschen von der Polizei in modernen Demokratien?«

In demokratischen Gesellschaften sollen Polizeieinrichtungen ein Spiegelbild der Gesellschaft darstellen. Dieses Credo der amerikanischen Literatur zum Thema Policing stellt die Grundlage für gut funktionierende Polizeieinrichtungen dar. Polizisten finden zum Beispiel in San Francisco ausführliche Literatur, wie sie mit der asiatischen Bevölkerung in den Vereinigten Staaten umgehen sollen. Dicke Lehrbücher tragen zum kulturellen Verständnis dieser Bevölkerungsschichten bei.

Was kann die Lehre vom »Weltethos« dazu beitragen, polizeiliches Handeln zu verändern und zu verbessern? Im Vorwort seines Buches »Wozu Weltethos?« erklärt Hans Küng: »Die Notwendigkeit eines Weltethos, eines globalen Ethos, drängt sich in unserer immer mehr zusammenwachsenden Welt geradezu auf, zunächst von der Politik her. Sowohl innerhalb einer pluralistischen Gesellschaft als auch zwischen den Nationen ist ein elementarer ethischer Konsens erforderlich, um den Frieden zu wahren und ein Auseinanderbrechen zu verhindern.«

Damit werden Kernthemen polizeilichen Handelns angesprochen. Einerseits trifft diese Aussage die Makroebene der politischen Entscheidungen im Sicherheitsbereich, andererseits ist polizeiliches Handeln immer mehr auf internationale Kooperation in Zeiten höchst mobiler, transnationaler krimineller und terroristisch tätiger Gruppierungen angewiesen. Die grenzüberschreitende Zusammenarbeit ist eine unausweichliche Forderung unserer Zeit, um den Frieden aufrechtzuerhalten. Um Terroristen und organisierte Kriminelle effizient in die Schranken zu weisen, bedarf es eines ethischen Grundkonsenses in einem globalen Verständnis.

Hinterfragt man, woher Polizisten und Polizistinnen ihre ethischen Kenntnisse beziehen, so stellt man fest, dass diese auf sehr unterschiedlichen Quellen beruhen. Deutsche Studien belegen, dass etwa drei Viertel der befragten Polizisten ihre ethischen Kenntnisse in Ethikkursen der Polizeiakademien oder aus sonstigem Schulungsmaterial erhalten haben. Es wird teilweise auf die Herkunft und den Grad der Sozialisation von Polizisten ankommen, wie stark die ethischen Grundlagen ausgeprägt sind. Dabei kommt sicher die Erkenntnis zum Tragen, dass die Polizei immer nur in dem Maße gut ist, wie sie die Gesellschaft repräsentiert. Die Probleme, die sich aus der Konfrontation der Polizei mit ethnischen Minderheiten ergeben, resultieren sehr oft daraus, dass die Polizei nicht entsprechend ethnische und ethisch geschulte Repräsentanten in ihren Reihen aufweist. Die Folge sind oft Vorwürfe von Rassismus und Polizeigewalt gegen Minderheiten.

Die interdisziplinäre Betrachtung des Polizeiwesens, mit der sich ja traditionell vorwiegend die Disziplinen Staatsrecht, Strafrecht, Kriminologie, Soziologie und Psychologie befassen, sollte unter dem Aspekt von Philosophie und angewandter Ethik neue Impulse setzen. Es stellt sich die Frage: *Was lernen wir in der Theorie und vor allem in der Praxis unter dem Blickwinkel des Weltethos für das polizeiliche Handeln?*

Menschliches Zusammenleben kann nur dann reibungslos funktionieren, wenn die Regeln der Fairness Geltung haben. Dies wird nur möglich sein, wenn die Menschen eine innere moralische und sittliche Grundhaltung leben, die sich nach bestimmten Normen und Maßstäben richtet und der das Gewissen als »Kompass« dient. Philosophisch betrachtet sollte jeder Mensch und folglich jeder Polizist nach der Handlungsmaxime Kants agieren. Polizeiliche Tugenden wie Gerechtigkeit, Tapferkeit, Wahrheitsliebe und Unbestechlichkeit sollten den Polizisten über das normale Maß der Menschen hervorheben. Es wurde schon immer in Polizeikreisen diskutiert, ob Polizisten »bessere Menschen« sein sollten. Realistisch betrachtet wird das selten der Fall sein – als Vision und Leitbild polizeilichen Handelns sollte diese Maxime aber angestrebt werden.

Das Weltethos sollte uns die tragfähige philosophische Basis für die Rechtfertigung des täglichen polizeilichen Handelns bieten. Folgende Punkte sollten ethische Eckpunkte polizeilichen Handelns auf allen Ebenen sein:

1. Ernster politischer Wille, eine qualitativ hochwertige Exekutive zu schaffen und zu erhalten
2. Bindung an die Grundrechte
3. Helfen geht vor Kontrolle
4. Bürgernähe
5. Transparenz der Arbeit

6. Qualität der Polizeiarbeit
7. Qualität durch Motivation
8. Führungsqualität bedeutet Fürsorge für die Mitarbeiter
9. Gute Aus- und Fortbildung
10. Optimierung technischer Rahmenbedingungen
11. Gutes Arbeitsklima
12. Einhaltung eines Ethikcodex

Die derzeitige Situation in der österreichischen Exekutive bietet keine optimalen Bedingungen für die Umsetzung dieser hohen Ansprüche – darunter leidet auch die Ethik.

## Menschenverachtendes Agieren des Reformteams

Polizei bedeutet Dienstleistung. Daher sollte der Mensch im Vordergrund stehen, sowohl bei den Handelnden als auch bei den Betroffenen. In der Strasser-Ära agierte man so menschenverachtend, dass Hundertschaften qualifizierter Mitarbeiter ausschieden, die dann in der Organisation fehlten. Diese Vorgehensweise erscheint mir auch heute noch als grobe Fahrlässigkeit. In einer Zeit, in der die Kriminalität rasant anstieg, hätte man bewährte und erfahrene Mitarbeiter in den eigenen Reihen halten sollen.

Nach dem drastischen Abbau der Mitarbeiter sah man sich veranlasst, neue junge Mitarbeiter aufzunehmen und die Polizeischulen zu füllen. Der Austausch von teuren alten Mitarbeitern gegen billige junge Mitarbeiter ist eine Strategie, die sich aus der Privatwirtschaft herleitet. Das geht aber nur gut, wenn man auf die Erfahrung und das Know-how verzichten kann. Da diese Voraussetzungen keinesfalls gegeben waren, halte ich die Vorgangsweise für verfehlt. Das menschenverachtende Agieren führte zu Demotivation und Verdrossenheit, sodass die Leistungsbereitschaft sehr darunter gelitten hat.

# *Feldforschung bei der Wiener Polizei*

*von Roland Girtler*

Eine Gesellschaft ist nicht etwas Monolithisches, welches man mit einem Fragebogen abfragen kann. Gerade Soziologen haben in der Regel bei ihren Fragebogenuntersuchungen das Gefühl, sich auf vertrautem Terrain zu bewegen, da die betreffenden Personen vordergründig derselben Lebenswelt entstammen. Tatsächlich jedoch wissen sie oft nicht, wie stark die Wände sind, die die Menschen in einer vermeintlich einheitlichen Gesellschaft voneinander trennen.

Der Soziologe ist also in derselben Situation wie der ernsthafte Ethnologe, der in Indien oder bei den Eskimos forscht. Er muss die Demut aufbringen, sich überraschen zu lassen und von seinen vorgefassten Interpretationen abzurücken. Dies ist allerdings erst dann möglich, wenn ein intensiver Kontakt zu den betreffenden Menschen besteht und man deren Sitten und Rituale achtet. Eine solche Achtung vor einer anderen Kultur, sei es die eines indischen Dorfes, die großstädtischer Vagabunden oder die eines Polizeiwachzimmers, trägt wesentlich dazu bei, um als Forscher und vor allem als Mensch akzeptiert zu werden.

Um etwas über das Leben der Menschen in anderen Kulturen zu erfahren, bediene ich mich der teilnehmenden Beobachtung und des freien Gesprächs. Das Wort Interview lehne ich ab, denn bei diesem versucht der Forscher, auf schnelle Weise zu irgendwelchen kurzen Antworten zu gelangen. Schließlich stammt dieses Wort aus der Zeitungssprache. Ich habe daher den Begriff des »ero-epischen Gespräches« erfunden, bei dem der Forscher nicht nur fragt, sondern auch von sich erzählt.

Das heißt, die Menschen dürfen nicht als bloße Datenlieferanten gesehen werden. Mit ihnen ist so zu sprechen, dass sie sich geachtet fühlen. Man muss sich selbst als Mensch einbringen und darf sich nicht aufzwingen. Erst so lassen sich gute Gesprächs- und Beobachtungsprotokolle erstellen (siehe dazu meine Bücher »10 Gebote der Feldforschung« und »Methoden der Feldforschung«).

## Forschung bei Wiener Polizisten

Ende der Siebzigerjahre des vorigen Jahrhunderts hatte ich die Gelegenheit, über den Alltag von Wiener Polizisten eine Feldforschung durchzuführen. Die Erlaubnis dazu erteilte mir Herr Ministerialrat Franz Weißkirchner, der damals Zuständige für die Bundespolizei im Innenministerium. Dafür sei ihm jetzt noch herzlich gedankt. Ich suchte für meine Studien den zweiten und fünfzehnten Bezirk aus, da ich diese für die spannendsten Bezirke halte. Zu mir meinte auch später ein liebenswürdiger Polizist, er würde lieber in einem dieser beiden Bezirke seinen Dienst verrichten, denn dort habe er es mir Dirnen und Sandlern zu tun. Diese Leute würden zu ihm freundlich und höflich sein. Nicht gerne würde er Polizist in Grinzing oder Sievering sein, denn dort habe er es mit betrunkenen Ministerialräten und unfreundlichen Hofräten zu tun, die ihm nur Ärger machten.

Die Höflichkeit von Sandlern erlebte ich, als ich mit zwei Polizisten, die ich im Funkstreifenwagen im zweiten Bezirk begleitete, in ein Abbruchhaus ging. In diesem befanden sich zwei Sandler. Da diese keine Ausweise bei sich hatten, wurden sie aufgefordert, mit zum Funkstreifenwagen zu gehen, in dem man über Funk deren Angaben zu ihrer Person überprüfen wolle. Während wir zum Auto gingen, nahm einer der beiden Sandler eine Krawatte aus seiner dreckigen Manteltasche und band sich diese über sein dreckiges Hemd. Als einer der beiden Polizisten ihn fragte, warum er dies tue, meinte der Sandler höflich: »Immer wenn ich auf ein Amt gehe, nehme ich eine Krawatte.« Die beiden Polizisten waren darauf geradezu gerührt und ließen die beiden harmlosen Sandler auch sofort laufen. Mir erzählte übrigens ein Sandler, dass an einem Weihnachtsabend ein Polizist in einem Abbruchhaus erschien, in dem er mit einem Kollegen nächtigte. Der Polizist überreichte ihnen eine Flasche Wein und Weihnachtsbäckerei mit dem Wunsch für ein frohes Weihnachtsfest. Dieser Polizist genoss höchste Achtung bei den Sandlern.

Bei den Fahrten in den Funkstreifenwägen erfuhr ich viel über die Probleme und den Ärger von Polizisten. Einer der Herren erzählte mir übrigens einmal, dass der Stadthauptmann des zweiten Bezirkes zu ihnen gesagt habe, sie sollten »dem Girtler«, also mir, nichts mehr erzählen, denn angeblich wüsste ich schon zu viel über die Diskrepanzen zwischen Sicherheitswache und der Kriminalpolizei.

Mit freundlichen Herren der Kriminalpolizei war ich einige Male im zweiten Bezirk unterwegs, um das Leben am »Strich« zu kontrollieren. Bei diesen Fahrten kamen wir auch mit Dirnen in Kontakt. Diese Damen empfingen die Herren der Kriminalpolizei mit größter Freundlichkeit. Eine dieser Damen bot sogar jedem von uns ein Stamperl Schnaps an. Ob die Herren Polizisten das Angebot angenommen haben, weiß ich nicht mehr. Jedenfalls sah ich, dass die Polizei in trefflicher Weise den Strich in Ordnung hielt. Dirnen und Bordellbesitzer waren auch sehr daran interessiert, keinen Ärger zu haben. Auch darüber forschte und schrieb ich (siehe: R. Girtler, Polizei-Alltag. 1980).

## Der erste Kontakt zur Polizei

Am Beginn meiner Forschung war ich bemüht, gute Kontakte zu Polizisten in den jeweiligen Wachzimmern zu erhalten. Mir gelang dies auch, da ich mich ehrlich ihrer Lebenswelt genähert hatte. Ich durfte mit Funkstreifenwägen mitfahren und auch sonst die Polizisten bei ihrer Tätigkeit begleiten. Ich merkte bald, dass mich die Herren akzeptierten, da sie sahen, dass ich sie nicht »hineinlegen« wollte, sondern an ihrer Arbeit aufrichtig interessiert war.

Vor nicht allzu langer Zeit sprach ich mit dem damaligen Kommandanten jenes Wachzimmers im zweiten Wiener Gemeindebezirk, in dem ich meine ersten Beobachtungen machen konnte, über seine Eindrücke von mir bei unserer ersten Begegnung. Mit diesem Herrn verbindet mich seit damals eine enge Freundschaft.

Er schrieb mir über den Beginn meiner Forschung einen freundlichen Brief, den ich hier zum Teil mit seiner Erlaubnis wiedergeben will. Es ist interessant, dass dieser Mann, Leopold Aschenbrenner ist sein Name, neben seinem Beruf als Polizist privat ein begeisterter Vogelkundler mit wissenschaftlichen Ambitionen war und heute noch ist. In seinem Brief erzählt er zunächst über seine Tätigkeit als Chef eines Polizeiwachzimmers und geht dann auf meine Person als Forscher ein. Er schreibt:

»Am Beginn einige Erklärungen zu meiner Einstellung zu meinem Beruf und deren Verlauf. Ich habe sieben Jahre Straßendienst im zweiten Bezirk, im Wachzimmer Mühlfeldgasse, gemacht. Nicht leicht, alles zu Fuß und großer Rayon, da war es nötig, gut bei Fuß zu sein! Dazu kam noch, dass ich der Hausposten war, der seinen Kontrollpunkt beim Wachzimmer hatte und alle inzwischen eingetroffenen Amtshandlungen zu erledigen hatte. Beim Einrücken vom Außendienst nach drei

Stunden setzte ich mich nicht zum Kartenspielen in den Tagraum, sondern half freiwillig dem Wachkommandanten bei der Erledigung der Dienstpost und schrieb für die Kartenspieler die Anzeigen. So kam es, dass ich als Bester der Abteilung bei der Ausschreibung für die Aufnahme in die Schule für Dienst führende Sicherheitswachebeamte aufgenommen wurde. Das Sprichwort heißt: ›Übung macht den Meister.‹ Die Kollegen spielten lieber Karten! Die letzten 20 Jahre war ich der Gruppeninspektor und Wachkommandant im Wachzimmer Ferdinandstraße und Filialwachzimmer Praterstraße. Kein ruhiger Dienstposten, da Verkehrsknotenpunkt, Durchzugsstraßen, viele Wirtshäuser und Cafés, wie auch einige allgemein bekannte Rotlichtlokale und Stundenhotels! Stellvertreter: Revierinspektor Herbert Krähan. Ein Funkwagen. Besetzung: zehn Sicherwachebeamte, vier Verkehrsposten und vier Politessen.

## Was kommt auf uns zu?

Anruf vom Abteilungskommando. Über Weisung des Polizeipräsidiums wird unserem Wachzimmer ein Gast zugewiesen!!! Ein ›Studierter‹ von der Universität, ein Soziologe! Er will eine Studie über den Polizei-Alltag vor Ort machen! Dr. Roland Girtler heißt er. Keine erfreuliche Nachricht für uns alle. Wer kann schon sagen, wie der ist? Ein gespreizter, überheblicher und eingebildeter Besserwisser? Warum gerade bei uns, es gibt doch an die 100 Wachzimmer in Wien! Für mich war die Frage leicht zu lösen. Große Fußgängerbewegungen, viele Lokale und das Rotlichtmilieu war die Mischung, welche einen Soziologen interessieren müsste.

Bei den ›Oberen‹ war bekannt, dass ich als Vorsitzender der Österreichischen Gesellschaft für Vogelkunde den Umgang mit den Universitätsleuten gewöhnt war. In der Vogelkunde kennen wir die Feldbeobachtung sehr gut. Man wird verstehen, dass ich meine Mannschaft nicht in unannehmliche Situationen hineintappen lassen wollte. So wurden sie von mir zusammengerufen und dahin gehend instruiert, wie sie sich verhalten sollten! Dass die Dienstvorschriften genauestens einzuhalten sind und Dr. Girtler wie ein Gast zu behandeln sei! Revierinspektor Krähan wurde ihm als Betreuer zugeteilt und ein Platz im Kommandantenraum zugewiesen. So hoffte ich, einen Menschen kennen zu lernen, der Mensch war und mit dem man sich unterhalten konnte und der die Wachebeamten nicht als brutale Schläger oder ›Bullen‹ betrachtete! Denn in einem solchen Fall hätte er bei uns keine längere Bleibe gefunden. Solche Ansichten hätte ich ohne Gegenrede nicht geduldet! Wir hatten aber Glück und es kam anders!

Es kam ein Mensch, ein Wissenschaftler mit Herz und Verstand, der zum echten Freund wurde! Eines Tages erschien ein Mann von mittlerer Statur, hohe Stirne, schütteres helles Haar, hager und drahtig und stellte sich freundlich, im Dialekt sprechend vor! Er wurde von mir eingeladen, Platz zu nehmen, und ausgefragt, was er bei uns unternehmen wolle und wie wir ihn dabei unterstützen könnten. Auch die Mannschaft legte Scheu und Vorbehalt ab und nahm ihn ohne weiteres in unsere Mitte auf! Das war ein gutes Zeichen, denn gerade Straßenpolizisten haben meist ein Gespür dafür, mit wem sie es zu tun haben!

Mein sehr lieber Freund Roland!

Das war mir zwar schon beim ersten Erscheinen und Deinem lockeren natürlichen Auftreten sympathisch! Doch erst bei unseren Gesprächen gewann ich das Empfinden, dass dieses Verhalten echt und nicht einstudiert ist. Ich gab Dir bereitwillig und offen Antwort auf Deine Fragen und hatte das Gefühl, dass wir in vielen Ansichten einer Meinung sein konnten.

So habe ich in meinen alten Tagen noch einen echten Freund gefunden, auf den ich sehr stolz bin! Ein Mensch, offen, ehrlich, treu und verlässlich, den ich nicht missen möchte!

Dein Leopold Aschenbrenner.«

Dieser Brief freut mich sehr. Es können sich bei Forschungen als echter »teilnehmender Beobachter« also auch Freundschaften ergeben. Freundschaften entstehen allerdings erst dann, wenn man sich nicht allzu aufdringlich an das Leben in der betreffenden Gruppe anpasst und die betreffenden Menschen aus ehrlichem Herzen achtet. Zur Achtung vor den anderen Menschen und ihrer Rituale gesellt sich also auch ein gewisses Maß an Ehrlichkeit. Wegen einer solchen Ehrlichkeit wird man in der Regel auch geschätzt. Ich war sehr geehrt, als ich sah, dass Polizisten mir als Forscher mit großem Respekt begegneten.

Noch eine kleine Geschichte möchte ich anfügen, die entfernt mit der Polizei zu tun hat. Über den Wiener Ganoven Pepi Taschner schrieb ich ein Buch, in welchem ich dessen Biografie und sein Leben beim verbotenen Glückspiel darstelle. Dieser Pepi Taschner besuchte mich einmal mit einem Taschendieb am Institut für Soziologie. Den Taschendieb kannte er vom Gefängnis. Ich solle auch ihn »interviewen«, meinte Pepi. Über Pepi Taschner hatte mir übrigens ein Richter geschrieben, er sei ein »anständiger und bodenständiger Gauner« gewesen. Auch einige Polizisten waren dieser Meinung. Ich lehnte ab, den Taschendieb zu »interviewen«, da ich keine Zeit dazu hatte. Dieser Mann stahl jedoch einem Kollegen von mir Brieftasche und Mantel. Taschner war darüber sehr empört und zwang ihn, die Brieftasche wieder herauszugeben, was dieser auch tat. Meine Kollegen ärgerten sich zu Recht über diese Geschichte und meinten, ich dürfe keine »Interviews« am Institut durchführen. Um meinen guten Willen zu zeigen, hängte ich folgenden Zettel an die Türe meines Zimmers: »Ich bitte meine Gesprächspartner als Polizist, Zuhälter, Taschendieb, Dirne usw. ihren Beruf nicht in den Räumen des Instituts auszuüben.«

# Schlussbetrachtung

Die Reform der Exekutive hat besonders in Wien viele personelle und sachliche Probleme verursacht. Die Polizeiführung geriet infolge der massiven Machtkämpfe gewaltig ins Wanken. Die medienträchtigen Ereignisse rund um den Leiter der Kriminaldirektion 1, den Landespolizeikommandanten in Wien und einige Kriminalisten haben auch den seinerzeitigen Polizeipräsidenten Peter Stiedl im Jahr 2006 in eine schlechte Optik gebracht. Zu lange wurde seitens des Bundesministers für Inneres und des Polizeipräsidenten die Lage in Wien falsch beurteilt und keine Konsequenzen gezogen.

Hätte man die Polizeireform in Wien behutsamer durchgeführt, wäre bei weitem nicht so viel Porzellan zerschlagen worden. Die neue Führung in Wien, die mit Beginn des Jahres 2008 angetreten ist, wird viele Schritte der Reform evaluieren und eventuell zurücknehmen müssen, da sie sich als völlig falsch und kontraproduktiv herausgestellt haben. Die Reduzierung der Anzahl der Polizeikommissariate in Wien von dreiundzwanzig auf vierzehn kann grundsätzlich als richtiges Konzept akzeptiert werden. Falsch war die Trennung des Kriminaldienstes von der uniformierten Polizei, da dadurch nicht die Zusammenarbeit, sondern die Gegensätzlichkeit betont wird. Die organisatorisch unterschiedliche Strukturierung der beiden Bereiche hat trotz der äußeren Zusammenführung in einem einheitlichen Kommando die Gräben eher aufgerissen anstatt geschlossen. Vollkommen sinnlos war die Einrichtung getrennter Verwaltungsabläufe. Die Wiener Polizeireform wurde unter dem Schlagwort »Verwaltungsvereinfachung« verkauft, aber genau das Gegenteil ist passiert. Man hat zwei Kanzleisysteme zu einer Zeit eingerichtet, in der es den elektronischen Akt schon lange hätte geben sollen und ein einziges Kanzleisystem bei weitem ausgereicht hätte.

Der akademische Dienst wurde im Kriminalbereich de facto »ausradiert«. Der Verlust des bis dahin bestehenden Qualitätsmanagements hat so weit geführt, dass nicht einmal mehr ein Mordfall bis zur Hauptverhandlung »hält«. Ich habe in fast vierzig Jahren Dienstzeit nicht erlebt, dass derart problematische Ermittlungsergebnisse sämtliche Kontrollen des internen Systems durchlaufen, ohne dass irgendjemand dafür Sorge trägt, dass kein ungesichertes Produkt an die Justiz übermittelt wird. Die Mordaufklärung wurde vor der Reform immer als »Spitzenprodukt« des Sicherheitsbüros angesehen. Die Hofräte Slancar, Heger, Kuso oder Kornek würden sich im Grab umdrehen, wüssten sie von diesem Verfall der Kriminalpolizei.

Auch die Abschaffung des Institutes für Gerichtliche Medizin ist als Schande dieser Regierung und der verantwortlichen Bundesminister zu bewerten. Institutionen wie die Wiener Schule der Gerichtsmedizin und die Wiener Schule der Kriminalistik derart »verlottern« zu lassen, ist eine Katastrophe ärgsten Ausmaßes. Offensichtlich ist man sich dessen gar nicht bewusst oder nimmt dieses Geschehen grob fahrlässig hin. Die daraus entstehenden Konsequenzen will man nicht sehen.

Ist es von den Verantwortlichen tatsächlich beabsichtigt, dass Gewaltverbrechen künftig seltener aufgeklärt werden sollen? Ist es beabsichtigt, dass man bald relativ risikolos einen Mord begehen kann, weil es die entsprechenden Einrichtungen nicht mehr gibt? Das alles passiert in einem Land, das zu den reichsten dieser Welt zählt.

Die Exekutivorgane wurden mit Verwaltungsagenden eingedeckt, sodass ihnen de facto deutlich weniger Zeit zur Außendienstpräsenz bleibt als vorher. Vergleicht man die Polizeipräsenz in verschiedenen Städten Europas oder Amerikas mit der in Österreich, so muss man feststellen, dass man bei uns nach der Reform kaum Polizei auf der Straße sieht. Dieses Bild wird nur bei Großereignissen kurzfristig verfälscht, da dann Polizei auf die Straße geordert wird. Im Normalfall bleibt sie in den Polizeiinspektionen verschwunden, weil der einfache Polizist und Kriminalist mit administrativen Arbeiten belastet ist wie nie zuvor. Die gesamte »Strasser-Reform« war ein überhastetes, wenig durchdachtes Geschehen, das völlig unnötig die frühere gute Qualität zerstörte. Die Reparatur dieses »Billigpolizeikonzeptes« wird viele Jahre, wahrscheinlich Jahrzehnte benötigen.

Zu den äußeren unglücklichen Rahmenbedingungen kamen, vor allem in Wien, auch persönliche Defizite und Machtkämpfe. Es ist schon ein gerüttelt Maß an »culpa in eligendo« festzustellen, Persönlichkeiten in Führungspositionen zu heben und zu halten, deren Scheitern a priori erkennbar war. Viele Probleme waren hausgemacht und hätten rechtzeitig verhindert werden können. Den Schaden, der dadurch für die Menschen in diesem Land und in dieser Stadt entstanden ist, haben vor allem die politisch Verantwortlichen zu tragen. Wie so oft werden diese aber kaum zur Verantwortung gezogen. Das Vertrauen der Menschen in die öffentlichen Institutionen liegt verständlicherweise am Boden.

Nach den Skandalen rund um Horngacher, Geiger und Frühwirth dachte man, mit der Bestellung des neuen Polizeipräsidenten Gerhard Pürstl werde nun Ruhe im Innenministerium und in der Polizeidirektion Wien einkehren. Für die Polizeidirektion dürfte das zutreffen, nicht aber für das Innenministerium. Offensichtlich scheint das, wie die Ablöse des bisherigen Leiters des Bundeskriminalamtes Österreich Herwig Haidinger zeigt, nicht der Fall zu sein. Völlig überraschend wandte sich Haidinger, immerhin ein ÖVP-Mann und Protegé des früheren Innenministers Strasser, an die Öffentlichkeit und nahm das Wort Korruption im Zusammenhang mit den Ermittlungen rund um den BAWAG-Skandal in den Mund. Medienberichten zufolge sagte der ehemalige »Top Cop« vor einem parlamentarischen Ausschuss aus und berichtete über angebliche massive Missstände im Innenministerium.

Ich kann mich noch gut erinnern, als ich im Jahr 2001, nachdem meine Kritik an der Reform öffentlich wurde, in den damaligen Aufbaustab des Bundeskriminalamtes Österreich zu Haidinger versetzt wurde. In zwei »Strafarbeiten« – die erste schrieb ich über »Die Verbesserung der Kooperation von Wissenschaft und Praxis«, die zweite über die »Effizienzsteigerung bei der Bekämpfung der Korruption in der Verwaltung« – durfte ich Vorschläge unterbreiten. Es war von vornherein klar, dass man darauf nicht besonders erpicht sein würde. Von Haidinger wurde ich lang im Regen stehen gelassen. Ich durfte in meinem Kämmerlein warten, bis mir die Gnade erteilt wurde, zum Leiter des Aufbaustabes des Bundeskriminalamtes Österreich vorgelassen zu werden. Damals stand Haidinger noch für das System und war massiv gegen meine Vorschläge eingestellt. Meine beiden Arbeitspapiere dürften mit größter Wahrscheinlichkeit im Papierkorb gelandet sein. Die Mängel, die ich bei der Kooperation von Wissenschaft und Praxis festgestellt habe, bestehen auch heute noch. Es ist kaum anzunehmen, dass der neue Leiter des Bundeskriminalamtes Österreich dafür Sorge tragen wird, dass sich etwas ändert. Warum?

Immerhin hat das Innenministerium unter dem Generaldirektor Erik Buxbaum, dem Generaldirektorstellvertreter General Franz Lang und dem früheren Leiter des Bundeskriminalamtes Österreich tatenlos zugesehen, als die Wiener Gerichtsmedizin zugesperrt wurde. Die Wiener Schule der Kriminalistik und die Wiener Schule der Gerichtsmedizin, die Weltruf erlangt hatten, einfach so »sterben« zu lassen, lässt vermuten, dass niemandem die Tragweite dieses Nicht-Handelns bewusst war. Die Einrichtung des Bundeskriminalamtes Österreich wäre ja dafür vorgesehen, dass besonders hochwertige Leistungen innerhalb des Innenministeriums garantiert würden. Auch die Koordination mit der Sicherheitsakademie wäre ein unbedingtes »Muss«. Es bestehen aber berechtige Ängste, dass diese Ziele nicht angestrebt werden. Das Bundeskriminalamt Österreich sollte die bestehenden Schwachstellen bekämpfen:

- Das Bundeskriminalamt Österreich darf nicht ein »Ober-Landeskriminalamt« sein, ist es aber derzeit.
- Die wissenschaftliche Komponente ist unterdimensioniert.
- Die internationale Bedeutung hält sich in Grenzen.
- Die Schließung der Wiener Gerichtsmedizin wurde tatenlos hingenommen.
- Die Effizienz des Bundeskriminalamtes Österreich lässt zu wünschen übrig.
- Die Kriminalität stieg seit der Polizeireform von 500 000 auf 600 000 Delikte.
- Die Aufklärungsquote sank von 51 (1999) auf 27 (2007) Prozent.
- Die Polizeireform hat in Wien versagt, dort ereignen sich immerhin fast 40 Prozent der Delikte.

Ich kann mich erinnern, dass man mir wie auch Haidinger einen Posten im Ausland angeboten hatte. Natürlich war das Angebot für mich bei weitem nicht so schön wie das für Haidinger. Bei einem Vorschlag, Sicherheitsattaché in Washington zu werden, wäre ich vielleicht schwach geworden. Mir hat der damalige Leiter des Ministerbüros Ulmer aber nur die Stelle eines Verbindungsbeamten in Bratislava angeboten. Dieses »Schweigeangebot« hat mich nicht wirklich überzeugt. Diesem schwachen Lockruf konnte ich nicht folgen.

Auf meine Frage, was man mit mir 2002 anlässlich der Abschaffung des Sicherheitsbüros vorhätte, ob man mich vielleicht in irgendein stilles Kämmerlein setzen werde, bekam ich keine aufklärende Antwort. Im Nachhinein muss ich feststellen: So gut wie Haidinger bin ich nicht behandelt worden, aber ich war ja auch nicht einer der »ihren«, wie in zahlreichen E-Mails nunmehr nachzulesen ist, also kein Liebkind der konservativen Regierungspartei. Da der damalige Stadthauptmann in Favoriten Ludwig Berghammer im September 2002 überraschend verstarb, konnte man mich nach Favoriten verfrachten und war mich auf diese Art und Weise losgeworden.

Wie man sieht, hat sich noch nicht wirklich viel zum Besseren verändert. Infolge der Neufassung der Strafprozessordnung sind nunmehr der Einflussnahme von Politikern keine Schranken gesetzt. Sowohl der Innenminister als auch der Justizminister können über die weisungsgebundenen Organe auf die Ermittlungen und die Anklage massiv Einfluss nehmen. Manchmal drängt sich der Verdacht auf, dass die Reform der Exekutive und der Strafprozessordnung vorrangig dem Ziel diente, einen Fall wie die Causa Lucona nicht mehr aufklären zu lassen. Die Verfolgungsorgane Polizei und Staatsanwaltschaft sollen die »kleinen Hendeldiebe« einsperren, die großen soll man nach Möglichkeit in Ruhe lassen, das macht man lieber unter sich aus.

Aus all den Beobachtungen lässt sich schließen, dass es noch eines langen Weges bedarf, um tatsächlich positive Veränderungen bei der Polizei zu erleben. Die Bestellung der neuen Führungskräfte auf die Dauer von fünf Jahren lässt nicht erwarten, dass innerhalb einer so kurzen Periode umwälzende Neuerungen und Verbesserungen angegangen und umgesetzt werden können. Außerdem hat man das Verhalten der ausgewählten Führungskräfte dadurch im Griff – bei »Nicht-Wohlverhalten« ist eine Verlängerung des jeweiligen Vertrages wohl ausgeschlossen, wie der Fall Haidinger sehr anschaulich zeigt.

Ob sich daher bei der Neugestaltung der Exekutive langfristig eine echte Verbesserung ergeben wird, kann man zwar hoffen, aber realistisch betrachtet scheint das sehr schwierig zu werden. Die Aufgabe ist wohl schwer genug. Die Neuen sind nicht zu beneiden.

Anfang April sprach der neue Polizeipräsident Gerhard Pürstl vor dem Bund Sozialdemokratischer Akademiker in Wien zum Thema »Sicherheit in Wien«. Sein Auftritt war beeindruckend. Klugheit, Dynamik und frischer Wind waren aus seiner Rede zu spüren, und man hofft aus ganzem Herzen, dass ihm sein Vorhaben gelingen möge. Die Ausgangssituation ist nicht berauschend: Pürstl übernahm eine Behörde, die von Streit und Zwietracht zerrüttet war. Er selbst verglich den Zustand mit dem treffenden Bild eines Hochseeschiffes, das führerlos mit gebrochenem Ruder auf hoher See trieb und nur noch auf den Sturm wartete.

Die Bundespolizeidirektion Wien mit knapp 8 000 Mitarbeitern, davon etwa 1 400 in der Verwaltung und etwa 6 500 im Exekutivbereich tätig, hat im Zuständigkeitsbereich Wien etwa 220 000 Delikte zu bearbeiten, das entspricht etwa 37 Prozent der Gesamtkriminalität. Die Belastung der Kollegen in Wien ist überproportional zu der in den anderen Bundesländern oder der im Innenministerium. Wien hat dreimal so viele Einwohner wie Graz und eine siebenfach größere Fläche. Täglich kommen in der Bundeshauptstadt zwischen 3 000 und 3 500 Notrufe in die Notrufzentrale der Polizei, von denen an die 1 000 zu Polizeieinsätzen führen. Diese Dimensionen sind gewaltig. Pürstl brachte auch noch einen personellen Vergleich: Die 37 Prozent Arbeitsbelastung werden mit 25 Prozent des Personals des Bundesministeriums für Inneres bearbeitet.

Nach Pürstl werden die strukturellen Veränderungen in der Bundespolizeidirektion Wien nach dem Ende der Europäischen Fußballmeisterschaft begonnen. Er hat von Anbeginn ein Ende der Streitigkeiten der einzelnen Dienstzweige verlangt. Arbeit ist genug da und es macht wenig Sinn, dass sich Exekutive und Verwaltung, Uniformierte und Zivile oder Juristen und Offiziere gegenseitig bekriegen. Diese Auseinandersetzungen haben die Polizeidirektion Wien an den Rand des Ruins gebracht und es ist Zeit, das Schiff wieder auf Kurs zu bringen.

Nach seinem Vortrag gab es intensive Diskussionen. Vor allem stellte sich die bange Frage, ob seitens der Verantwortlichen im Innenministerium endlich erkannt wurde, dass man die Situation in Wien nicht durch andere Bundesländern nivellieren kann. Pürstl erklärte, dass ihm seitens des Innenministers grünes Licht für sein Vorhaben gegeben wurde.

Probleme sind genügend vorhanden, die neuen Führungskräfte sind massiv gefordert. Von den 220 000 Delikten macht die Vermögenskriminalität einen überwiegenden Anteil aus. Besorgniserregend ist die Entwicklung im Raubsektor. Raubüberfälle auf Trafiken, Supermärkte, Banken treffen die Menschen in ihren täglichen Lebensroutinen. Neue Konzepte, moderne Analysemethoden und eine besser strukturierte Polizei sollen mehr Effizienz bringen. Pürstl legt auch sehr viel Wert auf Prävention durch Präsenz der uniformierten Polizei auf der Straße. Das sind vielversprechende Ziele und man wird sehen, ob sie sich in seinem Sinne rasch verwirklichen lassen.

# Verwendete Literatur


Ahlf, Ernst-Heinrich: Ethik im Polizeimanagement. Wiesbaden 1997.

Amir, Menachem and Stanley Einstein: Police Corruption. Challenges for Developing – Countries Comparative Issues and Commissions of Inquiry. Sam Houston State University 2004.

Bayley, David H.: Democratizing the Police abroad. What to do and how to do it. Washington 2001.

Bibl, Viktor: Die Wiener Polizei. Eine kulturhistorische Studie. Leipzig u. a. 1927.

Braswell, Michael and Larry Miller: Human Relations & Police Work. Illinois 1993.

Burger, Rudolf, Ernst Peter Brezovszky und Peter Pelinka: Global Ethics. Illusion or Reality? Wien 2000.

Cohe, Howard S. and Michael Feldberg: Power and Restraint. The Moral Dimension of Police Work. New York 1991.

Dellatre, Edwin: Character and Cops. Washington D.C. 1996.

Edelbacher, Maximilian und Harald Seyrl: Wiener Kriminalchronik. Wien 1993.

Edelbacher, Maximilian: Organisierte Kriminalität in Europa. Die Bekämpfung der Korruption und der organisierten Kriminalität. Wien 1998.

Edelbacher, Maximilian, Paul Reither und Werner Preining: Sicherheitsmanagement. Wien 1999.

Frischler, Kurt und Peter Zehrer: Kriminalwalzer – 120 Jahre Wiener Sicherheitsbüro. Wien/München 1979.

Goodmann, Debbie: Enforcing Ethics. New Jersey 1998.

Haberfeld, M.R.: Critical issues in Police Training. New Jersey 2002.

Klockars, Carl B., Sanja Kutnjak Ivkovic and M.R. Haberfeld: The Contours of Police Integrity. Thousand Oaks 2004.

Kößler, Franz: Kriminaltechnik. In: Der Kriminalbeamte, November 1991.

Kößler, Franz: Daktyloskopie – Bedeutung und Anwendung. In: Der Kriminalbeamte, November 1991.

Küng, Hans: Wozu Weltethos? München/Zürich 2002.

Küng, Hans: Dokumentation zum Weltethos. München/Zürich 2002.

Oberhummer, Hermann: Die Wiener Polizei. Wien 1938.

Perez, Douglas W.: The Paradoxes of Police Work. Walking the Thin Blue Line. Nevada 1997.

Pollock-Byrne, Joycelyn: Ethics in Crime & Justice: Dilemmas and Decisions. California 1989.

Sarre, Rick, Dilip K. Das and Albrecht H. J. Albrecht: Policing Corruption. International Perspectives. New York 2005.

Sika, Michael: Mein Protokoll. Innenansichten einer Republik. St. Pölten/Wien/Linz 2000.

Sika, Michael: Aus erster Hand. Heiter-Skurrile Protokolle eines Polizisten. Wien 2003.

Thorwald, Jürgen: Das Jahrhundert der Detektive. Das Zeichen des Kain, Band 1, 1968.

Vahlenkamp, Werner und Ina Knauss: Korruption. Hinnehmen oder handeln? Wiesbaden 1995.

# Danksagung

An die Kolleginnen und Kollegen, an den Verlag, die Leitung, die juristischen Berater, die Lektorin und die Mitarbeiterinnen und Mitarbeiter!

Ich bedanke mich ganz herzlich bei den vielen Kollegen im Sicherheitsbüro, mit denen ich Dienst machen durfte und von denen einige meine Freunde geworden sind. Die Hofräte Mag. Otto Kornek, Dr. Matthäus Tuschl, Dr. Franz Priehsnitz und DDr. Gerhard Herrnstadt zählten zu meinen Vorbildern und Lehrmeistern. Die Kriminalbeamten, die Obersten Hermann Schweiger und Rudolf König, die Chefinspektoren Herbert Raus, Franz Werth, Johann Böhm und Walter Rabl haben mir während meiner Zeit als Referent und Vorstand des Sicherheitsbüros besondere Unterstützung gewährt. Eine treue Schriftführerin war mir Frau Brigitte Niederdöckl, die leider 2005 von uns gegangen ist.

Danken möchte ich dem Amalthea Verlag, im Besonderen der Lektorin Frau Mag. Annette Butendeich, die die mühevolle Aufgabe hatte, meine Texte zu korrigieren. Dank an Frau Dr. Brigitte Sinhuber-Harenberg, die meinen Vorschlag, dieses Buch zu publizieren, angenommen hat. Dank auch an Herrn Alfred Rankel, der mir bei der Bilderbearbeitung half.

Besonderen Dank verdienen sich Herr Senatspräsident Mag. Ernest Maurer, der mir sehr viel geholfen hat und nicht nur bereit war, Korrektur zu lesen, sondern auch noch wertvolle juristische Beratung erteilte. Ebenso möchte ich mich beim Leitenden Staatsanwalt Herrn Mag. Dieter Zöchling und meiner Gattin Edith für die tatkräftige Unterstützung beim Korrigieren ganz herzlichst bedanken.

Bildnachweis:

Bundesministerium für Inneres 189; Prof. Bruschweiler 26;
Grüner Club 106–108; Polizeiarchiv Wien 68, 91;
Privatarchiv 19, 82, 127, 171 Mitte re., unten li., 175, 177, 179; Kurier 171 Mitte li.;
Thomas Cook/MasterCard Reisecheques, Schulungsunterlage für die Polizei aus 1999/2000 46;
ORF 63; APA/»profil« 105; Der Standard 114;
Edelbacher/Seyrl, Wiener Kriminalchronik 170, 171 oben li. und re., unten re., 173.

In einzelnen Fällen konnte der Verlag die Rechteinhaber der reproduzierten Bilder nicht ausfindig machen. Wir bitten Sie daher, dem Verlag bestehende Ansprüche zu melden.